AF558096

**Wolfgang Pohrt – Werke Band 9**

Wolfgang Pohrt (* 5. Mai 1945; † 21. Dezember 2018) studierte Soziologie, Psychologie, Politische Wissenschaften und Volkswirtschaftslehre in Frankfurt und Berlin. 1976 erschien seine Dissertation »Theorie des Gebrauchswerts«. Er arbeitete von 1974 bis 1980 als Assistent am Lehrstuhl für Soziologie an der Universität in Lüneburg. Danach war er freier Publizist und veröffentlichte in zahlreichen Zeitschriften. Von 1990 bis 1994 erstellte er im Auftrag der von Jan Philipp Reemtsma ins Leben gerufenen Hamburger Stiftung zur Förderung von Wissenschaft und Kultur Studien über das »Massenbewusstsein« in Deutschland, die sich methodisch an Adornos »The Authoritarian Personality« orientierten. Im Auftrag dieser Stiftung arbeitete Pohrt 1995-1996 an einer Untersuchung über Bandenbildung. Danach Tätigkeiten in verschiedenen Forschungsbereichen. Erst 2011 schaltete sich Wolfgang Pohrt wieder in die öffentlichen Debatten ein, hielt Vorträge und publizierte weitere Bücher.

Wir danken Rudolf Görtler für Korrekturlesen und Registererstellung.

Edition
TIAMAT
Deutsche Erstveröffentlichung
Herausgeber:
Klaus Bittermann
1. Auflage: Berlin 2021

www.edition-tiamat.de
ISBN: 978-3-89320-276-8

# Wolfgang Pohrt

# Werke

## 9

Herausgegeben von
Klaus Bittermann

* * *

**FAQ**

**Frequently Asked Questions 2004**

**Ergänzungstexte**

Critica
Diabolis
294

Edition
TIAMAT

Wolfgang Pohrt

INHALT

## FAQ

**Interview & Ergänzungstexte**



**Anhang**

# FAQ

**Frequently Asked Questions**

**2004**

# Vorwort

Warum dieses Bändchen? Das ergab sich eben so. Eine Gruppe hatte mich zu einer Podiumsdiskussion eingeladen. Die Bedingungen waren akzeptabel, und ich hatte nichts besseres vor.

Es wurde genau das Fiasko, das Dietmar Dath in seinem Veranstaltungsbericht für die *FAZ* (vom 2.10.03) freundlich und wohlmeinend beschrieben hat. Gleichwohl war die Sache nützlich, denn die Resonanz in linken Blättchen und auf linken Internetforen zeigte: Trotz langer publizistischer Abstinenz hatten meine alten Feinde mich nicht vergessen, und ich hatte mir obendrein neue gemacht.

Auch mein Verleger sah darin einen erfreulichen Beweis für ungebrochene Leserbindung. Und so schlug er mir, um die Gunst der Stunde zu nutzen, einen Sammelband mit ausgewählten Texten aus früheren Büchern vor, ergänzt um ein lobendes Nachwort aus fremder Feder.

Nun gibt es Leute, die Nachrufe zu Lebzeiten mögen, aber bei mir ist das nicht der Fall. Außerdem sind viele meiner Texte derart zeitbezogen, dass eine spätere Wiederveröffentlichung sie um ihren Gehalt bringt, jedenfalls um den von mir gemeinten.

Manche Leute freut es, wenn sie von sich behaupten können, sie hätten es schon immer gesagt. Mir geht es weniger um die Ewigkeit als den richtigen Zeitpunkt. Deshalb gefällt es mir, dass ein umfangreicher Teil meines 1992 erschienenen Buches »Das Jahr danach« die

Ausländerverfolgung anprangert. Und aus dem gleichen Grund wäre es mir nicht angenehm, wenn dieser Text unkommentiert jetzt wieder erschiene, wo sein Charakter der eines Mit-den-Wölfen-Heulens wäre. Die Wahrheit hat, wie Adorno bemerkte, einen Zeitkern.

Gar nicht zu reden von den Irrtümern. Wer 30 Jahre im Geschäft ist – mein erster Artikel erschien 1974 im *Kursbuch* –, blickt auf eine Menge davon zurück. Und manche ärgern mich, vor allem dann, wenn sie geholfen haben, dieses komische Antideutschtum mit Argumenten zu versorgen, das sich heute als ideologische Schutzmacht der USA aufspielt. Das war ein Grund, das Bändchen zwar zu machen, aber anders als zunächst geplant.

Kernpunkt sind nun einige Korrekturen am herrschenden Meinungsblödsinn unter dem Titel »FAQ« – Frequently Asked Questions. »NAQ« – Never Asked Questions wäre der bessere Titel gewesen, aber der fiel mir zu spät ein. Die »NAQ« beziehen sich auf die Resonanz, welche der Diskussionsbeitrag »Zoff im Altersheim« hatte. Den folgenden Teil des Bändchens machen die Gespräche und Interviews aus, von denen natürlich kein einziges wirklich stattgefunden hat. Nie wurde auch nur ein Wort gewechselt, alles wurde in größter Ruhe und Stille am PC gemacht. Zum Schluss kommen ein Text und zwei Vorträge über recht verschiedene Gegenstandsbereiche.

»Ananas in Kanada« war der Versuch, im Berufsleben klaren Kopf zu behalten. Das Thema hatte ich mir nicht ausgesucht. Es ergab sich aus einem ABM-Job, der mit einer Reihe von Sightseeingtouren ins Verwaltungsgeflecht verbunden war. Dort war viel zu sehen, nur der Staat blieb befremdlicherweise unauffindbar. Ich kam mir vor wie ein Tourist, der Benidorm bucht und ein verträumtes Fischerdorf erwartet.

»Kampfhunde und andere Bestien« bedarf keiner Erläuterung. »Irgendwo im Nirgendwo« war das Produkt der Umstände. Die Einladung zum Vortrag kam, als ein Job in der Sozialplanungs- und Bauberatungsbranche mich gerade dazu gezwungen hatte, mir viel Fachwissen über wenig Erfreuliches einzupauken.

Alles nur Zufall und Gelegenheit? Vielleicht, vielleicht auch nicht.

# Zoff im Altersheim[1]

Meine Damen und Herren, der 3. Oktober ist ein Feiertag, für den Normalmenschen hier ein Baustein in der Urlaubsplanung und der Gestaltung von Freizeit. Man fragt nicht, woher das kommt, man ist froh, dass man's kriegt. Es kennt sich doch keiner mehr aus im Kirchenjahr und noch viel weniger bei den historischen Daten.

Ich muss gestehen, dass es mir ähnlich ging und ich schwer ins Grübeln kam, was mit dem »verflixten 13. Jahr«, von dem in der Einladung zu dieser Diskussion gesprochen wurde, wohl gemeint sein könne. Es dauerte eine Weile, bis ich begriff, dass das Ihre Zeitrechnung ist und demnach die Wiedervereinigung wohl 1990 stattgefunden haben müsse.

Voriges Jahrhundert, wie lang ist es nun schon her. Kinder, die damals fünf waren, sind heute 18, und wenn man sie nach der Wiedervereinigung fragt, gucken sie verlegen und erfinden drollige Geschichten. Bei einem älteren Mann wie mir ist es natürlich anders, es geht einem so manches durch den Sinn.

Die Einheit – das war doch, als die Ossis so verrückt nach der D-Mark waren. Und heute haben sie den Euro, wenn sie nicht gerade pleite sind. Denen im Westen ging

1 Aus Anlass des 3. Oktober im 13. Jahr der Einheit organisierte das »Bündnis gegen Antisemitismus und Antizionismus« (www.bgaa.net) am 30.9.2003 eine Podiumsdiskussion im Berliner Tempodrom mit Henryk M. Broder und mir. Der hier abgedruckte Text war mein vorbereiteter Beitrag.

es auch nicht besser. Erst mussten sie die D-Mark mit den Habenichtsen aus der Zone teilen, dann sind sie ihr Geld ganz losgeworden, das »wahre Gemeinwesen«, wie es bei Marx irgendwo heißt. Es wäre, nebenbei bemerkt, vielleicht der Mühe wert, die Geldbestimmungen bei Marx einmal im Hinblick darauf durchzuschauen, was so ein Währungsverlust in sozialpsychologischer Hinsicht bedeutet. Auch ohne Marx: Mit der D-Mark waren Ausdruck und Verkörperung einer Kollektivleistung weg, auf welche sich aller Stolz der Bundesbürger gegründet hatte. Woran sollte man sich in dieser Welt noch halten? Was fällt mir sonst noch auf Anhieb zum 3. Oktober ein? Unbedingt Fernsehnachrichten meiden.

Viel ist das nicht, und es mag daran liegen, dass alle Ereignisse damals und seither etwas Unwirkliches an sich haben und zugleich Nicht-Ereignisse sind, welche die Menschen zugleich prägen und sie unberührt lassen.

Mir kommt es vor, als wäre man in einen geschichtslosen Zustand eingetreten. Er fing damit an, dass jeder Tag als ein historischer angepriesen wurde, als ahnte man schon, dass es fortan mit der Geschichte vorbei sein würde. Das Fernsehen hat dabei sicher eine Rolle gespielt, es ist ein großartiger Vernichter von Geschichte und Kultur, was reinkommt, ist erledigt.

Nicht nur die letzten 14 Jahre, auch die Zeit davor ist wie ausgelöscht. Die Vergangenheit ist bestenfalls noch sentimentale Reminiszenz, sie bedeutet uns nichts mehr. Schlimmstenfalls ist sie Verfügungsmasse für Propaganda zu beliebigen Zwecken. Zur Rechtfertigung des Jugoslawienkriegs hatte man sich sinngemäß auf Adornos Diktum berufen: »Die Forderung, dass Auschwitz nicht noch einmal sei, ist die allererste an Erziehung.«

Einfache Regel: Wenn man was ganz Fieses tun will, muss man nur sagen, es sei nötig, um ein zweites Auschwitz zu verhindern. Mit Auschwitz könnte man heute einen Präventivkrieg gegen Israel zwecks Verhinderung eines Genozids an den Palästinensern begründen.

Genozid nämlich ist alles, was die Machthaber und die Medien zu einem solchen deklarieren. Zur Not reichen 50 gut zurechtgemachte und effektvoll ausgeleuchtete Leichen, wenn das Fernsehen sie zur besten Sendezeit präsentiert. Aber sogar das ist eigentlich auch schon wieder überflüssig, weil das *Warum* keinen wirklich interessiert, wenn was passiert.

Ich möchte noch ein wenig beim Jugoslawienkrieg im Frühjahr 1999 verweilen. Wenn man die Lebensverhältnisse und die Leute in den bombardierten Städten kennt, nimmt man so was nicht nur politisch, sondern auch persönlich. Bei mir war das der Fall. Ich hatte also keine Lust, die 150. flammende Anklage gegen die Schweinerei zu fabrizieren. Irgendwann fängt man an, sich bei dieser nutzlosen Tätigkeit etwas dämlich zu fühlen.

In derart traurigen Zeiten, dachte ich, müsste man mal was Fröhliches schreiben. Ich dachte dabei an einen Nachruf auf Scharping oder Fischer. Bislang gab es dazu freilich keinen Anlass, wie Sie wissen.

Aber das war es alles nicht, was den Jugoslawienkrieg zu einer herausragenden Angelegenheit machte. Wie die Deutschen und namentlich die Ex-Linken wären, hatte man vorher wissen können. Und ich hatte es nicht nur gewusst, sondern ich hatte es oft genug analysiert und beschrieben. Ich wäre von Fischer und Scharping enttäuscht gewesen, hätten sie sich anders verhalten, als sie es dann auch wirklich taten.

Wirklich neu und niederschmetternd war vielmehr eine ganz andere Lehre, die aus dem Jugoslawienkrieg gezogen werden musste. Gewiss hatten deutsche Medien, Diplomaten, Kirchen etc. die propagandistische Vorarbeit geleistet. Gewiss hatten sie anfangs in vorderster Front gehetzt, geschürt, intrigiert. Aber wie wenig hätte diese deutsche Propaganda doch bewirken können, hätte sie sich nicht schließlich als Sprachrohr aller erwiesen, als Sprachrohr der sogenannten zivilisierten Welt.

Was zunächst wie eine abseitige Perfidie der Deutschen erschien, offenbarte sich am Ende als absolut trendy. Als Serbenfresser ließ sich Cristiane Amanpour auf CNN von keinem übertreffen. Viel wichtiger aber: Es waren in erster Linie amerikanische Flugzeuge, welche die Infrastruktur eines ohnehin schon armen Landes zerbombten. (Zweieinhalb Jahre später hat Amerika dann selber probieren dürfen, wie Kollateralschaden schmeckt, witzigerweise dank Osama Bin Laden, der nun wieder die Serben gar nicht, dafür um so mehr Bosniaken und Albaner mag.)

Von militärischer Bedeutung waren ferner England und Frankreich. Frankreich bot, als die Angriffswellen schon am Rollen waren, mit mehr Bombentonnage als im Zweiten Weltkrieg, sogar seinen einzigen atomgetriebenen Flugzeugträger auf.

Alle kamen mit allem, was sie hatten, zeitweilig waren mehr als 1000 Flugzeuge über Jugoslawien in der Luft. Und das, um einen Feind zu bezwingen, der wehrlos geduckt am Boden saß und es mit ansehen musste, wie seine Raffinerien, Fabriken, Brücken, Bahnlinien, Straßen, Sender, Elektrizitätswerke und Wohngebiete zertrümmert wurden. Wohlgemerkt: von Streitkräften der Alliierten.

Der militärische Beitrag Deutschlands mit seinen elf Tornados hingegen war eher lächerlich, so lächerlich wie die gefingerten Schmutzbildchen, die Scharping bei seinen Briefings verstohlen an die Presse verteilte. Er hatte kein anderes Material.

Nicht etwa Deutschland allein gegen alle, sondern

Deutschland im Auftrag aller – so also lief das Spiel. Und die Frage, die sich daraus ergab: Ist das die Ausnahme oder die Regel?

Funktioniert Geschichte so, dass es einem Subjekt aus eigener Eingebung und Machtvollkommenheit einfällt, Böses zu tun, und dass es dies Böse dann auch macht, gegen die geschlossene Missbilligung und Ablehnung des Restes der ganzen Welt?

Oder ist es eher so wie bei der Gruppendynamik, wo die Rollen schon feststehen – Spaßmacher, Sündenbock, Anführer, Maskottchen, Störenfried, Schlichter etc. – und zu beobachten ist, dass keine Rolle lange vakant bleibt? Ist es also so, dass die Welt eine Untat braucht und einer halt die Rolle des Täters spielen muss, nicht ohne dazu anfangs ermuntert zu werden?

Fragen über Fragen, nicht zuletzt im Hinblick auf die Vorstellung, die man sich von der Geschichte Nazideutschlands gemacht hatte und damit von der ganzen jüngeren Geschichte überhaupt. Ich würde sagen, da gerät dann ein Weltbild ins Wanken, das dem gesamten Denken bislang seine Orientierung gegeben hatte: Humphrey Bogart in »Casablanca«, die Befreiung von Bergen-Belsen durch britische Truppen etc.

Stattdessen erinnert man sich an Dinge, die man wahrgenommen hatte, aber nicht recht wissen wollte. Etwa an die begeisterten Korrespondentenberichte, welche die *New York Times* über die Reichsparteitage brachte. Und man fragt sich, wie es denn eigentlich möglich war, dass Nazideutschland ganz Europa unterwerfen konnte, wenn es bei den Unterworfenen nicht eine gehörige Portion Einverständnis damit gab.

Im Jugoslawienkrieg sahen wir die Allianz oder die Weltgemeinschaft oder die Gemeinschaft der zivilisierten Staaten als Meute, wie sie ein Opfer aussucht, aufbaut und schließlich mit unglaublicher Gewalt über es herfällt. Irgendwie waren es alle. Nur, weil es so viele waren, haben sie es überhaupt geschafft. Das Problem besteht nicht darin, einen Bösen zu finden – die Bösen gibt es massenhaft. Das Problem ist, dass man keinen Guten findet.

Angesichts dessen, was mir da etwas wirr und ungeordnet durch den Kopf geht, wenn ich mich zwinge, über die Gegenwart nachzudenken, was ich nur ungern tue, weil es die Laune verdirbt und der Gesundheit schadet, angesichts dessen also finde ich es fast rührend, wenn ich lese, dass Sie den 3. Oktober mit einer Demonstration begehen wollen und eine Ihrer Parolen dabei »Deutschland verraten!« heißt.

Himmel, waren das Zeiten, als so was noch möglich war. Kein Verrat ohne Treue, und beides nicht ohne König, Familie, Volk und Vaterland. Abgesehen davon: Verrat – gut und schön. Aber bitte an wen? Und soll das dann alles gewesen sein? Wenn schon Verrat, dann Deutschland an Frankreich, Frankreich an Italien, Italien an Dänemark und so weiter, bis sich der Zirkel schließt. Sie haben es alle verdient.

Oder wenn im Aufruf behauptet wird, Ausländer wären hier »einer alltäglichen rassistischen Gewalt ausgesetzt«: Wer so was glaubt, lebt nicht in dieser Welt, sondern einer anderen, in der die deutschen Juden mit einem Anteil von 0,5 Prozent an der Bevölkerung tatsächlich eines mangels Masse wehrlose Minderheit gewesen sind.

Stuttgart zum Beispiel hat in der Altersgruppe unter 18 Jahren einen Ausländeranteil zwischen 35 und 40 Prozent. Es gibt in manchen Gemeinden des Stuttgarter Umlands Ortsteile, die ein einheimischer Jugendlicher besser meidet, nicht weil er ein Faschist wäre, sondern weil türkische Jugendclans dort ein bisschen Bande spielen und mit harter Hand Revierverteidigung üben. Es gibt Spielplätze, wo türkische Kinder von anderen Eintrittsgeld verlangen.

Was die Ressentiments gegen Ausländer betrifft, so sprechen übrigens Indizien und die Meinung von Insidern dafür, dass sich dergleichen derzeit am stärksten bei türkischen Jugendlichen entwickelt, nämlich ein ausgeprägter Deutschenhass.[2]

Ein fröhliches Kräftemessen also, aber keineswegs »alltägliche rassistische Gewalt« dergestalt, dass deutsche Täter ausländische Opfer quälen.

Überhaupt hat der Vorwurf, die Deutschen seien noch immer Antisemiten und Ausländerfeinde, einen Haken. Man kann ihn nicht zu oft und zu lange erheben, ohne dass er in Affirmation umschlägt. Irgendwann klingt er einfach wie »Die Katze lässt das Mausen nicht.«

Und wurde diese Feststellung einmal getroffen, so ist der Katze kein Vorwurf mehr daraus zu machen, dass sie ihrer Wesensbestimmung folgt und Mäuse fängt. Also die Katze entfernen oder die Mäuse vor ihr warnen, aber mit der Katze hadern hat keinen Sinn.

Natürlich braucht die Bevölkerung Feinde, man muss schließlich wissen, wer die Guten und wer die Bösen sind. Seit mindestens drei Jahren aber stehen Ausländer in Deutschland gerade *nicht* auf der Kandidatenliste. Stattdessen hatten wir die Killerkids, Kinder, die Papas

2 Logischerweise ist das so. Überproportional viele türkische Jugendliche haben keinen Schulabschluss, nur den Hauptschulabschluss und sprechen schlecht Deutsch. Überproportional viele von ihnen sind ohne Lehrstelle und Arbeitsplatz. Die Idee, das läge daran, dass es zu viele Deutsche hier gibt, dürfte für sie so plausibel sein wie für deutsche Jugendliche in ähnlicher Lage die Idee, dass es hier zu viele Türken gibt. Hinzutreten dürfte das berechtigte Gefühl, man habe viel aufgegeben, hergegeben, geopfert, um in Deutschland sein zu können, und nichts dafür bekommen.

Kanone schnappen und damit Jagd auf Lehrer, Kameraden, Passanten machen; Österreich mit Haider; die Kampfhunde und deren Halter; Rechtsradikale; Kinderschänder; Schwarzarbeiter; Al Kaida; Sozialschmarotzer.

Es gab so viele Feinde, weil der Volksfeind heute ein Fernsehstück ist. Zu lange hält sich keiner, weil das Publikum Abwechslung will. Es lässt sich ein bisschen in Stimmung bringen, wobei die Stimmung eigentlich eher eine Laune ist. Die praktischen Folgen sind gering, was die Aktionsbereitschaft der Bevölkerung betrifft. Aller antiserbischen Hetzpropaganda in den Medien zum Trotz ist mir kein Fall bekannt, dass ein Serbe in Deutschland unter Anfeindungen oder Angriffen zu leiden gehabt hätte. Gestehen muss ich folglich, dass ich derzeit nicht in der Lage bin, irgend etwas hervorstechend Fremdenfeindliches oder Antisemitisches zu erkennen, das aus der Tiefe der deutschen Seele kommen und sich dort aus ergiebigen Quellen speisen würde. Irgendwo wurden mal Walser / Reich-Ranicki und Möllemann / Friedman erwähnt. Ich halte das für läppisch. Andere Dinge sind weitaus ernster. Ein ständiges Ärgernis sind hier Nachrichtensprecher, die stets von Angriffen israelischer Soldaten auf palästinensische Flüchtlingslager erzählen, wenn das Ziel der Angriffe eine Ortschaft war, wo vor 50 Jahren vielleicht mal die Zelte und Baracken eines Flüchtlingslagers standen. Diese gebetsmühlenhafte antiisraelische Propaganda, immer mit einem petzerischen Unterton, bewirkt derzeit zwar wenig, sie ist aber steigerungsfähig, wie das Beispiel Jugoslawien lehrt.

Lästig ist auch das abwechslungsarme Racheschwur-Aktionstheater, das von der palästinensischen Komparserie aus Anlass von Begräbnissen regelmäßig aufgeführt wird, um die ortsansässigen Vertreter internationaler Medien mit Bildmaterial zu versorgen. Lästig ist es deshalb, weil das Fernsehen jede Vorstellung davon in den Nachrichten bringt. Und zu fragen wäre, warum die sogenannte Intifada als eine doch irgendwie heldenhafte Angelegenheit dargestellt wird. Normalerweise würde man eher von Feigheit sprechen, wenn an Stelle von Personen im wehrfähigen Alter die Kinder den Kampf einer Volksgruppe oder einer Nation gegen eine andere bestreiten müssen.

Aber soweit ich informiert bin, ist diese Nachrichtengebung ein EU-weites Phänomen, und einziger Verursacher sind die Medien. Weder kommt sie aus der Bevölkerung, noch wirkt sie besonders stark auf sie ein.

Wie gesagt, ich kann derzeit nichts erkennen, was mit Macht aus den Tiefen der deutschen Seele dringt. Ich sehe nicht mal eine Tiefe, eher eine Leere. Befürchtungen – auch meine –, die deutsche Geschichte könne sich wiederholen, haben sich bislang nicht bestätigt. Eher kam es umgekehrt. Was wie eine Wiederkehr Vorkriegseuropas erschien, dieses Vorkriegseuropas mit seinen Nationalismen, Faschismen und Pogromen, war in Wahrheit das definitive Ende dieser Zeit, nach einer etwas rauen Übergangsphase freilich.

Man versteht das besser, wenn man sich vor Augen hält: Für Deutschland war die Wiedervereinigung das Ende des Traums von der Einheit. Der Traum war also weg, und kurz danach ging die Nation denselben Weg.

Keine Einheit nämlich ohne Zusammenbruch des Ostblocks, und der allein hatte den Nationalstaat als solchen weit über sein historisches Verfallsdatum hinaus konserviert. Statt souveräner Nationen war das Ergebnis des Zusammenbruchs ein ganzer Sack voll Übemahmekandidaten, Deutschland vorneweg. Bald werden auch die letzten der jungen unabhängig gewordenen Republiken mit Euro zahlen. Sie haben nichts Besseres verdient.

Und jetzt? Weder Kulturnation noch Nationalstaat, nicht mal mehr geteilt nach Einheit sich sehnend, außerdem überaltert, ist, was Deutschland betrifft, die Luft ziemlich raus.

Was sind die Themen, welche das Land bewegen? Die Rente, der Zahnersatz und das Dosenpfand. Ich könnte Ihnen jede Menge weiterer Gründe dafür nennen, warum der Antisemitismus alten Schlages nicht wiederkommt. Sagen Sie einfach stop, wenn es reicht:

Bündnis von Mob und Elite funktioniert nicht mehr. Elite spricht Englisch, Pöbel Deutsch. Statt Elite + Mob jetzt Elite + Elite gegen Mob.

Volksgemeinschaft ist mega-out. Umfragen bei Studenten ergeben: »Soziale Gerechtigkeit« auf der Werteskala unter den letzten.

Sozialismus kaputt, ohne ihn kein Nationalsozialismus. Organisationsgrad und -bereitschaft der Bevölkerung extrem gering.

Faschismus braucht viel Jugend; gibt es zu wenig.

Rassismus braucht Gefühl kultureller Überlegenheit. Siehe Pisa.

Rassismus braucht ein Gefühl ethnischer Homogenität; wird von einem wesentlichen Teil der Bevölkerung (siehe Ausländeranteil und Altersstruktur) scharf abgelehnt.

Antisemitismus braucht Triebdynamik, die ihn speist. Gibt es mangels Familie nicht mehr, siehe Kita, Spätgebärer, Lebensabschnittspartnerschaft, Autorität und Familie.

Antisemitismus braucht Beharrlichkeit und Charakter. Weder noch ist vorhanden. Siehe Flexibilität. Siehe auch David Riesman's »Lonely Crowd«.

Faschismus braucht Gemütsmenschen; Weihnachten

(»Stille Nacht, heilige Nacht«, »Leise rieselt der Schnee«) ist heute ein Fluchtgrund. Innerlichkeit Marke »Armut ist ein stiller Glanz von innen« – absurd.

Faschismus braucht Überzeugungstäter; gibt es nicht; siehe Protestbewegungsgeneration, siehe Fischer.

Faschismus braucht Führerkult, Verehrung für den großen einsamen Staatsmann mit seiner schweren Verantwortung. Der ist weg. Stattdessen Boy Group (Gerhard und Jacques und Tony usw.) oder Außenminister gleich busladungsweise wie beim Betriebsausflug.

Faschismus braucht Helden, Heldentod, Aufopferung fürs Vaterland; der heutige Berufssoldat macht seinen Job, er ähnelt dem Söldner.

Nun könnte man freilich fragen: Wenn so was ausgeschlossen ist, was kommt stattdessen? Bis man es besser weiß, könnte man ja mal in europäischen Dimensionen denken. Vielleicht ist der Balkan unser Schicksal dergestalt, dass der Jugoslawienkrieg das Vorbild liefert für eine künftige EU-Entflechtung.

Ich glaube freilich nicht daran. Wenn es hier wieder kracht, ist das bloß noch Zoff im Altersheim.

# FAQ

*»Vatermord am Guru. Wie die Meute Wolfgang Pohrt doch noch erlegte.« So überschrieb Uli Krug seine Veranstaltungsrezension in der Zeitschrift* Bahamas *(Nr. 43 2003/2004) Stimmt das?*

Krug will ein bisschen Farbe in den grauen Alltag bringen. Er muss es, sonst wäre er ein schlechter Autor. Aber machen wir uns doch nichts vor. In der vaterlosen Gesellschaft gibt es keinen Vatermord. Wir leben im Zeitalter der alleinerziehenden Mütter, der Lebensabschnittspartnerschaften und der Singles – Papa ist schon lange tot und deshalb froh, wenn er mal den Kinderwagen schieben darf. Da gibt es nichts mehr zu ermorden.

Unter einer Meute stelle ich mir Hunde bei der Fuchsjagd vor. Sie rennen, sie hecheln, der Speichel tropft ihnen aus dem Maul, sie blecken die Zähne und haben gierige Augen. Mit einem Wort: Die Tiere sind lebendig. Das konnte man von den Leuten im Saal am allerwenigsten behaupten.

Handke hat mal bei einer Diskussion über Jugoslawien einem Zuhörer gesagt, wohin er sich seine Betroffenheit stecken könne. Ich habe so was nicht gesagt, ich habe alles über mich ergehen lassen, die immergleiche Leier, wie furchtbar dieser Walser wäre und wie schrecklich jener Möllemann, dass Broders Mutter in Auschwitz war, dass der Antisemitismus eine schlimme Krankheit sei, unter der ganz Europa leide, etc. Geduldig wie ein Schaf saß ich da, und bald konnte ich auch wirklich nur noch »määhh« machen. Der verpasste Augenblick hat eben seinen Preis.

Es wurde eine Veranstaltung, bei welcher jeder jedem anderen und obendrein auch noch sich selber ganz entsetzlich zum Hals herausgehangen hat. Mir jedenfalls ging es so. Meine schüchterne Frage an Broder, was er wohl täte, wenn der letzte Antisemit gestorben wäre, brachte keine Wende. Die Leute wollten ja nicht, dass ich selber mich als Antisemit outen würde – und wer Broder das Sozialarbeitersyndrom anhängt, wird als solcher eingestuft,[3] sondern sie wollten, dass ich ihnen einen Antisemiten oder Rassisten zeige oder zumindest einen Tipp gebe, wo man so was finden kann. Aber auch wieder nicht, um den Bösewicht zu zerfleischen, sondern um ihn auf gewohnte Weise durchzuhecheln, also wie bedenklich das sei, was da noch alles drinstecken könne, etc.

*»Eigentlicher Vordenker der Antideutschen«, schrieb Robert Kurz in der Tageszeitung* junge Welt *über Pohrt. Wie ist das zu verstehen?*

Kurz mag die Antideutschen nicht, er mag mich nicht, und als die Gerüchte aus Berlin ihn erreichten, hat er wohl den Synergieeffekt nutzen wollen. Wenn a) Pohrt unten durch und b) Pohrt Vordenker von Antideutsch, dann c) auch Antideutsch unten durch; die alte Zwei-Fliegen-mit-einer-Klatsche-Strategie. Also hat Kurz sich an die Arbeit gemacht und ein bisschen Dogmengeschichte zusammengehäkelt.

3 Nicht von Broder selbst, aber von den Übereifrigen unter seinen Anhängern.

*Wer sind die überhaupt, diese Antideutschen?*

Vielleicht alle und die Regierung vornedran. Gemeint sind natürlich einige spezielle Grüppchen, viele werden es nicht sein. Ob nur Kurz sie so nennt, oder ob sie auch selber sich so nennen, weiß ich nicht. Kein Grund in den letzten Jahren, sie unter die Lupe zu nehmen, zumal man das Schema kennt.

Es gibt einen Restbestand an Nationalismus, der sich an die Vorstellung klammert, die Deutschen könnten immer noch, wenn sie nur wollten, also noch mal Weltkrieg, Holocaust etc. Überalterung und Verblödung hin, komplett veränderte Machtverhältnisse auf der Welt her, die Deutschen täten es wieder schaffen oder doch versuchen wollen.

Die überwiegende Mehrheit der Bevölkerung hat ganz andere Sorgen. Aber besonders in den Schichten, die früher mal die Bildungselite gewesen und heute vom Funktionsverlust bedroht sind, hält sich dieser Unsinn zäh.

Deshalb bekam Hohmann* so viel Ärger mit Medien und Kollegen. Bekannt wurde er durch eine Behauptung, die er gar nicht aufgestellt hatte, nämlich: »Die Juden sind ein Tätervolk, ebenso wie die Deutschen.« Den Deutschen das Monopol auf die Stellung Tätervolk nehmen war übel. Aber was Hohmann wirklich gesagt hatte, war ein echter Skandal. So schlimm, dass man es nicht mal öffentlich zitieren mochte: »Weder Juden noch Deutsche sind ein Tätervolk.«

* Gemeint ist Martin Hohmann und die nach ihm benannte »Hohmann-Affäre«, die der damalige CDU-Politiker mit einer antisemitischen Rede zum Tag der Deutschen Einheit am 3. Oktober 2003 in Neuhof ausgelöst hat, an der zunächst niemand Anstoß nahm. Martin Hohmann ist heute AfD-Politiker. (A.d.H.)

Wenn kein Tätervolk, was dann? Etwa ein Volk von Mitläufern? Der Deutsche ist ein Tatmensch. Er ist schöpferisch, er gestaltet, er schafft was, er ist ein Macher, deshalb die vielen Werke, Goethe, Beethoven und so was. Das fällt aber eigentlich in die vordeutsche Zeit, Deutschland fängt 1871 an. Und seither? Zwei Weltkriege, beide verloren. Was ist gelungen, was bleibt, wenn man den Holocaust wegstreicht?

Schwer zu sagen. Deshalb hat der Bundestag am 11.12.2003 die von allen Parteien gemeinsam eingebrachte Resolution »Antisemitismus bekämpfen« einstimmig verabschiedet, in der es heißt:

> »Wir haben die besondere Verantwortung, die Erinnerung an den Holocaust und das Gedenken an die Opfer wachzuhalten. Wir müssen uns auch künftig mit seinen Ursachen und Folgen auseinandersetzen und die Wiederholung einer solchen Entwicklung ausschließen. Die Erinnerung an das Geschehene ist Teil unserer nationalen Identität.«

Vertrauenerweckend klingt das eigentlich nicht. Wenn eine Nation ihre Identität aus der Erinnerung an den von ihr begangenen Massenmord schöpft, kann das nur heißen, dass sie die Identität eines Massenmörders besitzen will.

Aber was soll's. Besser ein Tatmensch, der sich mal vertut, als brav geblieben und dafür keinen Eintrag im Geschichtsbuch. Interessant ist auch der mittlere der drei zitierten Sätze aus der Bundestagsresolution. Von einem Täter würde man eigentlich erwarten, dass er verspricht: Ich mache es nie wieder; ich unterlasse das künftig.

Ganz anders der Bundestag. Im Namen des Volkes erklärt er, »wir« müssen »die Wiederholung einer solchen

Entwicklung ausschließen«. Der reuige Täter spricht wie ein Richter, der zum Angeklagten sagen könnte: »Ich will nicht, dass du das noch mal machst. Ich schließe es aus, indem ich dich einsperre.« Dass ein Deutscher einfach mal etwas nicht tut, ist unmöglich. Entweder er tut es, oder er ist tätig, indem er es verhindert, ausschließt etc.

Und das ist der Job, den die Antideutschen übernommen haben. Deshalb hören sie es gern, wenn man Deutschland beschimpft, je schlimmer, desto besser. Zornig werden sie nur, wenn einer Deutschland harmlos nennt. Sie wollen sich gern einbilden, Angehörige eines mächtigen und gefährlichen Volkes zu sein, um dergestalt die der Welt von diesem Volk drohende Gefahr abwenden oder wenigstens vor ihr warnen zu können. Für besonders gefährdet halten sie Juden, Ausländer, Israel und die USA. Keiner der vermeintlich Bedrohten fürchtet sich, zu allerletzt vor Deutschland.

Auf die Faktenlage und die wirklichen Machtverhältnisse verwiesen, führen die Antideutschen gern die Befindlichkeit der Landsleute ins Feld, das, was die in ihrem Herzen oder auf der Seele trügen. Aber wenn es jemand dort drückt und er damit Probleme hat, sollte er den Psychiater oder den Kardiologen konsultieren. Eine Gefahr für die Welt ist er deshalb nicht.

Einen Sinn ergibt das Die-Welt-vor-den-Deutschen-retten-Syndrom eigentlich nur, wenn man die Leute so versteht, dass sie weniger retten als gerettet werden möchten. Das würde zu ihnen passen.

Antideutsch war die Linke, die es heute ist, nicht immer. Früher war sie antikapitalistisch. Sie mochte die Arbeiter, und sie wurde nicht müde, ihnen beistehen zu wollen gegen des Kapital. Aber nur, solange sie im hiesigen Proletariat den kleineren Bruder des viel größeren und mächtigen, fast allmächtigen im Osten sah, solange die Arbeiter Arbeit und auch die Armen noch genug hatten. Jetzt, wo die Verelendung der Armen beschlossene Sache ist, auf dass der Reichtum der Reichen wachse, ziehen die Volksfreunde sich enttäuscht zurück. Sie hatten sich als Fürsprecher der Arbeiter und der Armen aufgeführt, weil sie in ihren Schützlingen die Sieger von morgen sahen und von ihnen mit Erfolg und Ruhm belohnt zu werden hofften. Sie merken jetzt: Sie hatten aufs falsche Pferd gesetzt.

Die Armen sind wirklich nur noch arm, und seither hat das Thema für diese Linke jeden Reiz verloren. Kein siegreiches Proletariat in der Sowjetunion mehr, unter dessen Schutz man sich stellte, wenn man die Schwachen hier zu schützen vorgab. Anlehnung wird seither anderswo gesucht, aber auf die gleiche Weise. In manchen Gemütshaushalten anlehnungsbedürftiger Menschen scheinen die USA heute eine ähnliche Rolle zu spielen, wie die Sowjetunion zu Zeiten des Ostblocks sie eingenommen hatte.

Während die Arbeitslosen auf den Status von Almosenempfängern zurückgeworfen werden und die arbeitende Bevölkerung zwecks Altersvorsorge zum Kauf von Spekulationspapieren angehalten ist, welche dem Verkäufer einen Platz an der Sonne und dem Besitzer einen im Armenhaus sichern, währenddessen also kennt diese Linke keine Klassen mehr, nur noch Rassen. Rassismus, Antisemitismus, nichts sonst.

*Keiner kann alles machen. Wäre Solidarität mit den Juden nicht wenigstens etwas?*

Gewiss, aber nur unter Bedingungen, welche nicht vorhanden sind. Wären die Juden eine benachteiligte, diskriminierte oder gar schikanierte Bevölkerungsgruppe, würde sich die Frage gar nicht stellen. Tatsache aber ist, dass die Juden in Deutschland nicht nur keine diskriminierte, sondern überhaupt keine Bevölkerungsgruppe sind, wenn man darunter ein für Außenstehende erkennbares Ensemble von Personen versteht.

Ein solches Ensemble sind beispielsweise die Obdachlosen, rund 9000 allein in Baden-Württemberg. Sie sind es deshalb, weil ich die Zahlen nicht kennen brauche, um zu wissen, dass es viel zu viele sind. Ich sehe sie, wenn ich in der Stadt unterwegs bin. Ich weiß ferner, dass die Stadt viel Phantasie, Geschick und Mühe in die Aufgabe investiert, diesen Menschen das Leben so schwer wie nur möglich zu machen. Bänke in der Stadt, wo sie sich aufzuhalten pflegten, wurden mit aufgeschraubten Bügeln ausgestattet, welche es unmöglich machen, dass ein Mensch sich darauf ausstrecken kann. Es gibt keine öffentlichen Toiletten mehr, die kostenlos benutzbar sind, überhaupt kaum noch öffentliche Toiletten.

Von den Juden in Deutschland hingegen sehe und höre ich nichts. Ich habe keinen Grund zur Annahme, dass es ihnen schlechter ginge als der übrigen Bevölkerung, oder dass sie sich überhaupt in irgendeinem wichtigen Punkt von der übrigen Bevölkerung unterschieden. Ich darf also annehmen, dass bei diesen Menschen das Prädikat jüdisch etwa die gleiche Relevanz für die Lebenslage besitzt wie beim Rest der Bevölkerung die Prädikate evangelisch oder katholisch – also keine.

Auch die Antideutschen sehen es nicht anders. Jedenfalls machen sie keinerlei Versuch, eine allgemeine Benachteiligung von Juden nachzuweisen. Vielmehr ist es sogar so, dass sie sich für benachteiligte Juden überhaupt nicht interessieren. Wie unter den übrigen Deutschen dürfte es unter den Juden Personen geben, die auf der Straße gelandet sind. Mit ihnen erklärt sich keiner solidarisch. Um in den Genuss der Solidarität zu kommen, welche die Antideutschen mit Juden üben wollen, reicht es nicht aus, einfach nur Jude zu sein. Man muss es vielmehr im Leben recht weit gebracht haben. Man muss vermögend sein wie Bubis, prominent wie Friedman, intelligent und erfolgreich wie Reich-Ranicki. Außerdem darf einem nichts Schlimmeres passiert sein, als dass man von irgendeinem Trottel öffentlich angepflaumt worden ist. Sind diese Bedingungen gegeben, führen die Antideutschen sich auf wie der barmherzige Samariter beim Anblick der gequälten Kreatur. Ihre Solidarität kennt keine Grenzen, wenn es darum geht, die *Happy Few* gegen Schmähreden in Schutz zu nehmen. Mit großem Eifer versuchen sie nachzuweisen, dass hässliche Worte die grässlichsten Verbrechen sind und nichts so bitter ist wie die Kränkung, die ein deutscher Nicht-Jude einem deutschen Juden zugefügt hat, auch dann, wenn es sich eher um die verletzte Eitelkeit von Personen handelt, bei denen die Hinnahme solcher Dinge zum Beruf gehört.

Die Antideutschen bieten ihre Hilfe stets Personen an, die bewiesen haben, dass sie sich sehr gut selber helfen können, weit besser als die unerbetenen Helfer. Menschen hingegen, denen man sogar noch das Klo wegnimmt, sind für sie kein Thema. Das ungefähr war mit der Formulierung gemeint, dass die Antideutschen gerettet werden möchten, wenn sie vorgeben, retten zu wollen. Sie helfen den Juden nicht, und ob sie sich wirklich selber helfen, bleibt die Frage, weil das Manöver doch allzu durchsichtig ist.

*Nützt es wenigstens den Ausländern, wenn die Antideutschen sie verbal vor fremdenfeindlichen Übergriffen schützen?*

Es schadet, weil es ein Verschweigen der wirklichen Probleme bedeutet. Ausländern mangelt es nicht an Schutz vor rechtsradikalen Übergriffen. Wie den anderen Gruppen der deutschen Bevölkerung mangelt es ihnen an erschwinglichem und menschenwürdigem Wohnraum, an anständig bezahlter Arbeit, an vernünftigen Schulen.

Auch unter Ausländern hier gibt es inzwischen krasses soziales Elend. Früher war das Pennerdasein ausschließlich eine Lebensform der Ureinwohner, inzwischen zeigt auch dieser Bereich multikulturelle Vielfalt. Die antideutsche Propaganda vertuscht diesen Sachverhalt, indem sie aus den sozialen Problemen der Ausländer einen Nationalitätenkonflikt zwischen ihnen und den Ureinwohnern macht, welcher durch Umdenken und Erziehung bei den Ureinwohnern aus der Welt zu schaffen wäre. Nicht anders als die Bundesregierung propagiert sie ausschließlich kostenneutrale Formen von Ausländerfreundlichkeit. Wie die Antideutschen sich für die Juden als wirkliche Menschen nicht interessieren, sind ihnen auch die Ausländer als wirkliche Menschen egal. Sonst würden sie vielleicht mal hingucken, wie die leben.

Genau dies aber vermeiden sie um jeden Preis. Werden sie darauf hingewiesen, dass in einer Großstadt wie Stuttgart zwischen 35 und 40 Prozent der Bevölkerung in der Altersgruppe unter 18 Jahren Ausländer sind, nehmen sie diese Nachricht allenfalls als Beleg für ausländerfeindliche Tendenzen beim Überbringer. Gegen die Evidenz der Information machen sie sich blind: Die Ausländer sind in den Wirtschaftszentren der Bundesrepublik ein integraler, ein nicht mehr wegzudenkender, ein unentfernbarer, ein wesentlicher Bestandteil der deutschen Bevölkerung geworden, und zwar hinsichtlich seiner Altersstruktur der vitalste; in Deutschland und vermutlich ganz Europa ist eine tiefgreifende Veränderung der Population im Gange.

Nur Ignoranz erlaubt den Antideutschen das Festhalten an einem überkommenen Volksbegriff. *Die Deutschen* gelten ihnen nicht als Sammelname für aus verschiedenen Gründen in Deutschland wohnende Personen, sondern als ein exklusiver Club. Keiner kommt rein, wenn er nicht einen Vater bei der SS oder mindestens bei der Wehrmacht hatte und Namen wie Arnold Breker, Leni Riefenstahl, Karl May, Ernst Bloch, Rudolf Höß unterbringen kann. An einem wachsenden Teil der deutschen Wohnbevölkerung geht diese Vorstellung vorbei. Kindern von Zuwanderern aus der Türkei dürfte es kaum beizubringen sein, dass sie sich in einem noch so vagen Sinne für die Ermordung der Juden verantwortlich fühlen sollen.

Die Antideutschen möchten die Ausländer schützen müssen, weil sie nicht sehen wollen, dass die Ausländer als wesentlicher Bestandteil der deutschen Bevölkerung keines besonderen Schutzes mehr bedürfen. Das erklärt, warum sie auf Entwarnung mit Nichtwahrnehmung oder Wut reagieren, während sie Meldungen über ausländerfeindliche Attacken mit tiefer Genugtuung registrieren.

Sie brauchen die Ausländer als separate Gruppe, die verängstigt auf ihren Retter in Gestalt eines antideutschen Linken wartet, der nach der Devise handelt: »Es passiert nichts Gutes, außer ein guter Deutscher, ein Antideutscher eben, tut es.« Sie brauchen die Ausländer deshalb separat und unvermischt, weil sie sonst ihr geliebtes Feindbild verlieren würden. Ein anderes haben sie nicht mehr. Sie klammern sich an Ausländerfeindlichkeit und Antisemitismus wie der Ertrinkende an den Strohhalm.

*Wie wird man Vordenker?*

Das kann jedem passieren, aber nicht ohne eigene Schuld. Neben manchem Richtigen schreibt man auch manches weniger Richtige, und gerade das besitzt eine natürliche Affinität zur Programmatik.

Richtig ist, Deutsches zu kritisieren, nicht weil es deutsch, sondern weil es falsch und unmoralisch ist. Richtig und falsch, wahr und unwahr, moralisch und unmoralisch durch deutsch und undeutsch oder antideutsch zu ersetzen ist so idiotisch wie vermessen. Ergibt es sich aber, dass man Deutsches fortgesetzt und wiederholt kritisieren muss, kann es passieren, dass dabei ein Reaktionsschema entsteht. Man greift dann zu Stereotypen, man benutzt Klischees. An einen Fall kann ich mich gut erinnern.

Dresden 1991: In der Nacht zum Ostersonntag wurde der Mosambikaner Jorge Gomondai von Skinheads aus der fahrenden Straßenbahn geworfen, eine Woche später war er tot. Das war nur einer von vielen ähnlichen Berichten aus der Zone, die immer die Form kleiner Agenturmeldungen hatten. Ich schlug der *Konkret*-Redaktion damals vor, eine größere Geschichte in Auftrag zu geben, am besten bei jemandem, der Reporterqualitäten hat und sich an Ort und Stelle umschaut. Die Redaktion war gern bereit, fand aber keinen Autor, der das machen wollte. Damals war die Story ein Ladenhüter, heute würden die Kollegen sich darum reißen. Kein Interesse – so blieb das bis Hoyerswerda und Rostock und darüber hinaus. So kam es, dass die Sache an mir hängenblieb und ein Agitationsartikel aus ihr wurde: »Stop den Mob – Die SA-Praktiken in der Zone müssen aufhören«, nachzulesen in *Konkret* 5/91.

Diesen Artikel überhaupt zu schreiben war damals richtig und nötig, weil es sonst keiner tat. Aber der Untertitel mit den SA-Praktiken war ein Fehler. Heute wäre er es noch viel mehr, und es ist kein Gegenargument, darauf hinzuweisen, dass ein Schwarzer, der nach Frankfurt/

Main möchte und versehentlich den Zug nach Frankfurt/Oder erwischt, dort nachts auf dem Bahnhof noch immer schlechte Erfahrungen machen kann. Die kann man nämlich auch anderswo machen, und ohne dass man Schwarzer ist. Trotzdem: Der Osten ist etwas heikel. Es gibt dort Gegenden, die ich lieber meiden würde. In Mecklenburg-Vorpommern haben Ausländer Probleme gekriegt, inländischen Campern aus dem Westteil der Republik ging es freilich auch nicht besser.

Aber das heißt nur, dass Deutschland den Anschluss an die moderne Entwicklung gefunden hat, und es heißt eben *nicht*: Die Vergangenheit kehrt zurück. Deshalb war mein Artikelchen mit dem Untertitel »Die SA-Praktiken in der Zone müssen aufhören« ein Fehler.

Im »18. Brumaire« gibt es die schöne Stelle, wo Marx die notwendigen Irrtümer bei der Einschätzung aktueller Umbrüche beschreibt. Also kann man sich mit der Idee trösten, es wäre einem wie den Bürgern gegangen, die sich 1789 als Römer missverstanden. Ich jedenfalls habe damals 1989 ff. in den Kategorien von 1933 interpretiert – ich hatte keine anderen. Damals war es ein Irrtum, heute ist daraus Ideologie geworden, Gesinnung, Weltanschauung.

Die Probleme, die ein Schwarzer nachts in Frankfurt/Oder kriegt, kriegt ein Hellhäutiger auch, wenn er in New York oder Miami landet, in Rio oder Johannesburg und nicht vorsichtig ist. Leichtsinn kann dort tödlich sein. Gefahrenzonen und Zonen verminderter Sicherheit haben sich in den vergangenen Jahrzehnten vielerorts entwickelt, allen stetig wachsenden Kontrollbemühungen der Staatsapparate zum Trotz. Interessant, wenn man das Versagen als Indiz dafür nehmen könnte, dass die Perfektionierung der Überwachungs- und Unterdrückungssysteme ab einem bestimmten Punkt zur Verminderung der

Leistung führt. In Deutschland hatte man davon lange Zeit nichts mitbekommen und war deshalb einigermaßen fassungslos, als solche Phänomene im Osten auftraten. Rostock zum Beispiel war ein regelrechter kleiner System-Blackout: Der Mob brandschatzt, die Feuerwehr versteckt sich, die Polizei nimmt Reißaus. Der Staat auf Tauchstation, tatenlos, einfach nicht erreichbar – so was hatte man in der Bundesrepublik noch nicht erlebt. Kein Wunder, dass man zunächst geschockt war und dann die Sache auf provinzielle Weise gründlich missverstand.

Deutscher Mob wütet gegen Farbige, und das auch noch unmittelbar nach der Wiedervereinigung – fast unvermeidlich, dass die alten falschen Reflexe zuschlugen. Fehler Nr. 1: Die Gleichung »Verfolgung Farbiger = Rassismus«. Fehler Nr. 2: Die Gleichung »Rassist = Nazi«. Tatsächlich waren anfangs Farbige die bevorzugten Opfer. Später aber kamen Obdachlose, Asoziale und Behinderte dazu. In Hoyerswerda waren es bald ganz normale Rentner. Viele von ihnen hatten wahrscheinlich noch Beifall geklatscht, als die Polizei vor dem Mob zurückgewichen war, das Asylbewerberheim evakuiert wurde und die Busse mit den Heimbewohnern im Steinhagel losfuhren. Sie hatten nicht kapiert, dass sie selber für die beklatschten Helden in die gleiche Kategorie wie Farbige und Asylbewerber fallen würden: schwach und schutzlos.

Von heute aus gesehen könnte man sagen, die halbwüchsigen Halunken hatten schon damals zu ihrer Maxime einen Grundsatz gemacht, der fortan das Gesetz des Handelns nicht nur im wiedervereinigten Deutschland, sondern weltweit bestimmten sollte: Kein Mitleid mit den Armen, Schwäche wird bestraft. Man könnte von einer physischen Antizipation der heutigen sogenannten Sozialreformen sprechen: Wieder eine Bestätigung dafür, dass

Minderheiten in aller Regel Vollstrecker des Mehrheitswillens sind, auch wenn das Gegenteil der Fall zu sein scheint.

Kein Rassismus also, SA schon gar nicht, sondern ein nicht ganz richtiger Artikel, und solche Artikel sind leider die mit der nachhaltigsten Wirkung. Aber die Antideutschen sind ja ein Winzigverein, und mit der Berliner Diskussion und meinem Beitrag »Zoff im Altersheim« hat sich das Problem sowieso erledigt.

*Auf Internetforen hieß es danach, Pohrt, der Antisemit und Rassist. Was ist ein Antisemit?*

Er ist immer der andere, und das stimmt sogar. In der Nazizeit war er die Einheit von Judenantipathie und Vernichtungswunsch gewesen. Heute ist er eine Doppelfigur geworden, deren eine Hälfte der anderen das Alibi liefern muss. Vernichtungswünsche und Judenantipathie gehören keineswegs zwingend zusammen.[4] Sie waren vor 1933 getrennt, und sie gingen nach 1945 verschiedene Wege. Wer Vernichtungswünsche äußert, hat es daher leicht, den Verdacht von sich selber abzulenken, indem er zugleich als entschiedener Gegner jedweder antisemitischen Vorurteile auftritt.

*

4 »Die Wut entlädt sich auf den, der auffällt ohne Schutz. Und wie die Opfer untereinander auswechselbar sind, je nach der Konstellation: Vagabunden, Juden, Protestanten, Katholiken, kann jedes von ihnen an die Stelle des Mörders treten, in derselben blinden Lust des Totschlags, sobald es als die Norm sich mächtig fühlt.« Zitiert nach der Querido-Ausgabe, Horkheimer und Adorno, »Dialektik der Aufklärung«, Amsterdam 1947, S. 202

Horkheimer und Adorno schrieben:

> »Für die Faschisten sind die Juden nicht eine Minorität, sondern die Gegenrasse, das negative Prinzip als solches; von ihrer Ausrottung soll das Glück der Welt abhängen.« (S. 199)

Das Glück der Welt hängt nach Auskunft von Machthabern und Leitartiklern längst von der Ausrottung anderer Gruppen ab. Die Gegenrasse mit den Juden gleichzusetzen hieße Grenzen ziehen, die mit der Forderung nach Flexibilität und Skalierbarkeit unvereinbar sind. Die Welt ist größer geworden seit 1933, und Auschwitz lässt sich nicht wiederholen.

Der amerikanische Krieg in Vietnam kam ohne Vernichtungslager aus, und dennoch hatte er zeitweilig Züge eines Ausrottungsfeldzugs angenommen.[5] Kommunisten und Guerilla waren gebietsweise und zeitweilig mit äußerster Grausamkeit verfolgt worden. Die Objekte des Vernichtungswillens ändern sich, der Vernichtungswille bleibt sich ähnlich, auch wenn er nach dem Zweiten Weltkrieg an Intensität verloren zu haben scheint.

Hauptbedrohung der Gemeinschaft zivilisierter Nationen, hören wir immerfort, sind heute der Terrorismus und dessen Brutstätten, die Schurkenstaaten am anderen Ende der Erde. Von dort aus werden die Fäden gezogen, dort sind die Giftküchen, Genlabors und Waffendepots untergebracht, aus denen die Terroristen sich bedienen. Vor allem aber sind sie der Ort, wo die teuflischen Ideen für die schrecklichsten Untaten herkommen.

5 Bilanz: 58.000 Tote auf amerikanischer Seite, durchweg Militär, zwei Millionen Tote auf vietnamesischer Seite, überwiegend Zivilisten. Diese Zahlen kursieren jedenfalls, nachprüfen kann sie keiner.

Doch der WTO-Crash vom 11. September 2001 war der Wirklichkeit gewordene *amerikanische* Katastrophenfilm und damit der globale, auch dann, wenn Islamisten die Urheber gewesen sind.[6] Denn das bewiese nur, dass der amerikanische Traum noch die abgelegenste Hütte erreicht.

Es ist der Traum einer Gesellschaft, welche nachts den Einsturz und Abriss dessen herbeiphantasiert, was sie tagsüber mit erzwungener Begeisterung auftürmt. Für einen Augenblick waren sich Traum und Realität ganz nahe gekommen, mit dem Effekt, dass in den USA Filme abgesetzt, Premieren verschoben und Computerspiele vom Markt genommen werden mussten.

Wer immer die Täter gewesen sind, sie handelten im Auftrag einer Zivilisation,[7] die keine Perspektive sieht als verzweifelt immer mehr von dem herzustellen, was alle unglücklich macht. Sie dienten ihrem Herren auf doppelte Weise: Sie haben den verleugneten Selbstvernichtungswunsch ausgeführt und ihn damit als nunmehr gegen andere gerichteten Vernichtungswunsch auf sich gezogen. Sie sind der Person gewordene Teufel, die Projektion geächteter eigener Regungen auf ein fremdes Subjekt, das man erschlagen kann, ohne sich selber weh zu tun.

6 Wissen wird man es nie genau, weil alle Regierungsapparate erwiesenermaßen die Öffentlichkeit belügen und betrügen, sofern dies nützlich und möglich ist. Vgl. Larry Beinhart, »American Hero«.

7 Die Mehrheit schafft sich die Minderheit nach ihrem Bild. Winzige Minderheiten tun immer, was die überwältigende Mehrheit insgeheim will. Sie hätten gar keine Chance, wenn sie wirklich nur bekämpft, nicht zugleich auch gefördert und ermutigt würden. Minderheitenprobleme sind immer ein Problem der Mehrheit. Sie bestimmt, was gespielt wird und wer welche Rolle bekommt.

Der Rest ist Routine. Was früher die »völkischen Phantasien jüdischer Verbrechen, der Kindermorde und sadistischen Exzesse, der Volksvergiftung und internationalen Verschwörung« (S. 219) gewesen waren, sind heute Alarmpläne und Katastrophenszenarien, mittels welcher das Publikum eingestimmt und mobilisiert wird.

Die Simulation des terroristischen Angriffs auf Bevölkerungszentren mit Biochemie und anderen Massenvernichtungswaffen ist ein dem antisemitischen ähnelnder Wunschtraum, der zum Alptraum umgedeutet wird, damit er wahrgemacht, an anderen vollstreckt werden kann.

Solche Psychopathologie war es, welche die Irakkriegspropaganda beherrschte. Als wenn sie unter Geständniszwang litten, plapperten der US-Präsident mit dem unangenehmen Grinsen eines infantilen Sadisten und seine Gefolgsleute unentwegt von Massenvernichtungswaffen. Sie taten es, obgleich jeder weiß, dass Massenvernichtungswaffen in unendlicher Menge zum Arsenal der *amerikanischen* Streitkräfte gehören. Nicht einmal, sondern mehrmals könnten sie mit ihren nuklear bestückten Interkontinentalraketen alles menschliche Leben auf der Erde vernichten.

Sogar die Gräuelpropaganda hat sich in dies Muster von Verdrehung und Projektion gefügt. Das Quälen und Töten hätten die Schergen des Hussein-Regimes auf Folterakademien des US-Militärs gelernt haben können, wo das Sicherheitspersonal der US-freundlichen lateinamerikanischen Militärdiktaturen ausgebildet worden war.

Sogar die Furcht, amerikanische Soldaten würden in irakischer Gefangenschaft nicht gemäß den Genfer Konventionen behandelt, war reine Projektion, war Antizipation und Absichtserklärung bezogen auf das, was Irakern in amerikanischer Gefangenschaft bevorstand. Bislang hat kein Vertreter des Internationalen Roten Kreuzes

Saddam Hussein besuchen dürfen.[8] Die Perhorreszierung vermeintlicher Massenvernichtungswaffen beim Gegner dient einzig dem Zweck, den Einsatz der eigenen Massenvernichtungswaffen gegen ihn zu legitimieren. Wenn es so weit ist, schaut die Wertegemeinschaft weg.

Ganze Länder werden in Schutt und Asche gelegt, in einem Krieg, der kein Kampf mehr, sondern reine Vernichtung ist, dergestalt, dass die Angreifer den Job per Knopfdruck erledigen, während sie unerreichbar für den Feind in ihren Maschinen sitzen, etwa wie der Henker, der den elektrischen Stuhl bedient, nur dass sich dann kein Stromkreis schließt, sondern die Clusterbombs fallen und die anderen Dinger, die im Umkreis von fünf Kilometern alles töten, was atmen muss, die Cruise Missiles, die Uranmunition und die Bunkerknacker und all die anderen Botschafter westlicher Wertegemeinschaft, Humanität und Zivilisation.

Serbien, Afghanistan und Irak waren die Ziele, denn unbedeutend, entfernt und schutzlos müssen die Länder sein, in denen die Machtzentren eine Gefahr für ihre Sicherheit sehen. Die Wahrnehmung folgt dem antisemitischen Muster der pathischen Projektion. Stets »haben die mächtigsten Reiche den schwächsten Nachbarn als uner-

8 Welche Behandlung von Gegnern ist denn auch seitens einer Nation zu erwarten, die Humanität nicht mal bei der Behandlung der eigenen Leute kennt. Aus einem Bericht der *FAZ* vom 5.3.02 über US-Gefängnisse: »Nirgendwo auf der Welt sitzen derzeit mehr Menschen in Haft als in dem Staat, der die Freiheit zu seinen höchsten Gütern zählt [...] Zwei Millionen Menschen leben zwischen Atlantik und Pazifik hinter Mauern und Stacheldraht, mehr als in China mit seiner viermal größeren Gesamtbevölkerung. Auf hunderttausend Einwohner kommen in den Vereinigten Staaten siebenmal so viele Häftlinge wie in Deutschland. Fast zehn Prozent aller männlichen Schwarzen im Alter zwischen zwanzig und dreißig Jahren sind eingesperrt, und in manchen Staaten, die schon Ersttätern dauerhaft das Wahlrecht entziehen, ist ein Viertel aller farbigen Männer ohne Stimme.«

trägliche Bedrohung empfunden, ehe sie über ihn herfielen« (S. 220).

Je mehr Elemente des NS-Systems freilich eine Gesellschaft in ihr eigenes System integrieren muss, desto stärker ihr Bedarf nach Abgrenzung vom gescheiterten Vorbild. Der ungebrochene Nazi-Glaube an einen zwingenden Zusammenhang zwischen Juden und Menschenvernichtung macht es ihr leicht. Um seine Herkunft und sein Funktionsprinzip zu verdecken, muss der moderne, von aller Judenantipathie gereinigte Antisemitismus einfach nur mit dem Finger zeigen können auf seinen rückständigen Doppelgänger.

Der Antisemit ist dann immer der andere, dem irgendeine erkennbare oder auch nur vermutete Aversion gegen irgendwie Jüdisches nachgesagt werden kann. Er wird bekämpft mit der Begründung, dass solche Aversion der »Nährboden« für die Vernichtungslager gewesen sei. Als Gegenmittel wird Sympathie für irgendwie Jüdisches gefördert und gefordert – gerade so, als wären die Menschen in Auschwitz an Liebesentzug gestorben.

Es ist aber nicht so, dass die Juden aus übergroßer Aversion gegen sie umgebracht worden wären, sondern erst war ein Vernichtungswille da, dann hat der sich ein Objekt gesucht und damals in den Juden ein passendes, weil schutzloses gefunden, welches durch andere Objekte hätte ersetzt werden können und heute ersetzt wird.[9]

Der amerikanische Stützpunkt Guantanamo ist nicht

9 Das sahen Horkheimer und Adorno schon 1947 nicht anders: »Dass, der Tendenz nach, Antisemitismus nur noch als Posten im auswechselbaren Ticket vorkommt, begründet unwiderleglich die Hoffnung auf sein Ende. Die Juden werden zu einer Zeit ermordet, da die Führer die antisemitische Planke so leicht ersetzen könnten, wie die Gefolgschaften von einer Stätte der durchrationalisierten Produktion in eine andere überzuführen sind.« (S. 243)

Bergen-Belsen, aber dort werden Menschen so rechtlos gefangen gehalten, wie dies einst KZ-Häftlinge gewesen sind. Was heute unter einem Kampf gegen den Antisemitismus verstanden wird, dient dem Zweck, diesen unglaublichen Skandal zu vertuschen.

*Und was ist ein Rassist?*

Rassist ist heute das Schimpfwort, dessen häufiger Gebrauch als Nachweis antirassistischer Gesinnung gilt. Mitglieder von Gruppen, die sich antirassistisch nennen, müssen es besonders oft verwenden, weil sie dergestalt ihre Loyalität gegenüber dem Verein und ihre Identifikation mit dessen Zielen demonstrieren können. Der Verbalradikalismus unterstellt, dass die Unterscheidung zwischen Rassismus und Antirassismus eine einfache, grundsätzliche und klare wäre. Das freilich ist keineswegs der Fall, weil die beiden untrennbar zusammengehören.

Die Lehre vom Untermenschen bedarf nämlich des Glaubens an die absolute moralische Überlegenheit der aufklärerischen Idee, von Natur aus besäßen alle Menschen unabhängig von Stand, Geschlecht, Herkunft, Hautfarbe gleiche Rechte. Zum einen, weil daraus schwerwiegende Ungleichheit folgt: Wenn alle Menschen gleich sein sollen, sind es doch diejenigen gewiss nicht, welche das moralisch überlegene Prinzip nicht kennen oder beharrlich ablehnen. So entsteht aus der Gleichheitsidee ganz zwanglos die Idee einer moralischen Überlegenheit des abendländischen Kulturkreises, Nordamerika selbstverständlich eingeschlossen, über den moralisch minderwertigen Rest der Welt.[10] Zum anderen, weil der

10 Ähnlich wie heute Menschenrechtsfragen zur Rechtfertigung von Angriffskriegen dienen.

Glaube an die prinzipielle Gleichheit dazu zwingt, Begründungen für tatsächliche Ungleichheit zu erfinden. Der Rassismus ist ein Rechtfertigungssystem, welches erklären soll, warum unter der Bedingung, dass eigentlich alle Menschen gleiche Rechte haben sollten, dies für die Behandlungen der Farbigen in Afrika und anderswo durch die Weißen doch nicht gilt.

Es gibt nur zwei Möglichkeiten: Entweder die Weißen sind minderwertig, gemessen an ihren eigenen moralischen Ansprüchen, oder die Farbigen sind keine vollwertigen Menschen – noch nicht oder grundsätzlich nicht, das ist dann die Differenz zwischen der pädagogischen und der harten Variante. Der Rassismus ist daher eine späte Erscheinung, im Altertum und bis weit in die Neuzeit hinein ist er unbekannt. Er setzt die Deklaration der Menschenrechte (1776 USA, 1789 Frankreich) voraus, ist untrennbar mit dem Imperialismus verbunden und entsteht im 19. Jahrhundert. Solange Moral und Politik noch getrennt waren und Geschichte unsentimental als Kampf aufgefasst wurde, bei dem es Sieger und Besiegte gibt, die einen eben die Herren sind und die anderen, die Unterworfenen, dann die Sklaven, solange brauchte man keinen Rassismus. Die spanischen Conquistadores, die Südamerika entvölkerten, kamen ganz ohne ihn aus.

Desgleichen konnte der europäische Sklavenhandel darauf verzichten, er war ein Geschäft wie jedes andere auch. Die Ware wurde in Afrika günstig eingetauscht,[11]

11 Gegen Stoffe aus Europa und Indien, Feuerwaffen und Pulver, Haumesser und andere Schneidewerkzeuge, Eisenbarren, Kupfer in Ringen oder Barren und Alkohol. Als Lieferanten und Zwischenhändler fungierten die Stämme unmittelbar an der Küste Westafrikas. Weißen empfahl sich ein Vordringen ins Landesinnere damals nicht, die Tropenmedizin war noch nicht entwickelt. Verkauft wurden anfangs Personen, welche vom eigenen Stamm verstoßen worden waren.

zu wichtigen Umschlagplätzen wie Liverpool, Nantes, und Amsterdam gebracht, dann weiterverfrachtet nach Brasilien oder nach Jamaika, dem Großverteiler für die britischen Kolonien in Nordamerika, für Mexiko, Kuba und Peru. Marktführer waren in dieser zeitlichen Reihenfolge Portugal, die Niederlande und England. Rund 40 Millionen Menschen gingen ab Mitte des 16. Jahrhunderts diesen Weg, die Hälfte von ihnen starb schon auf dem Transport.[12]

Das alles hat ohne Rassismus funktioniert. Man hatte nichts gegen Schwarze, und sie wurden auch nicht wegen ihrer Hautfarbe ausgesucht, sondern weil nur sie die Feldarbeit im feuchtheißen tropischen Flachland ertrugen. Der Rassismus fing erst an, als die Sklaverei zu Ende ging: 1833 in den englischen Kolonien, 1848 in den französischen Kolonien, 1865 in den USA.

Das Ende kam mit der Erkenntnis, dass unter Bedingungen des Hochkapitalismus die freie Lohnarbeit der Sklavenarbeit hinsichtlich Rentabilität und Produktivität haushoch überlegen war: Während der Sklave als Vermögenswert erhalten und folglich auch bei schlechter Auftragslage von seinem Besitzer durchgefüttert werden sollte, musste der Tagelöhner unter solchen Umständen Eigenverantwortung übernehmen, d.h. er sollte selber schuld sein, wenn er verhungerte.

---

Vom Ende des 16. Jahrhunderts an begann die gewerbsmäßige Menschenjagd. Jäger waren die Mitglieder von Küstenstämmen, deren Häuptlinge mehr Konsumfreude entwickelten, als durch den Handel mit verstoßenen Mitgliedern des eigenen Stammes zu befriedigen war. Jagdgebiet war das Hinterland der Küste, das alsbald ein verlassener Landstrich wurde. Wer den Sklavenjägern entkommen war, floh in die unzugänglichen Bergregionen weiter im Inneren des Landes.

12 Die Zahlen sind Schätzwerte, die auf der Auswertung erhalten gebliebener Geschäftsunterlagen an den wichtigsten Umschlagplätzen basieren.

Nach Manier des 19. Jahrhunderts wurde die nüchterne wirtschaftliche Konsequenz daraus, nämlich die Aufgabe der Sklaverei, in einen grandiosen, epochalen Befreiungsakt umgedeutet, der echte Begeisterung hervorrufen konnte. Ähnlich den Menschenrechtsbewegungen heute entstand damals eine breite und beim Publikum recht beliebte Agitation gegen die Sklaverei, die nunmehr als Beispiel verabscheuungswürdiger Barbarei erschien, wie sie fern der Zivilisation unter arabischen Räuberbanden und unter den wilden Stämmen Schwarzafrikas verbreitet sei. Eben noch Sklavenhändler und Sklavenhalter, waren die Europäer nun der edle Ritter, der den Sklaven ein Befreier ist und barbarischen Wilden ihre widerlichen Bräuche austreibt. Das war gleich ein weiterer Grund, in Afrika und anderswo nach dem Rechten zu schauen.

Und damit begannen die Probleme. Im Unterschied zum Kolonialismus früherer Jahrhunderte bedurfte der imperialistische Endspurt im Rennen um die noch unverteilt gebliebenen Gebiete im Inneren Afrikas einer Rechtfertigung, und das war unter anderem die Lehre von der Existenz minderwertiger und höherwertiger Rassen. Sie blieb nicht auf die Kolonien beschränkt, sondern es gab Versuche, die jeder Idee von Gleichheit hohnsprechende Lage der Arbeiter durch die Idee einer proletarischen Rasse mit den Merkmalen Mangel an Intelligenz und Mangel an Fleiß zu begründen.

Solche Versuche wurden bald wieder aufgegeben, und auch der koloniale Rassismus war aufs Ganze gesehen kein Erfolgsmodell – eigentlich eine sehr dumme Strategie, weil er die Herausbildung kooperationswilliger und korrumpierbarer Gruppen in den Reihen der Unterworfenen verhinderte. Ein kluger Stratege versucht die Kräfte des Gegners zu spalten, niemals zu einen, wie dies durch die doktrinäre Behauptung rassischer Gleichheit der Unterworfenen geschah. Die von den Widerstandsbewegungen erzwungene Entkolonisierung nach dem Zweiten Weltkrieg war eine unausweichliche Folge solcher Dummheit und beendete obendrein etwa verbliebenen kolonialen Rassismus dergestalt, dass die Bedingungen seiner Herausbildung und Existenz nun fortgefallen waren. Für seine Ächtung hatten ferner die Nazis mit der Herstellung einer besonders hirnrissigen Variante gesorgt. Während Rassismus in Afrika immerhin eine praktikable Option gewesen war, wurde er für den kontinentalen Imperialismus in Europa zum kaum lösbaren Problem. Nicht ohne Grund war man hier schon sehr früh dazu übergegangen, die organisierte wechselseitige Abschlachterei, welche den Menschen offenbar nicht abzugewöhnen ist, in der Form von Glaubenskriegen oder Kriegen zwischen Nationalstaaten durchzuführen. Stammeskriege hatten sich nicht bewährt, weil die Population dieses Erdteils viel zu vermischt ist, und das gilt besonders für die Mitte des Kontinents, eine Gegend, die seit Jahrtausenden Durchmarschgebiet, Durchzugsgebiet und Zuzugsgebiet gewesen war. Rasse können die Europäer nur in ihrem Verhältnis zu Schwarzen, Gelben, Indianern etc. werden, für ihre internen Angelegenheiten benötigen sie Uniformen, die Freund-Feind-Erkennung funktioniert sonst nicht.

Weil der slawische Untermensch oft so blond und blauäugig war, wie die germanische Herrenrasse es gern gewesen wäre, d.h. weil es hinreichend eindeutige empirisch feststellbare Rasseunterschiede zwischen der Bevölkerung Europas in verschiedenen Ländern nicht gab, wichen die europäischen Rassisten ins Metaphysische aus – also statt Hautfarbe, Haarwuchs oder Augenform als Kriterien nunmehr Seele und Blut. Am Ende wurden bei den Nazis daraus Bürokratie und Fasching.

Die Feststellung, wer Jude und wer Arier sein sollte, begann mit der Aktenwühlerei in den Meldeämtern zwecks Ausstellung eines Scheins und setzte sich fort mit einem aufgenähten Stofffetzen an der Jacke, dem berüchtigten gelben Stern. Mit der Niederlage Nazideutschlands und dem Bekanntwerden des rassisch begründeten fabrikmäßigen Massenmords an Millionen Menschen war der Rassismus ideologisch restlos kompromittiert, und die Entkolonisierung nahm ihm, wie schon erwähnt, seine Existenzbedingungen.

Seither hat er gelegentlich bei den Rückzugsgefechten obsolet gewordener Regimes und Grüppchen eine Rolle gespielt, aber es gibt nirgends eine gesellschaftlich relevante Gruppe, die ihn zu ihrem Credo machen oder auch nur ernsthaft als Option diskutieren würde – ganz anders als im ausgehenden 19. und frühen 20. Jahrhundert. Vor allem gibt es nirgends eine Gruppe, die sich selber eine Gruppe von Rassisten nennt.

Der Begriff hat sich daher aus jedem eindeutigen Zusammenhang mit einer von ihm bezeichneten Sache gelöst, und das heißt eben auch, dass er alles und jedes bezeichnen kann. Er ist ein politischer Kampfbegriff geworden, welcher den so beschimpften Gegner durch den Verdacht schwächen soll, er handele aus rassistischen Motiven, eben solchen, die irgendwann ins Vernichtungslager führen.

Die Ablehnung von Zuwanderung zum Beispiel wird gern als rassistisch oder fremdenfeindlich verfemt, obgleich ein Bauhelfer, welcher Zuzugssperren eingerichtet wissen möchte, sich nicht anders verhält als die Agrarlobby, wenn sie Importrestriktionen für irgendwelche landwirtschaftlichen Erzeugnisse fordert. Was als Rassismus erscheint, ist nichts anderes als der Protektionismus von Menschen, die ihre eigene Arbeitskraft verkaufen müssen, und zwar Arbeitskraft von der Art, wie sie durch Zuwanderung eine Angebotsvermehrung erfahren würde. Das trifft selbstverständlich nicht für Ärzte, Sozialarbeiter oder Lehrer zu, für welche die Zuwanderung Umsatz und Einkommen bedeutet.

Ich selber war mal bei einem Sozialforschungsinstitut beschäftigt, dessen ausländerfreundliche Gesinnung dem Eigentümer einen Haufen Geld eingebracht hat, meist in Form von Honoraren für Untersuchungen oder Gutachten, welche die öffentliche Hand in Auftrag gegeben hatte. Ein Fan der *Durchmischung* – so der fiese Fachausdruck – von Wohngebieten zu sein gehörte zur Corporate Identity und war für die Mitarbeiter obligatorisch. Wohnung des Eigentümers und Büroräume lagen freilich in einem Stadtteil, wo der ausländische Mitbürger nur in der Form von Putzfrau, Babysitter oder Gartenhilfe präsent ist. Es wäre gewiss nicht uninteressant, einmal zu ermitteln, auf welche Schulen die engagiertesten Agitatoren gegen Ausländerfeindlichkeit ihre eigenen Kinder schicken. Um eine Prognose zu wagen: Grund- und Hauptschulen mit 80 Prozent Ausländeranteil sind vermutlich nicht dabei.

*Wenn es weder um die Juden noch um die Ausländer geht, wozu dann Agitation plus Mobilisierung gegen Antisemitismus und Fremdenfeindlichkeit heute?*

Die große Mobilisierungskampagne der Bundesregierung im Jahr 2000 mit dem Verbotsverfahren gegen die vom Verfassungsschutz erst mühsam hochgepäppelte NPD,[13] mit dem Sebnitz-Schwindel und der Massendemonstration gegen Ausländerfeindlichkeit in Berlin, diese große

13 Damals rund 700 Mitglieder bundesweit.

Mobilisierungskampagne also, die von allen Medienkonzernen und überhaupt allen einflussreichen Gruppen in Deutschland unterstützt worden ist, die war eine Art Präventivschlag gegen die Rechte mit dem Zweck, später unbehelligt die sogenannte Agenda 2010 durchziehen zu können, ein Programm zur Verelendung der Armen.

Den bundesrepublikanischen Sozialstaat, mit dem nun kurzer Prozess gemacht wird, verdanken wir weder christlicher Gesinnung noch der Furcht vor dem Kommunismus, der in Deutschland aus eigener Kraft nie erfolgreich war, sondern wir verdanken ihn einer Legende über die Entstehung des NS-Regimes. Dieser Legende zufolge haben Massenarbeitslosigkeit und Massenelend nach der Weltwirtschaftskrise von 1929 die Nazis an die Macht gebracht. Sollte eine Wiederholung des Malheurs vermieden werden, galt es folglich die Arbeitslosigkeit mittels Staatsintervention im Rahmen und die Folgen der Arbeitslosigkeit für die Betroffenen in erträglichen Grenzen zu halten.

Seit 1965 wurde jedes Anschwellen der Arbeitslosenzahlen von Leitartikeln begleitet, welche die rhetorische Frage stellten, ob nun auch eine Destabilisierung und Zulauf für rechtsradikale Parteien drohten, um dann zu antworten: Nicht bei uns, bei uns könnte keine SA mit Suppenküchen Mitglieder werben, auch den Arbeitslosen geht es gut. Heute tauchen solche Leitartikel nicht mehr auf, und keiner scheint sich noch daran erinnern zu können, dass es sie überhaupt mal gegeben hat.

Man versteht den Zusammenhang zwischen deklariertem Ziel und wirklichem Zweck besser, wenn man noch mal das Modell Protestbewegung memoriert. Sie war ein Musterbeispiel dafür, welche Komponenten zusammenkommen müssen, wenn es gilt, die Lebensverhältnisse veränderten Verwertungsbedingungen des Kapitals anzupassen. Außer der treibenden Kraft, eben der kapitalistischen Notwendigkeit, bedarf es der hohen Ideale und der niederen Beweggründe. Auf ihre niederen Beweggründe reduziert, war die Protestbewegung Generationenkonflikt, der am radikalsten von der RAF ausgetragen wurde, welche die Inhaber guter Jobs auf direktem Weg entfernte. Der Hintergrund: Die Nachkriegs- und Wiederaufbaugeneration war lästig geworden, sie hielt die Führungspositionen in Wirtschaft, Medien und Politik besetzt und versperrte der aufstiegswilligen akademischen Jugend den Weg nach oben ins Establishment. Deshalb war die nachdrängende Jugend so versessen darauf, belastendes Material über die Elterngeneration auszugraben. Und davon gab es in der Tat genug. Damit und mit etwas sozialistischer Gesinnung bewaffnet, wurde dann in Zeitungsredaktionen, soziologischen Instituten und philosophischen Seminaren der Aufstand geprobt, wobei es um Posten und Macht ging, also um begehrte Jobs, nicht um Kapitalismus oder Sozialismus, und manche, wie Fischer und seine Clique zum Beispiel, sind irgendwann auch tatsächlich ans Ziel ihrer Jugendwünsche gekommen.

Zum anderen wurde die Protestbewegung gebraucht, um aufzuräumen mit einer Reihe von bürgerlichen Moralvorstellungen und Lebensformen, welche der Kapitalverwertung im Wege zu stehen begannen. Die Kritik an der Familie und der Rolle der Frau darin hat sich ungeheuer segensreich auf die Beschäftigungsquote ausgewirkt. Das wäre die kapitalistische Notwendigkeit oder die treibende Kraft.

Am wenigsten durften das alles die Protestbewegten selber ahnen, denn erst die hohen Ideale machten aus den niederen Beweggründen, also Aufstiegswillen, und der treibenden Kraft, also dem gesellschaftlichen Bedarf, eine erfolgreiche Massenbewegung.

Die Beteiligten hielten sich für Revolutionäre und Antifaschisten. Sie mussten das tun, sonst hätte die ganze Konstruktion nicht funktioniert. Folglich mussten sie sich auch einbilden, von der Konterrevolution und den Nazis umstellt zu sein und angegriffen zu werden. Die Protestbewegung war eine Bewegung der hundert letzten Gefechte, ganz gleich ob es dabei um die Notstandsgesetze, das politische Mandat der Studentenschaft oder eine neue Prüfungsordnung ging. Am Ende war der Vorrat an externen Nazis und Konterrevolutionären aufgebraucht. So suchte und fand man den Gegner eben in den eigenen Reihen.

Auch heute werden zur Mobilisierung für die hohen Ideale, welche die Verelendung der Armen ummänteln sollen, unbedingt Gegner gebraucht, also Personen, welche diese Ideale ablehnen, oder denen dies zumindest nachgesagt werden kann. Man braucht Antisemiten und Rassisten, und wenn man sie braucht, dann werden sie auch produziert, nicht anders als damals.

Ein Beispiel ist der Fall Walser, den *FAZ*-Feuilletonchef Schirrmacher in einem offenen Brief vom Umfang einer kompletten Druckseite aufdecken zu müssen meinte, gerade so, als würde es sich mindestens um eine Neuauflage der Dreyfus-Affäre handeln. Diesen Fall hatte die *FAZ* selber erst zu einem solchen gemacht durch den Vorabdruckkontrakt für das ebenso öde wie gehässige Buch eines schwachen Autors, der seit 20 Jahren eine »Wunde namens Deutschland« leckt. Es war ein neuer Bedarf entstanden und mit ihm ein neuer Verwendungszweck für Walser.

Ähnlich der Fall Hohmann, wenn man sich die Vorgeschichte anschaut. Ums Jahr 1998 herum hatte die Arbeitslosigkeit in Deutschland Rekordwerte erreicht, die durchschnittliche Lebenserwartung in Russland war um fünf Jahre gesunken, die Industrieproduktion dort um 80 Prozent. Wenn die freie Marktwirtschaft den Leuten schon keine materiellen Vorteile brachte, sollte sie ihrem Vorgänger wenigstens moralisch überlegen sein. Da traf es sich gut, dass Stéphane Courtois, ein französischer Ex-Maoist, gerade sein berüchtigtes »Schwarzbuch des Kommunismus« auf den Markt geworfen hatte, den Versuch, einmal nachzurechnen, wieviele Menschen durch den Kommunismus ihre Leben verloren hätten.

Die Presse hier griff das Thema gierig auf, wollte sich aber mit der zunächst genannten Zahl von 15 Millionen nicht begnügen. Schließlich wurden es runde 100 Millionen – gut zu merken und ein neuer Rekord. »Der rote Holocaust« titelte die *Zeit*, die *Frankfurter Allgemeine* schrieb: »Hundert Millionen Tote hat der Kommunismus auf dem Gewissen – viermal mehr als der Nationalsozialismus.« Hohmann hat sich das gemerkt, außerdem irgendwo gelesen, bei der Oktoberrevolution hätten die russischen Juden besonders fleißig mitgemacht, und diese Stückchen dann zu einer Kindergottesdienstpredigt verkocht, die ungefähr so geht: Gottlose Deutsche haben die Vernichtungslager auf dem Gewissen, gottlose Juden die Gulags, und da sieht man wieder, wohin es führt, wenn ein Volk seinen Glauben verliert.

Blödsinn, hätte man sagen können und fragen, wie dämlich erwachsene Menschen sein müssen, wenn es möglich ist, damit Säle zu füllen. Aber das tat man nicht, weil keine Schwachköpfe, sondern Antisemiten und Rassisten gebraucht werden.

Sie werden gebraucht, weil sie so was wie der Dreck sind, an welchem der Saubermann zeigen kann, dass er einer ist. Sie werden gebraucht, damit Schröder die von ihm geführten Raubzüge der Elite als »Aufstand der Anständigen« zelebrieren kann.

Sie werden gebraucht, weil die Ächtung von Antisemitismus und Rassismus das moralische Korsett einer Clique sind, die sich sonst alles erlauben will, jede Abgreiferei, aber wie jeder Verein für ihren Bestand Verbote und Tabus benötigt. Sie werden gebraucht, damit die Aufsteiger aus der Protestbewegungsgeneration, die in ihren verwahrlosten Wohngemeinschaften das Aufräumen verlernten, sich nunmehr das Herz an der Vorstellung wärmen können, sie stünden den Verfolgten bei, wenn sie sich die steuerlich absetzbar gewordene bosnische oder tamilische Putzfrau leisten. Sie werden einfach für den Übergang in eine neue Zeit gebraucht. Es läuft glatter, wenn die Elite sich moralisch in Positur werfen kann, während sie Arme, Alte und Arbeitslose beklaut.

*Was bedeutet das alles: Übergang in eine neue Zeit, Auflösung des Nationalstaats, Geschichte als Gruppendynamik, außerdem Vergreisung und Bevölkerungsschwund?*

Fragen wir zuerst, warum wir eigentlich so viele sind. Natürlich deshalb, weil wir so viele wurden. Und das ist im 19. Jahrhundert passiert. Gab es je eine Zeit, wo der Bibel-Spruch »Seid fruchtbar und mehret euch« von Christen beherzigt worden ist, dann war es diese.

Zwischen 1816 und 1914 hat sich die Bevölkerung auf dem Gebiet des Deutschen Reiches ungefähr verdreifacht von 23 Millionen auf 67 Millionen, ähnlich in Frankreich, England und anderen Ländern. Und nicht nur den eigenen Kontinent haben die Europäer vollgemacht, sondern obendrein auch noch Nordamerika abgefüllt. Eine mir zufällig bekannte Zahl: Zwischen 1860 und 1930 haben die USA 30 Millionen Einwanderer aufgenommen, die meisten aus Europa. Wer es genauer wissen will, soll selber forschen, hier interessieren die Zahlen nur als

Illustration. Marx hat uns diese Entwicklung mit dem Populationsgesetz des Hochkapitalismus erklärt. Es besagt, dass die ärmsten Bevölkerungsklassen maximalen Geburtenüberschuss produzieren. Es erinnere, schreibt Marx, »an die massenhafte Reproduktion individuell schwacher und vielgehetzter Tierarten«.[14]

Schöner als Marx selbst hat es der von ihm in der Fußnote zitierte Kirchenmann Abbé Galiani gesagt: »Gott hat es gefügt, daß die Menschen, die die nützlichsten Berufe ausüben, überreichlich geboren werden.« Gott fügt es heute immer noch so, mit dem Ergebnis freilich, dass es viele, viele frische kleine Chinesen gibt und nur ganz wenige frische kleine Europäer.

Zum Glück, wie man freimütig einräumen muss, denn stellen wird uns mal vor, dass jeder der 400.000 Sozialarbeiter, die es in Deutschland geben soll, zehn Kinder hätte, die auch wiederum Sozialarbeiter werden wollen – es wäre ein Verhängnis für die Welt. Aber egal, warum und wieso, die Geburtenraten in Kontinentaleuropa sind, wie sie sind. Die Ureinwohner würden aussterben, wenn sie unter sich bleiben müssten, und es zieht sich nur deshalb so lange hin, weil die durchschnittliche Lebenserwartung dauernd steigt.

Tatsache ist ferner, dass die Geburtenrate, ähnlich der Selbstmordrate, zu den Kennwerten einer Population gehört, die sich mittels Maßnahmen kaum manipulieren lassen. Ob Mutterkreuz oder Kindergeld – hat alles nichts gebracht. Die Lohnsteuertabelle im Kopf ist nun mal der optimale Liebestöter, und ohne Liebe geht es beim Kindermachen nicht.

Bezeichnend für den verstockten Egoismus der Gesellschaft, dass man die Angelegenheit ausschließlich unter

14 Karl Marx, »Das Kapital I«, MEW 24, S. 672

dem Aspekt »Was wird aus meiner Rente« betrachtet. Und wenn man dies tut, kommt echte Panik auf. Die Offensive »Arbeiten bis 70« erinnerte an die letzten Kriegswochen im Frühjahr 1945 kurz vor Zusammenbruch und Kapitulation. Die *Wende,* so hieß es damals schon, sollte der *Volkssturm* bringen. Das waren Kinder und Greise, die als Kanonenfutter an die Front geworfen wurden. Mehr als sich totschießen lassen konnten sie dort nicht, weil es für sie ungefähr so viele taugliche Waffen gab wie heute Arbeitsplätze für Leute über 65.

Die Folgen des Geburtenschwunds reichen aber weiter. Denn streichen wir die Kinder weg, wird auch die Ehe hinfällig. Sie hatte zuletzt – nach dem Verlust ihrer wirtschaftlichen Bedeutung – noch ihren Sinn darin, dass der Geschlechtsakt Folgen nach sich zieht, die dauern. Bis die Kinder erwachsen wären, sollten die Eltern zusammenbleiben, und deshalb sollte jeder vor der Eheschließung sich die Frage stellen, ob er es mit dem Gemahl oder der Gemahlin wohl auch so lange würde aushalten können. Die Liebesheirat war gewissermaßen ein Gebot der Vernunft.

Das Hinfälligwerden der Ehe wiederum hatte weitere Konsequenzen. Wir sprachen schon davon, ich nenne sie trotzdem noch mal: Wir leben im Zeitalter der Singles, der Lebensabschnittspartnerschaften, der Doppelverdienerehepaare mit maximal zehn Minuten täglichem Sprechkontakt und vor allem der der alleinerziehenden Mütter. Der Begriff Vaterland verliert unter diesen Bedingungen jeden Sinn, weil es die zwischen ihm und dem Einzelnen vermittelnde Familie nicht mehr gibt. Vaterland hieß, in den Kategorien von Vorfahren und Nachkommen zu empfinden und zu denken. Für Vaterland und Familie sterben hieß, mit der Gewissheit sterben, dass man in diesen Kollektiven weiterleben wird, denn sie würden den Toten beweinen, ehren und sich in Dankbarkeit seines selbstlosen Opfers erinnern.

Zieht man vom Nationalstaat diese metaphysische Qualität ab, die seine Substanz war, bleibt die Zuordnung zu einer Verwaltungseinheit übrig. Sie besitzt für die Menschen etwa die Bedeutung, die ums Jahr 1800 herum die Entscheidung hatte, ob eine Stadt in Franken Napoleon oder Preußen zugeschlagen wurde. Die eine Alternative war vielleicht günstiger als die andere im Sinne einer Kosten-Nutzen-Rechnung, mehr nicht. Entsprechend verhielten sich die Soldaten, alle Berufssoldaten, Söldner eben, wie damals außerhalb Frankreichs noch üblich. Wenn sie kämpften, »wenn sie leiden und sterben mussten, so geschah das weder aus Liebe zu den Preußen noch aus Hass gegen Napoleon, sondern einfach, weil man sie gedrillt hatte, weil sie auf Kriegsbeute hofften und die Folgen des Ungehorsams fürchteten.«[15]

Das wiederholt sich heute, die westlichen Armeen sind abermals wie vor 200 Jahren sämtlich Berufsarmeen oder dabei, es zu werden. Statt auf Vaterlandsverteidigung sind sie auf weltweite Intervention trainiert. Und die Soldaten machen den Job, weil er ihnen interessant vorkommt oder weil sie keinen anderen mit gleichem Einkommen, gleichen Aufstiegschancen und gleichen Sozialleistungen kriegen. Auch etwas Kriegsbeute als Nebenerwerb wird nicht mehr verschmäht. Immer wieder gibt es Berichte über amerikanische Soldaten im Irak und israelische Soldaten in den Palästinensergebieten, die sich bei Razzien an Geld und Wertsachen der Zivilbevölkerung vergreifen. Noch im Zweiten Weltkrieg wurden solche Übergriffe sogar in der Wehrmacht streng geahndet, nicht weil die Zivilbevölkerung geschont werden

15 Eric Ambler, »Schirmers Erbschaft«, S. 6.

sollte, sondern weil die illegale private Bereicherung als Verrat an der gemeinsamen Sache begriffen wurde, als Anfang vom Ende der Moral der Truppe. Die Abschaffung der Wehrpflicht, die während der Französischen Revolution eingeführt worden war als Ausdruck dessen, dass die Nation die gemeinsame Angelegenheit aller wäre, ungeachtet von Stand und Vermögen, und die Wiedereinführung der Berufsarmeen, wie es sie vor der Französischen Revolution gegeben hatte, ist ein Indiz dafür, dass das Zeitalter der Nationalstaaten endet.

Es gibt viele weitere Indizien, die jeder kennt, zum Beispiel die Tatsache, dass die Nationalkicker auf ihren Overalls nicht den Bundesadler, sondern das Firmenemblem von DaimlerChrysler tragen. Statt stolz sich im Glanz ihres Ruhmes zu sonnen, geben die Fußballhelden der Nation sich als lebende Reklametafeln für irgendeinen profitgierigen Karosserieflicker her. Sie tun es, weil die Masse darin die Krönung des Erfolgs sieht, keinen Verrat an der nationalen Sache. An die Stelle des vaterländischen Verdienstordens trat gewissermaßen als moderner Ritterschlag der Werbevertrag mit dem Großkonzern, welcher dem Empfänger die Mattscheibenpräsenz auf allen Kanälen garantiert.

Bezeichnend, dass Schröder mit dem Amt des Bundeskanzlers allein nicht zufrieden war, sondern außerdem in einer populären Fernsehserie auftrag und als Dressman im Armani-Anzug für eine Modezeitschrift posierte. Der Mangel an Erfüllung und innerer Befriedigung ruft ein süchtiges Verlangen nach fortgesetzter Anerkennung von außen hervor. Die Personen sind hohl, deshalb macht jeder sich zum Affen.[16] Das legt die Vermutung nahe, die

16 Jeder auf seine Weise, und jeder im Rahmen seiner Möglichkeiten. Nicht alle kommen gleich ins Fernsehen, vor allem Schreiber und

Stärke der Subjekte im 19. Jahrhundert, auch ihr Freiheitsdrang, seien aus der Intensität familiärer Bindungen gekommen, wie wir sie heute nicht mehr kennen.

Auch in der Zeit vor dem Nationalstaat war es die Familie gewesen, die den sterblichen Einzelnen mit dem für unsterblich gehaltenen Kollektiv verband. Aber erst als Nation nahm dieses den Einzelnen überdauernde Kollektiv die gewaltigen Dimensionen an, welche gewaltige psychische Leistungen des Subjekts ermöglichten und verlangten. Die Familie war damit Schicksalsort geworden, Schauplatz von Leidenschaften, von Liebe und Hass, Verzweiflung und Glück. Im Unterschied dazu sind die Beziehungen zwischen Menschen im Spätkapitalismus den Personen äußerlich und werden wie eine Sache nur als nützlich oder lästig empfunden.

Damit hängt zusammen, dass Psychologie wie Massenpsychologie heute sehr fade und triviale Disziplinen geworden sind. Nicht nur die Wissenschaftler sind etwas schwächlich, sondern, viel wichtiger, es gibt den Gegenstand gar nicht mehr, die unerschöpfliche Produktivität eines psychischen Apparats, der philosophische Systeme ebenso wie Wahnsysteme hervorbringen und mit Leidenschaft ein Leben lang daran festhalten kann. Keine Große Oper mehr, kein Pathos, keine Emphase, keine Hingabe, keine Internationale und keine Marseillaise, keine Schlangen vor Rekrutierungsbüros wie beim Ausbruch des Ersten Weltkriegs.

Die heutige Abtrennung der Einzelnen vom Gattungs- oder Naturzusammenhang – das war früher Sippe, Clan

---

Verleger müssen sich oft mit Kleinkunstbühnen begnügen, und zur Not tun die eigenen vier Wände es auch. Das ist der Hauptunterschied zwischen denen, die das »Who's who peinlicher Personen« geschrieben haben, und denen, die dort beschrieben worden sind.

oder Stamm gewesen und wurde dann die Nation – hat die Subjekte geschwächt und sie schrumpfen lassen, und keineswegs ist diese regressive Entwicklung ohne Vorbehalt nur zu bedauern, weil der Verlust der Fähigkeit zu Begeisterung und Hingabe zwar eine sozialistische Revolution ins Reich der Hirngespinste verweist, zugleich aber auch eine Wiederkehr des NS-Regimes verhindern dürfte.

Von dieser Schwächung der Subjekte scheint nun auch das Reproduktionsverhalten angegriffen worden zu sein. Wenn Marx das hochkapitalistische Populationsgesetz wie schon zitiert »an die massenhafte Reproduktion individuell schwacher und vielgehetzter Tierarten« erinnert, so erinnert das spätkapitalistische Populationsgesetz an Zootiere, die unter Bedingungen der Gefangenschaft ihre Fortpflanzung einstellen, so dass es immer eine Sensation ist, wenn doch mal eines von ihnen Kleine kriegt.

Bislang hatten wir nur vom Kindermangel gesprochen, aber es kommt ein weiteres Problem dazu, nämlich die Vergreisung. Die Alten kompensieren den Kindermangel mit Antiaging und dergestalt, dass sie selber sich zum Hampelmann machen in der Spaßgesellschaft, die so heißt, weil der Mensch darin alle zwei Minuten ein Späßchen braucht, soll er nicht dem totalen Trübsinn verfallen. Die Kinder wiederum, die es natürlich trotzdem noch gibt, sind auch schon von der Vergreisung angesteckt, weil sie zu alte Eltern und keine jüngeren Geschwister haben. Der jüngste Mensch, den ein Neugeborenes in den ersten Lebensjahren um sich hat, ist 30 – in diesem Alter bringt die deutsche Durchschnittsfrau ihr erstes Kind zur Welt. Das Gemütsleben ist dann schon leicht erkaltet, Resignation und Ermüdung haben eingesetzt, die Illusionen und die Empfindungsstärke der Jugend sind vorbei. Die Kinder spiegeln das zurück, sie werden verwöhnt, bleiben aber ungeliebt und haben selten die Chance, den kreatürlichen Charme, aber auch die Vitalität und Schlauheit kleiner Wesen zu entwickeln.[17] Solche Degeneration, um diesen verpönten, aber treffenden Begriff einmal zu verwenden, macht die Lage noch verfahrener.

Das Verschwinden der Substanz von Familie und Vaterland, damit verbunden die Abtrennung der Einzelnen vom Gattungszusammenhang, ihre dadurch bedingte Schwächung, ihre Vergreisung und Verblödung – das alles bedeutet, dass die Personen nicht mehr als Subjekte zählen, als Wesen, auf deren Willen es ankommt. Zu ihrer Kraftlosigkeit kommt noch die Verminderung ihrer Anzahl hinzu. Das Volk hatte die politische Bühne in dem Augenblick betreten, wo es Masse wurde, nun tritt es eben wieder ab.[18]

Und das bedeutet auch, dass man seine hergebrachten Vorstellungen von Geschichte zu den Akten geben kann. Wir waren es gewöhnt, sie uns als einen zwar wesentlich objektiven, aber ebenso wesentlich durch Subjekte vermittelten Prozess vorzustellen, nach dem Muster »Wenn die Idee die Menschen ergreift, wird sie zur materiellen Gewalt«. Von dieser Vorstellung haben Demagogen und

17 Das ganze Panorama vergreisungsbedingter Perversionen zeigt übrigens der 1992 erschienene Roman »Im Land der leeren Häuser« von P.D. James. Er spielt in einer künftigen fiktiven Gesellschaft, wo den Menschen die Fähigkeit zum Kinderkriegen völlig abhanden gekommen ist.

18 Politikmüdigkeit, Parteienverdrossenheit oder Staatsverdrossenheit bedeuten genau dies: Die Deutschen verbindet mit Deutschland und miteinander nichts. *Nur weg,* fühlt jeder, wie die Ratte auf dem sinkenden Schiff. Das zeigte der Fall des mittellosen Rentners »Miami-Rolf«, der seine Sozialhilfe nach Florida überwiesen bekam und durch eine *Bild*-Kampagne zum beneideten Hassobjekt aller Daheimgebliebenen wurde. Kein Mitleid mit einem, der fern der Heimat und fern von Freunden und Verwandten in der Fremde lebt, wo es weder Tannenwälder noch Auen oder Schnee gibt, sondern nur Krokodile und Kriminelle.

Agitatoren ebenso gezehrt wie die sublimsten Formen der Gesellschaftskritik. Die ideologische Kontroverse war eine ernsthafte und mit Leidenschaft betriebene Angelegenheit, weil von ihrem Ausgang der wirkliche Geschichtsverlauf abhängen sollte. Wer teilnahm, verstand sich immer auch als Moralist. Paradebeispiel für Geschichte in diesem Sinn ist die Französische Revolution, wie man sie aus Schulbüchern kennt. Sie ist zunächst ein Wettkampf der Meinungen und der Demagogen. Dies deshalb, weil das Subjekt die Massen sind, die überzeugt werden wollen, bevor sie handeln. Wenn es so weit ist, ziehen die Massen los.

Schon der Zusammenbruch des Ostblocks war das genaue Gegenteil. Es war ihm keinerlei Agitation in Debattierclubs vorausgegangen, kein Aufruhr der Massen, keine Redeschlachten, keine Straßenkämpfe, es war nicht so, dass es nach Umsturz und Revolte gerochen hätte – es ist einfach so passiert. Nicht anders als die EU, der Euro und was es sonst noch Neues gibt. Nichts von alledem wurde wirklich gewollt, alles wurde hingenommen entweder mit schafsmäßiger Resignation oder kindisch-seniler Freude. Es sieht so aus, als wäre die hiesige Gesellschaft in einen subjektlosen Zustand eingetreten. Was dann passiert, das weiß man nicht nur nicht – was nicht das Schlimmste wäre, vorher wusste man es ja auch nicht –, sondern man kann es sich nicht einmal vorstellen.

Der Tendenz nach wäre Deutschland ein Vielvölkerstaat im Vielvölkerstaat Europa, dessen Zukunft ausschauen müsste wie das vergangene Jugoslawien, wo es die Föderation gab, eben Jugoslawien, die selbstständigen Republiken, z.B. Kroatien oder Serbien, und innerhalb der Republiken dann noch die autonomen Provinzen, zum Beispiel die Wojwodina oder das Kosovo. Aber Jugoslawien war anfangs der sehnlichste Wunsch seiner

Bewohner gewesen, es war von ihnen erkämpft worden, und diese Bewohner waren jung. Die EU hingegen: Kaum gegründet, sieht sie schon dem *Osmanischen Reich in seiner Dekadenzphase* zum Verzweifeln ähnlich. An der Spitze ein Haufen inkompetender Abgreifer mit keiner anderen Vision im Hirn als der, die eigenen Taschen und die ihrer guten Bekannten zu füllen. Niemand wird sie stürzen oder zur Rechenschaft ziehen, weil jeder an ihrer Stelle dasselbe täte wie sie.

*Letzte Frage: Wie hat man sich die Zukunft vorzustellen?*

Spannend sind diese Systemzusammenbruchsgeschichten, etwa Crichtons »Jurassic Park«, also Chaostheorie und Softwareabstürze als Chiffren für den zu erwartenden Zeitlauf. Jedenfalls passt das gut in die subjektlose Welt. Der Sozialstaat als letzte Form des Nationalstaats zerbröselt, mal sehen, woher dann der Klebstoff kommt, den jede Gesellschaft benötigt.

Eigentlich kein Grund zum Weinen. Nichts bleibt, wie es ist, und 2000 Jahre Abendland sind genug.

# Mit Hillary und Billary für den Krieg?*

F: Während des letzten Golfkrieges haben Sie eine scharfe Polemik in der *konkret* geschrieben, die berühmt, für einige auch berüchtigt geworden ist. Gegen die Kriegsgegner gerichtet haben Sie geschrieben: »Das Wort vom Linksfaschismus stellt sich als Untertreibung dar, weil man sich die Vorsilbe ›links‹ sparen kann, und die Regel lautet: Je weiter links einer stand, ein desto engagierterer Nazi ist er nun.« Wie sind Sie damals zu dieser Einschätzung gekommen?

Pohrt: Damals – das ist nun nicht nur sieben Jahre her, sondern Vorvergangenheit geworden, eine Zeit, in die man sich kaum noch zurückdenken kann. Wenn es jemanden heute wirklich noch interessieren sollte, auf welche Beobachtungen und logischen Schlüsse sich meine Einschätzung des hiesigen Golfkriegspazifismus damals stützte, kann er es nachlesen in meinem Buch »Das Jahr danach«, erschienen 1992. Ob sich die Mühe lohnen würde, weiß ich nicht. Denn nicht nur ist 1991 inzwischen Vorvergangenheit, sondern der damalige Golfkriegspazifismus war schon zu Lebzeiten eine Mumie. Die Landsleute hatten nochmal ihr Erfolgsstück von 1981 ff. ins Programm genommen – Atomtod, Weltuntergang

* Das Interview führte Jürgen Elsässer und erschien am 26. Februar 1998 in der *Jungle World*. (A.d.H.)

etc. Die ganze Nummer war ein Oldie, ein Remake. Eine Sache ohne Zukunft und Fortsetzung eben – ein Abgang.

F: In der antinationalen Linken war damals nicht umstritten, daß man den Antizionismus/Antisemitismus der Pazifisten scharf angreifen muß. *Konkret*-Redakteur Oliver Tolmein und andere kritisierten aber, daß Sie dies mit einer Kriegsbefürwortung verbanden. Wie würden Sie heute, mit einigem Abstand, diese Kritik an Ihrer Position sehen – insbesondere was Ihre Zuspitzung angeht, Israel möge eine B- und C-Waffen-Attacke »hoffentlich mit Kernwaffen zu verhindern wissen«?

Pohrt: Klingt mir ein bißchen, wie wenn jemand über die Nazis sagt: Das mit den Juden war zwar ein böses Ding – aber die Autobahnen. Ich weiß nicht, wie man den Antisemitismus der Pazifisten scharf angreifen kann, ohne diese Pazifisten generell abzulehnen. Ich kann doch zu jemandem nicht sagen: Du bist ein Antisemit, das kritisiere ich an dir, aber sonst finde ich deine Politik ganz vernünftig.

Nachträglich muß ich freilich einräumen, daß mein nur in *konkret* erschienenes Pamphlet die Schwäche derjenigen teilt, gegen welche es sich richtet. Mischt man sich in aktuelle Kontroversen ein, so teilt man halt zwangsläufig deren Niveau. Zu erkennen ist der Mangel schon an der Form. Mit gutem Grund hatte ich nie zuvor in einem Artikel »ich« geschrieben, mit gutem Grund habe ich es später nie mehr getan. Und grundsätzlich gilt: Wenn linke Schreiber den Frieden oder den Krieg meinen befürworten zu müssen, leiden sie stets unter Realitätsverlust und einer gewissen Aufgeblasenheit. Wenn unsereiner so tut, als ob die, welche über Krieg und Frieden entscheiden, auf ihn hören würden, macht er sich lächerlich. Mein

Fehler war, daß ich mich von den friedensseligen Israel-Hassern zum Widerspruch provozieren ließ. Man soll eben nicht mit Leuten streiten, bei denen nicht mal das Gegenteil von dem, was sie sagen, richtig ist.

F: Ihre Intervention und ähnliche Beiträge haben der *konkret* damals einen Rekordverlust an Abos beschert. Da das kein Maßstab sein kann – vermutlich war es gut, diese Idioten loszuwerden –, soll etwas allgemeiner gefragt werden: Wurde durch Ihre Intervention die gesellschaftliche Opposition im neuen Deutschland geschwächt oder gestärkt? Was hätten Sie im Rückblick lieber anders gemacht?

Pohrt: Was haben Sie gegen zahlende Kunden? Mir jedenfalls tut es leid, daß *konkret* damals eine ganze Menge Abonnenten verlor. Weitere schwerwiegende schädliche oder günstige Nebenwirkungen sehe ich hingegen nicht. Was nicht vorhanden ist, kann ein anderer weder schwächen noch stärken, und wäre er der Allmächtige selbst. Ob Sie null mit zehn multiplizieren oder durch zehn teilen, bleibt sich gleich. Da war nichts zu dezimieren, und das wissen Sie, sonst würden Sie nicht einen Begriff verwenden, unter dem keiner sich was Genaues vorstellen kann. »Gesellschaftliche Opposition« ist ein Nullwort, welches Ihre Verlegenheit ausdrückt, präzise zu benennen, was Sie meinen, weil das, worauf Sie zeigen wollen, nicht vorhanden ist.

Zugeben muß ich allerdings, daß meine Texte bisweilen eine von mir keineswegs bezweckte Wirkung hatten. Unter den alten Linken aus der Protestbewegungsgeneration gab es manche oder viele, die mit dem Vaterland und seinem Establishment vornehmlich deshalb gehadert hatten, weil ihnen die Bundesrepublik ganz einfach zu klein gewesen war. Die BRD war ein Land, in welchem ihr gewaltiger, nach Weltgeltung strebender Ehrgeiz sich nicht befriedigen ließ. Deshalb hielten sie sich an universellere Dinge, an die Moral und an die Revolution. Im Jahr 1990 wurde ihnen allmählich klar, daß sie umsatteln mußten, es war mal wieder ein Paradigmenwechsel fällig. Mit der Revolution war's Essig, aber das verdoppelte Deutschland schien eine Firma von der Größe zu werden, bei der sich das Karrieremachen wirklich lohnt. Problem: Wenn meine Nase neue Marktchancen wittert, wie kann ich sie wahrnehmen, obgleich mein Berufsbild doch gleichzeitig von mir verlangt, daß ich nicht als Opportunist zu erkennen bin? Lösung: Ich muß meinen Gesinnungsschwenk als ein Produkt tieferer Einsicht ausgeben. Das war der Grund dafür, warum in manchen Zirkeln nach 1989 die Stalinismuskritik in Mode kam. Typisch deutsch vielleicht, immer den Helden spielen zu wollen, wenn der Gegner eine Leiche ist.

Ich kann mir nun denken, daß manchen dieser Leute meine Texte willkommen waren. Weil sie im doppelten Deutschland eine staatstragende Rolle spielen wollten, brauchten sie eine Begründung dafür, sich von den Linken zu distanzieren, und diese Begründung bekamen sie von mir.

Ich habe ihnen gewissermaßen die Brücke gebaut, über die man von der Parteinahme für die Revolution zur Begeisterung für die Zivilgesellschaft und ähnlichem Krimskrams kommt. Sie nahmen meine Verurteilung der hiesigen Linken als Vorwand dafür, künftig das Wort »Kapitalismus« meiden zu dürfen. Aber natürlich hätten die das Ziel auch ohne meine Brücke erreicht. Mein Beitrag mag für mich persönlich manchmal ärgerlich sein, objektiv geschadet hat er nicht.

F: Bezog sich Ihre Einschätzung, daß das Links-Rechtsschema in Deutschland »gleichsam umgepolt« sei, *FAZ* und *Bild*-Zeitung also Vernünftigeres zu sagen haben als *taz* und PDS, nur auf die Golfkrise 1991? Anders gefragt: Waren letztere nicht, bei aller notwendigen Kritik, in den folgenden Jahren Teil der Opposition gegen die rassistische Entwicklung, namentlich in der Asylfrage?

Pohrt: Kein schlechter Witz, daß Sie der *taz* und der PDS es als Verdienst anrechnen, gegen die restriktivere Asylgesetzgebung gewesen zu sein. Normalerweise mißt man politische Parteien nicht daran, was sie angeblich wollten, sondern an dem, was sie tatsächlich erreichten. Außerdem darf man bei *taz* und PDS sicher sein, daß sie die restriktivere Asylgesetzgebung exakt so lange verhindern wollen, wie sie das nicht wirklich können. Die humanitäre Geste leistet man sich, solange sie nichts kostet. Also keine Märchen bitte. Über die »Opposition gegen die rassistische Entwicklung« weiß ich wirklich zu gut Bescheid.

Im Frühjahr 1991, der Golfkrieg war gerade zu Ende, tauchten in der Presse gehäuft kleinere Meldungen aus der Zone auf: Ausländer verprügelt, Farbige erschlagen etc. Ich schlug *konkret* vor, das Thema aufzugreifen und eine Geschichte zu bringen. Die Redaktion fand nur keinen, der sich für das Thema erwärmen ließ, ich mußte die Sache selber schreiben. Erinnern Sie sich noch an die Nacht von Rostock? Nennen Sie mir einen Ort in der BRD, wo es am nächsten Tag zu spontanen Massendemonstrationen gekommen wäre. Die Ausländer hier hätten nichts zu lachen gehabt, wären sie auf die Unterstützung der Linken angewiesen gewesen. Man ließ von den Türken ab, nicht weil die Linken ihnen halfen, sondern weil einerseits die Türken selbst sich ganz gut zu wehren verstanden, und weil außerdem mit der türkischen Regierung nicht zu spaßen ist.

Überhaupt war das miserable Echo im Ausland der Grund dafür, daß die Presse schließlich doch gegen die Ausländerhatz mobilisierte. Die »Lichterketten« hatte die *Süddeutsche Zeitung* eigens erfunden zu dem Zweck, daß sich die Landsleute gut sichtbar ins rechte Licht stellen. Der Trick funktionierte dann auch ganz fabelhaft. Die Rechtsradikalen standen plötzlich als Nestbeschmutzer und Gemeinschaftsschädlinge da, die den Landsleuten bei ihrem heroischen Kampf um die Weltmeisterschaft im Lichterkettenbilden in den Rücken fielen. Nicht vergessen soll man übrigens, daß die Ausländerpolitik der Bundesregierung so ambivalent war, wie es die Ausländerpolitik jeder konservativen Regierung ist. Die schlägt zwar aus der völkischen Hetze gegen Ausländer politisches Kapital, andererseits holt sie aber die Ausländer auch massenhaft ins Land, einmal, um aus ihrer Anwesenheit politisches Kapital schlagen zu können, und außerdem werden die Ausländer als Lohndrücker gebraucht. Den Widerspruch kann man ganz gut an der *FAZ* studieren, wo gleichzeitig die besten und die schlimmsten Kommentare zur Ausländerhatz erschienen sind.

F: Beim aktuell anstehenden Golfkrieg gibt es bisher kaum Demonstrationen. Die Friedensbewegung scheint tot. Ist diese neue deutsche Wurstigkeit nicht noch viel schlimmer als die aufgeregte Betroffenheit der Peaceniks, die doch immerhin einen Resonanzboden für unsere Kritik bot?

Pohrt: Stellen wir uns doch mal vor, es käme morgen die Nachricht, irgendwo sei eine amerikanische Botschaft oder ein amerikanisches Militärdepot in die Luft geflogen, oder ein Terrorkommando habe das Kunststück geschafft, einen dieser ekelhaften amerikanischen Flugzeugträger zu versenken. Jeder verstünde das. Es geht einfach zu weit, daß die US-Armee mit ihrem High-Tech-Spielzeug Menschenleben gefährdet, bloß weil dieses Bübchen von einem Präsidenten seine Pavian-Manieren vergessen machen will.

Die fettige, plumpfüßige Art, wie die USA nun weltweit ihre imperialen Ambitionen durchsetzen, provoziert ungemein. Und gleichzeitig ist der Punkt erreicht, wo man nach politischen Vorteilen und Nachteilen schon gar nicht mehr fragen mag. Mit Hillary und Billary und ihrem Kumpanenkreis ist nun in den USA eine Generation ebenso bigotter wie maßlos ehrgeiziger Trickser am Ruder. Es ist die gleiche Generation, die sich hier von der nächsten Bundestagswahl die schönsten Aussichten verspricht. Die Tatsache, daß er sich als junger Mann vor dem Vietnamkrieg drückte, hindert diesen Clinton nicht daran, bei Armeebesuchen in Militärklamotten herumzustiefeln. So was ruft Ekel hervor, und wer diesen männlichen Ausgaben von Lady Di, ob sie nun Clinton heißen oder Tony Blair, ans Schienenbein tritt, hat einfach Applaus verdient.

Stellen wir uns nun stattdessen vor, hier wäre wieder die Friedenbewegung zugange. In Dresden findet eine Gedenk- und Mahnwache mit Hungern für den Frieden statt. Die Pfaffen erklären uns, warum die Deutschen – gebranntes Kind scheut das Feuer – grundsätzlich gegen Bomben sind. Die Kinder werden von Eltern und Lehrern verrückt gemacht: Es könnten ja Giftgasschwaden bis nach Deutschland ziehen. Die verrückt gemachten Kleinen werden dann vorgeführt: Sie hätten nachts Albträume und müßten wegen traumatischer Störungen zum Psychiater. In der Talkshow darf irgendsoein korrupter, machtgieriger kleiner PLO-Wicht erzählen, an allem wären die Juden schuld, obgleich jeder weiß: Wenn man die Palästinenser richtig leiden sehen will, muß man ihnen einen eigenen Staat schenken. Sie bekämen dann nämlich den, den die Irakis, die Marokkaner, die Ägypter, die Saudis und überhaupt die ganzen anderen arabischen Blutsbrüder schon haben.

Dann stünden wir wieder vor dem Problem, die imperialen Ambitionen der USA ignorieren und uns statt dessen mit der hiesigen völkischen Hysterie beschäftigen zu müssen. Gut also, daß die Landsleute still sind. Das hilft, die Fronten und die Lage zu klären. Das wiederum wäre die Voraussetzung dafür, daß gegen die globale Hegemonie des Kapitals sich ein massenhafter Widerstand bildet, der seine Stärke aus seiner Wahrheit bezieht.

# Alter Petzer

*Wolfgang Kraushaar, vormals SDS Frankfurt, heute Hamburger Institut für Sozialforschung, hat am 7. April in der* FAZ *eine ganze Seite über »die barbarische und gar nicht schöne Infiltration der Studentenbewegung durch die Organe der Staatssicherheit« vollgeschrieben – Titel: »Unsere unterwanderten Jahre«. Wie fanden Sie den Text?*

Wie den Titel. Da fletscht einer die Zähne, und er sperrt den Rachen auf, wie wenn er beißen wollen würde. Aber dann traut er sich wieder nicht. Das ergibt eigenartige Verrenkungen. Statt die Fakten, die man nicht hat, aber braucht, frei zu erfinden, wird die Sprache verbogen. Es entsteht diese seifige Mischung aus Verlegenheit und Verlogenheit, eigentlich unverständlicher Schwulst. Unter einem »unterwanderten Jahr« stelle sich einer mal was vor.

*Und warum haben Sie angebissen?*

Drei Worte im redaktionellen Vorspann hatten mich gereizt: »Dutschke«, »ermordet«, »KGB«. Das sah nach einer saftigen Agentengeschichte aus, mit vergifteten Regenschirmspitzen oder Zigarren und so was. Statt dessen gibt's erst mal Szenen aus dem Familienalbum. Da macht einer in Illustriertenkolportage, aber es klingt eher nach der *Bäckerblume*: Schlüssellochperspektive, der Erzähler berichtet live, wie »Gretchen« – so nennt er Frau Dutschke – einen ominösen Umschlag aufreißt, mit »zitternden Fingern« natürlich. Was steckt drin?

Kein Gepäckaufbewahrungsschein, kein Belastungsmaterial. Bloß Rudi Dutschkes Mitteilung, er glaube, dass die Stasi oder der KGB ihn umbringen wollen könnten. Der Leser darf sich mächtig vergackeiert fühlen, aber wer so was liest, ist selber schuld.

*Immerhin hat Kraushaar, wie es heißt, »anhand erstmals zugänglicher Dokumente der Gauck-Behörde« herausgekriegt, dass die SED und ihre staatlichen Organe versucht haben, Einfluss auf die APO zu gewinnen und die Neue Linke auf ihre Seite zu ziehen.*

Alzheimer. Kraushaar muss unter Alzheimer leiden, sonst bräuchte er die Dokumente der Gauck-Behörde wirklich nicht. Er war doch damals dabei. Und aus dem Frankfurter SDS war der KPD-Mann nicht wegzudenken, ein älterer, sehr integerer, etwas bieder und ärmlich wirkender Genosse, immer mit dem Fahrrad unterwegs, lange bevor das in Mode kam: die DDR in Person.

Seine gruppendynamische Funktion bestand darin, erheiternd, entspannend und einigend zu wirken. Immer dann, wenn er den Standpunkt des Proletariats darzulegen versuchte, gab er den restlichen Mitgliedern der Versammlung das Gefühl, sie wären dem Redner haushoch überlegen und ertrügen sein dummes Geschwätz nicht mehr.

Der KPD-Mann hatte die Rolle des Dorfdeppen zu spielen, den man auslachen durfte. Es war ein billiges Vergnügen, und die traurige Lehre daraus ist, dass leider auch politische Vereinigungen oft wie ekelhafte Dorfgemeinschaften funktionieren.

*Aber Sie räumen ein, dass es die »dreisten Einflussnahmen«, von denen Kraushaar spricht, gegeben hat.*

Selbstverständlich. Es gab außer dem KPD-Mann die Gewerkschafter, die Trotzkisten, die Sozialdemokraten, die Maoisten, die Antiautoritären etc. Jeder beackerte jeden. Wir verstanden das damals als unseren Hauptberuf.

Das Resultat war eine selbstreferentielle Scheinwelt, weil uns die konkurrierenden Fraktionen wichtiger wurden als die gesellschaftliche Realität. Von »Infiltration« oder »Unterwanderung« sprach bei alledem keiner, zumal solche Begriffe dem Wortschatz des verpönten östlichen Parteikommunismus zugerechnet wurden.

Das Drollige an diesem Kraushaar ist ja, dass er, wenn er die politische Arbeit jener Zeit in den Kategorien von »Infiltration« und »Unterwanderung« begreift, gleichsam rückwirkend eine »Säuberung« fordert. Der Antikommunist entpuppt sich als paranoider Stalinist. Wie man sich dies Syndrom erklären soll, weiß ich nicht genau.

Vielleicht hilft es, wenn man sich daran erinnert, wann im Verlauf der Protestbewegung erstmals vom »Unterwandern« der Sache nach die Rede war. Nämlich an dem Punkt, wo sich die Linken zum »Langen Marsch durch die Institutionen« entschlossen.

Das Rezept: Gesinnungsfeste Revolutionäre, wie wir sie sind, tarnen sich zwecks besseren Fortkommens im Berufsleben als strebsame Bürger. Wenn wir alle Karriere gemacht haben, werden die Karten aufgedeckt, und die Revolution ist perfekt. Ganz hat den frommen Schwindel natürlich keiner geglaubt, und irgendwann merkt der vermeintlich Unterwandernde, dass er der Unterwanderte ist. Er kriegt dann ein Identitätsproblem. »His master's voice«, wie wir den Patienten mal nennen wollen, kämpft folglich gegen Einflüsterungen an. Freilich nicht gegen die des Masters, sondern gegen die Stimme des eigenen Gewissens. Und so ganz unrecht hat er ja nicht mal, wenn er gegen den Kommunismus wettert. Der Kommunismus ist sein altes Über-Ich, das ihn nun belästigt.

*Politische Einflussnahme ist eine Sache. Aber Kraushaar deutet an, dass das MfS die Protestbewegung obendrein durch IMs ausspionieren ließ.*

Sonderbar. Unser Problem war es doch damals nicht, irgendwelche Sachen geheimzuhalten. Sie an die Öffentlichkeit zu bringen war schwer. Aushorchen hat uns niemand müssen, ganz im Gegenteil. Geduldige Zuhörer waren Mangelware. Den Mitteilungsdrang, den wir damals hatten, ertrüge ich bei anderen heute auch nicht mehr. Mein Alptraum: Führungsoffizier von IM Biermann zu sein. Einmal angeworfen, hört der nicht mehr auf. Er ist jetzt schon bei der Lebensgeschichte der Urgroßmutter, und ich muss den ganzen Stuss protokollieren.

Das giftige Ressentiment gegen angebliche oder wirkliche IMs ist ein Mauerblümchensyndrom. Es speist sich aus dem Neid auf Leute, die nichts zu verraten, aber wenigstens einen Zuhörer oder Leser hatten. Im Falle Kraushaars kann ich das sogar verstehen. Er spinnt ein zähes Garn, und ehe er seine Marktlücke fand, dürfte man ihm seine Texte kaum aus den Händen gerissen haben. Aber nicht mal die Stasi hat von ihm was wissen wollen, und mir ging es, wie ich gestehen muss, ebenso. Warum? Warum hat mich nie der KGB kontaktiert? Man könnte fast schon einen Minderwertigkeitskomplex kriegen.

*Angeblich flossen aus der DDR auch Gelder.*

Nicht genug. Und von den kümmerlichen 20.000 Mark, die Kraushaar erwähnt, kam jedenfalls beim Bundesvorstand des SDS in Frankfurt nichts an. Ich war dort – 1968, glaube ich – mal Finanzreferent. Die häufigste Frage damals: Können wir uns noch Papier und Matrizen für 3000 Flugblätter leisten oder nicht? Dann gab es mal eine Situation, wo wir wegen Mietrückständen fast aus den Büroräumen geflogen wären. Gerettet haben uns 2000 Mark von einem Spender – liberales, gut betuchtes Bürgertum, nicht etwa KPD. Was ich den Parteikommunisten vorwerfen würde, ist eher ihre Knauserigkeit. Aber was soll die ganze Pfennigfuchserei. Wenn politischer Einfluss damals für Geld zu haben gewesen wäre, hätte der BDI den SDS gekauft. Zumindest hätten die von ihren Mutterparteien hochsubventionierten Gruppen wie RCDS und SHB die Protestbewegung dominiert. Beim besten Willen hätte die SED nicht heimlich so viel geben können, wie CDU oder SPD ganz offen geben konnten. Vielleicht, weil er sich selbst, zu Recht oder nicht, für käuflich hält, glaubt Kraushaar, alle Welt wäre käuflich. Sie war es damals nicht.

*Aber behauptet wird doch, dass der Autor Hans G. Helms für ein linientreues Buch 25.000 Mark verlangte.*

Kraushaar ist teurer, aber er hat auch den mieseren Job erwischt. Wenn der Denunziant das Spitzelwesen anprangert, macht er keine gute Figur. Vor 30 Jahren hätte unsereiner über so einen gesagt: alter Petzer.

*Der Realsozialismus ist perdu, die Kommunisten sind verschwunden oder keine Kommunisten mehr, die rote Gefahr ist bei null. Was erklärt den Eifer, mit dem Leute wie Kraushaar sich auf die Leiche stürzen?*

Vielleicht ist die fortgesetzte Leichenschändung eine Art Wiederbelebungsversuch. Die linken Streber, die in der Öffentlichkeit die Rolle des zurückgezogenen bürgerlichen Gelehrten spielten, waren die braven Jungs, solange es auch die bösen Buben gab. Links wäre man als fortschrittlicher Mensch ja gern gewesen, aber nicht um den Preis, dass die rohen Schreier es mit der Forderung nach Enteignung zu weit trieben.

Wie gut also, dass es auch Linke gab, die sich über unsere Zivilisation im 20. Jahrhundert den Kopf zerbrachen, statt einfach »Zerschlagt das Kapital« zu brüllen. Das schienen Leute zu sein, mit denen man sich im Falle eines Machtwechsels hätte verständigen können. Aber es droht halt nun kein Machtwechsel mehr. Und seit die linken Streber nicht mehr als das kleinere Übel betrachtet werden müssen, merkt jeder, dass sie nur noch Langweiler sind.

April 1998

# Staatsoberhaupt

## Wenn du Oberhaupt eines Staates werden willst, gründe einen

*Jahrelang haben die* FAZ, *vertreten durch ihren für Südosteuropa zuständigen Herausgeber Johann Georg Reißmüller und Außenminister Klaus Kinkel sich redlich bemüht, im Kosovo einen Krieg in Gang zu setzen. Warum? Was können sie sich von einem Gemetzel in dieser Gegend versprechen?*

Will Reißmüller was? Er scheint mir eher zu denen zu gehören, die nicht wollen, sondern müssen, in dem Sinn etwa, wie der Triebtäter keine Zwecke verfolgt, sondern seiner Obsession gehorcht. Kinkel ist wieder ein anderer Fall. Es redet was, wenn er auftritt, und eine Weile versucht man auch, die Person zu finden, die redet, also das Subjekt, das etwas bezweckt oder von einer Leidenschaft getrieben wird. Ich habe die Suche längst aufgegeben.

*Und was verspricht sich die »Ethnie der Albaner« von einem zweiten eigenen Staat? Mehr Amselfelder?*

Herr und Frau Ethnie sind mir nicht bekannt. Aber wir kennen doch einen Joschka Fischer. Der würde morgen die Kernkraft als neuen Heilsbringer loben, wenn er nur glauben könnte, dass er dann endlich Außenminister wird. Stellen wir uns nun diesen Mann als Kosovo-Albaner vor und nennen wir ihn Rugova. Was bleibt ihm übrig, als die nationale Souveränität zu fordern? Eine andere Chance, auf die ganz hohen Posten zu kommen, gibt es nicht. Der jugoslawische Sozialismus hatte mit seinem hervorragenden Bildungssystem eine Menge Leute produziert, die keinen ihren Erwartungen entsprechenden Job fanden. Die Parole »Mehr Mut zur Selbstständigkeit« leuchtete denen sofort ein: Wenn du Oberhaupt eines Staates werden willst, gründe einen.

*Der Hass deutscher Politiker und Journalisten konzentriert sich auf den Präsidenten Restjugoslawiens. Was haben Reißmüller, Kinkel und die anderen ausgerechnet gegen den Milošević? Er ist kein Kommunist mehr, wahrscheinlich ist er nie einer gewesen, und Politschurken seiner Art findet man doch an jeder Ecke der Welt. Aber bei keinem andern werden die Kinkels und die Reißmüllers so fuchtig wie bei ihm.*

Politschurken, sagen aufgeklärte Leute, seien Figuren wie Milošević oder Kabila, und der Fehler von Nicht-Politschurken wie Kohl oder Clinton bestünde darin, mit verschiedenen Maßstäben zu messen. Man wirft ihnen vor, dass sie parteiische Richter wären, weil man vergessen machen will, dass sie nicht Richter, sondern Täter sind. Dazu ein Zitat aus der *FAZ* vom 23.3.98:

> »Bei der vor fünf Jahren gescheiterten Gefangennahme des somalischen Milizchefs Aidid haben amerikanische Soldaten nach Angaben der Londoner Zeitung *Observer* etwa tausend Somalier erschossen. Wie die Zeitung am Sonntag unter Berufung auf Recherchen eines amerikanischen Journalisten berichtete, feuerten die Solda-

ten wahllos auf die Menge, darunter auch auf Frauen und Kinder.«

Stellen wir uns mal vor, die serbischen Sicherheitskräfte hätten bei der Rebellenjagd auf einen Schlag tausend Albaner abgeknallt. Such is life. Milošević tut, was seine Kollegen unter ähnlichen Umständen vor ihm taten und nach ihm tun werden. Zur Frage nun, warum man ihm das verbietet. Vielleicht, weil die Serben seit den Schüssen auf Erzherzog Franz Ferdinand als glühende Anhänger eines Nationalstaats gelten und weil man deshalb ein Exempel an ihnen statuieren will.

*Bislang wurde der Nationalismus doch eher gefördert und geschürt.*

Aber nur, um aus den alten Machtblöcken die Elemente herauszubrechen, aus denen man seinen eigenen neuen Machtblock bauen will. Souveränität war Voraussetzung für die Aufgabe derselben zugunsten von Mitgliedschaft in Nato, EU etc. An selbstständigen Staaten auf Dauer ist keiner interessiert, wie man sich leicht ausrechnen kann. Schauen Sie: Der moderne Nationalstaat mit Volkssouveränität und Demokratie wird unbezahlbar, wenn a) das Kapital aus den Leuten Bedürftige macht und b) die Bedürftigen sich dann per Stimmabgabe Unterstützung genehmigen können. Es hat keinen Zweck, die Rationalisierung der Produktion voranzutreiben, wenn man die Wegrationalisierten nachher durchfüttern muss.

Die politische Umverteilung des Reichtums wiederum findet statt, solange die Wegrationalisierten Stimmvieh bleiben. Und sie bleiben Stimmvieh, solange sie die Staatsbürgerschaft besitzen. Als Ersatz für die Demokratie bietet sich – alternativ zur gescheiterten faschistischen

Lösung – der Rückgriff auf vor-nationalstaatliche Herrschaftsformen an.

Faschistische Lösung hieß Festhalten am Nationalstaat dergestalt, dass er sich in einen Raubstaat verwandelt. Man macht aus dem Arbeitslosenheer eines, das unter Waffen steht. Für die Massen fällt ein Teil von der Beute ab. Die Beute schmiedet Massen und Führung oder Ausgebeutete und Ausbeuter zu einer politischen Einheit zusammen. Es bleibt bei der Volkssouveränität, bei der Abhängigkeit der Führung vom Willen des Volkes, weshalb der Volkswille dauernd inszeniert und manipuliert werden muss.

Rückgriff auf vor-nationalstaatliche Herrschaftsformen heißt demgegenüber, dass der Pöbel als Machtfaktor ausgeschaltet wird. Man kann ihn dann einfach ignorieren. Er darf zuschauen, aber er spielt nicht mehr mit – keine Massenaufmärsche, keine verordneten Demonstrationen etc. Das Dritte Reich war auf die Mobilisierung der Massen angewiesen, Europa ist es nicht. Die Machthaber wollen unter sich bleiben, das Volk soll als politisches Subjekt fortan ebenso wenig eine Rolle spielen wie in Europa unter Karl V. oder Maria Theresia. Das historische Vorbild für Brüssel ist der von Kafka beschriebene Behördendschungel der Habsburgerdynastie, ein Geflecht anonymer Mächte ohne klar abgegrenzte Kompetenzen. Er hat mit dem Anspruchsdenken der Leute keine Probleme mehr, er lässt ein solches gar nicht erst entstehen. Er erzeugt jene Gottergebenheit und Leidensfähigkeit, die man bei den Russen sehen kann. Bergarbeiter, die ein halbes Jahr ohne Lohn arbeiten und sich, wenn das Geld dann immer noch nicht kommt, leise weinend umbringen.

*Anders als in Bosnien waren diesmal die USA von Anfang an dabei und haben auch gleich die Regie über-*

*nommen. Warum? Haben sie eigene Interessen in der Region, oder wollen sie nur sicherstellen, dass die Deutschen sich nicht in irgendeinem Teil Welt als die respektierte Ordnungsmacht etablieren? Wird im Kosovo eine weitere Schlacht des Kalten Kriegs zwischen Deutschland und den USA geschlagen?*

Neulich haben zwei Bengel, zehn und zwölf Jahre alt, in Arkansas gleich haufenweise ihre Mitschülerinnen erschossen. Denen muss es wie Frau Albright gegangen sein, die manchmal, wie sie sagt, die Geduld verliert, sie dann aber, im Unterschied zu den Bengeln, notgedrungen wiederfindet. Sprechen Sie besser mit dem Sigmund-Freud-Institut, wenn Sie Genaueres über die Motive der amerikanischen und der deutschen Außenpolitik erfahren wollen.

Mai 1998

# Tendenz zum Öden

*»Ich bin von allem angeödet«, gestand neulich der tschechische Dichterpräsident. Die Politik sei nervtötend, die Berichte der Presse darüber seien es auch. Trifft Havel, so wenig man sonst von ihm halten mag, nicht genau die Stimmung, die seit dem Zusammenbruch des Ostblocks in Europa herrscht?*

Schriftsteller, die nicht schreiben, und Maler, die nicht malen können, zieht es häufig in die Politik. Sie glauben, dass ihr Gestaltungsdrang sich leichter befriedigen ließe, wenn sie das Kommando führen dürften. Einmal im Amt, stellen sie aber fest, dass dessen Möglichkeiten keineswegs ihren Omnipotenzphantasien entsprechen. Von Hitler ist bekannt, dass er in den ersten Jahren aus Überdruss am Reichskanzlerjob unter depressiven Zuständen litt.

Havel muss lange schon ähnlich empfunden haben, schließlich hat dieser Feingeist zu den rabiatesten Befürwortern westlicher Militärschläge gegen Serbien gezählt. Als Heerführer im Kampf gegen Tyrannei und Kommunismus Geschichte zu machen, so etwa hat Havel sich die Krönung seiner Laufbahn vielleicht vorgestellt. Dann ist es natürlich bitter, wenn man keine Wehrmacht hat, sondern nur die Armee eines Zwergstaates, der auf den unaussprechlichen Namen Tschechien hört.

*Das erklärt aber nicht, warum die allgemeine Stimmungslage in ganz Europa Havels berufsbedingtem persönlichen Empfinden entspricht.*

Vielleicht doch. Langeweile im Sinn von Angeödetsein stellt sich ein, wenn jemand dauernd seine Ohnmacht spürt. Die wirkliche Welt interessiert mich nicht, weil sie sich für mich nicht interessiert. Sie zeigt mir das, wenn alle meine Anstrengungen und Bemühungen folgenlos, zumindest erfolglos bleiben.

Und wenn die Welt sich für mich nicht mehr interessiert, dann fange ich irgendwann an, mir selber furchtbar gleichgültig und langweilig zu werden – Bürgerschicksal seit 150 Jahren, nebenbei bemerkt. Das mit der Welt können Sie wörtlich nehmen. Erfolg ist, seit es den Weltmarkt gibt, immer Welterfolg. Es gibt nur Welterfolg und Misserfolg. Ein Ort ist Provinz oder Metropole, eine Macht ist Weltmacht oder keine.

*Mag sein, aber was hat das zu tun mit dem Zusammenbruch des Ostblocks 1989 und der heutigen Stimmung in Europa?*

Kalter Krieg war verlängerte Nachkriegszeit. Und diese Nachkriegszeit war datiert nach einem Weltkrieg, der seinen Verursacher in Europa, genauer gesagt: in Europas Mitte, nämlich Deutschland hatte. Kalter Krieg hieß ferner: Die Welt wird von einer die atomare Endlösung als Möglichkeit beinhaltenden Konfrontation beherrscht, welche sich herleitet von der russischen Oktoberrevolution – einem Ereignis in Europa. Und schließlich bedeutete Kalter Krieg, dass auf dem europäischen Kontinent die weltweit einzige Macht existierte, die den USA militärisch gewachsen war.

Ende der Nachkriegszeit heißt: Ende einer Zeit, in welcher die Welt von den Vorgängen in Europa geprägt gewesen war. Vor 30 Jahren hätte CNN sein Hauptbüro an der Berliner Mauer gehabt. Heute wird aus Jerusalem, Neu-Delhi, Peking, Kinshasa, Lagos gesendet. Dort, nicht in Bonn oder Berlin, spielt sich ab, was die Welt bewegt. Dass die Vergangenheit nicht mehr zählt, trifft die Deutschen besonders hart. Die seltsame Emsigkeit, jetzt Holocaust-Gedenkstätten bauen oder öffentlichkeitswirksam die Kriminalgeschichte der Wehrmacht herausstellen zu wollen, ist ein Reflex darauf. Man möchte ein erkaltetes Interesse wieder aufwärmen. Deshalb wurde Goldhagen hier wie ein Erlöser herumgereicht, während das israelische Publikum es sich verbat, längst Bekanntes als allerneueste Erkenntnis serviert zu bekommen.

*Klingt reichlich frivol.*

Ist aber ganz ernst gemeint. Freilich verstehe ich Ihre Schwierigkeiten, denn auch *Konkret* beschwört mit schöner Regelmäßigkeit die Fortdauer jener alten Zeit, in der die Deutschen sich einbilden konnten, es hinge von ihnen ab, ob sie es noch einmal machten oder nicht. Der Nationalsozialismus hat hier, anders als *Konkret* manchmal suggeriert, kein Chance mehr, aus dem einfachen Grund, dass aller vorhandenen miesen Gesinnung die entscheidende Triebkraft fehlt, nämlich die Aussicht, Weltmacht werden zu können, und sei es dergestalt, dass man die Welt in Scherben schlägt. Hätte es eines Beweises noch bedurft, so haben die indischen und pakistanischen Atomversuche ihn geliefert.

*Hatten Sie selber nicht seinerzeit die hiesige Jugoslawienpolitik als unter einem Wiederholungszwang stehend, als Deutschlands abermaligen Griff nach der Weltmacht interpretiert?*

Hatte ich, aber nach einer Sache greifen wollen und sie kriegen können ist zweierlei. Mit der Wertschätzung Deutschlands ist es in Kroatien heute nicht mehr weit her, keine einzige Stimme von dort beim europäischen Schnulzenturnier für Guildo.

Es war eben, laut *FAZ* vom 19.5.98, das in der *amerikanischen* Stadt Alexandria ansässige Söldnerunternehmen Military Professional Resources Ltd., das im Auftrag der *amerikanischen* Regierung die kroatische Armee für die Eroberung der Krajina trainierte. Es waren *amerikanische* Satellitenfotos, die den Kroaten die entscheidenden Informationen lieferten. Die Neigung, sich die Gegenwart nach dem Bild der Vergangenheit vorzustellen, hat mitunter ihre Tücken.

Unsereiner hat früher gern gegen die sogenannte Schlussstrichmentalität polemisiert, in bester Absicht gewiss, aber vielleicht doch nicht so uneigennützig, wie er glaubte. Die »Fixierung auf die Vergangenheit« zu lösen heißt, sich von einem Geschichtsbild lösen zu müssen, worin Deutschlands Rolle dominierend war. Es wäre nicht das erste Mal, dass die fortschrittlichen Antifaschisten sich als die verbissensten Chauvinisten erweisen.

*Und Kohl mit seinem Wort von der »Gnade der späten Geburt« müssten wir dann als den besseren Antifaschisten bewundern?*

Sicher nicht. Aber die Planung für das Berliner Holocaust-Monument zeigt vielleicht, dass sogar dieser Mann instinktiv spürt: Es sind die Deutschen, die am meisten darunter leiden, wenn Auschwitz in Vergessenheit gerät.

Sie büßen dann die Zuwendung ein, die einem Täter stets widerfährt. Er ist einer, den man bestrafen, therapieren, beobachten, resozialisieren muss. Nicht zufällig war Israel für die Deutschen ein beliebtes Reiseland, obgleich dies der simplen Logik krass widerspricht. Die Lösung des Rätsels: In Israel fand ein Deutscher sofort Kontakt zu den Leuten, weil die sich begreiflicherweise für alles Deutsche interessierten. Und wenn unser Landsmann dann nicht gleich »Heil Hitler!« rief, durfte er darauf rechnen, gelobt zu werden. Besonders nett braucht man wirklich nicht sein, um in Israel als »netter Deutscher« zu gelten. Vorbei, die Israelis haben heute andere Sorgen.

*Israel ist nicht die Welt.*

Wenn man die deutschen Nachrichten hört, könnte man das aber manchmal meinen, weil jeder Steinwurf aus diesem Land hier groß gemeldet wird. Außerdem ist Israel nur ein Beispiel für die allgemeine Gleichgültigkeit, mit der die Welt heute den Deutschen begegnet. Der Infantilismus hier kommt daher, dass die Menschen sich wie ungeliebte Kinder fühlen. Genial, wie Guildo Horn das spürte: Es gibt noch einen, wenigstens einen einzigen auf der Welt, dem ihr nicht gleichgültig seid, der euch liebt. Das war sie, die tröstliche Botschaft, an der die Landsleute sich nicht satthören konnten.

*Am 27. September ist Bundestagswahl. Gehen Sie hin?*

Wählen ist wie Plüschtieresammeln, Blumenzüchten, Fahrradfahren. Mancher tut es, mancher tut es nicht. Wir sollten die Leser nicht mit meinen Privatmarotten nerven.

Juni 1998

# Flüchtlinge und Agenten

*Seit man zurückdenken kann, wird das Asylrecht eingeschränkt; seit man zurückdenken kann, prangern wir dies an. Ihr Vorschlag war nun, dass wir uns darüber noch mal unterhalten. Warum?*

Grund Nr. 1: Unsereiner neigt dazu, die völkische Propaganda für bare Münze zu nehmen. Man vergisst dabei, dass es am Ende die machtpolitischen Interessen und jene der Kapitalverwertung sind, die sich gegen alles Wortgetöse durchsetzen. Schon die Nazis holten mehr Ausländer, damals »Fremdarbeiter«, ins Land als jedes andere Regime davor. Die Einschränkungen des Asylrechts hinderten die Bundesregierung nicht daran, Hunderttausende von Bürgerkriegsflüchtlingen aufzunehmen. Und Bauarbeiter werden nicht nach dem Ariernachweis gefragt, sondern nach dem Lohn, den sie haben wollen.

Grund Nr. 2: Die Verhältnisse haben sich geändert, Deutschland will heute Interventionsmacht sein. Und so kommt es dann, dass die Regierung mitunter auf Positionen zurückgreift, wie wir sie vertreten hatten.

*Welche zum Beispiel?*

Keiner, der um Asyl bittet, dürfe abgewiesen werden, hatten wir gefordert. Die Regierung erkennt diese Forderung nun bei Bedarf stillschweigend an. Man hat den schönen Grundsatz ins Propagandarepertoire aufgenommen, weil er in eine Argumentationskette passt, mit der sich Bundeswehreinsätze fernab deutscher Grenzen als Selbstverteidigungs- oder Notwehrmaßnahmen deklarieren lassen. Zum Beispiel behauptet man, dass die serbische Politik im Kosovo zu einer Überschwemmung Deutschlands mit Bürgerkriegsflüchtlingen führen werde.

In ihre Bestandteile zerlegt, sieht die Propagandaformel so aus: Wenn die Flüchtlingsmassen an der Grenze stehen, bin ich machtlos. Abweisen kann ich sie nicht, das verbietet mir die Humanität. Alle aufnehmen kann ich aber auch nicht, das verbietet mir mein Interesse an der Selbsterhaltung. Folglich muss ich die Verursacher des Flüchtlingsstroms bekämpfen. Die Propagandaformel funktioniert, weil die Logik dahinter Plausibilität besitzt.

*Nicht die Entrechteten, sondern das Unrecht bekämpfen, nicht die Armen, sondern die Armut – was ist falsch daran?*

Falsch war zu vergessen, dass Verantwortung übernehmen immer zugleich Machtansprüche stellen heißt. Wenn ich für die Menschen, die aus fremden Ländern fliehen, verantwortlich bin, habe ich das Recht, auf die in diesen Ländern herrschenden Verhältnisse Einfluss zu nehmen, denn schließlich betreffen sie auch mich.

*Hätten wir uns von den Verhältnissen in Francos Spanien oder Pinochets Chile nicht betroffen fühlen sollen? Hatten die internationalen Brigaden im spanischen Bürgerkrieg nicht recht?*

Jedenfalls hatten sie damals keinen Erfolg. Den hatte vielmehr die Legion Condor. Und später wurde der spanische Faschismus nicht etwa vom Antifaschismus, sondern von der Natur besiegt. Franco starb an Altersschwäche. Pinochet lebt immer noch.

*Was heißt das?*

Internationalismus im Sinne weltumspannender Verantwortung für alle Menschen gab uns das moralische Recht, uns anderswo einzumischen. Aber die Macht dazu hatten wir leider nicht. Und nicht erst heute dürfen wir miterleben, wie ein Abkömmling unseres Internationalismus, nämlich die sogenannte Menschenrechtspolitik, dazu dient, genau jene Herrschafts- und Ausbeutungsverhältnisse zu festigen, die wir hatten brechen wollen.

*Und welche Rolle sollen die Asylbewerber dabei spielen?*

Der politische Flüchtling, besonders der Bürgerkriegsflüchtling, ist heute ein vielfältig nutzbarer Massenartikel geworden. Die Regierungen der Aufnahmeländer lassen davon so viel herstellen, wie sie brauchen. Wir Alten kennen das ja aus den Tagen um den Bau der Berliner Mauer. Hier lockte das Begrüßungsgeld, und täglich konnten die Zeitungen neue Flüchtlingsrekorde melden.

*Man kann es den Opfern von Massenvertreibungen schlecht zum Vorwurf machen, dass sie so viele sind.*

Ihnen nicht, aber denen, die sie produzieren. Das Spiel geht so: Wenn ich einen Interventionsgrund haben will, gebe ich Personen aus bestimmten Herkunftsländern den Status von Vertriebenen und Verfolgten. Je mehr ich reinlasse, je mehr Wirtschaftsflüchtlinge ich als politische Flüchtlinge anerkenne, als desto grausiger stellt sich das Regime im Herkunftsland der Zuzügler für die hiesige

Öffentlichkeit dar. Und irgendwann kann der Verteidigungsminister unter dem Beifall der Presse sagen, dergleichen sei in Europa »nicht hinnehmbar«. Es liegt also ganz in meiner Hand, ob ich irgendein Land, das ärmer ist als meins, destabilisieren will. Ich brauche den armen Teufeln nur klarmachen, welche Schauergeschichte sie hier an der Grenze erzählen müssen, damit sie rein dürfen. Dann kriege ich genau die Nachrichten, die ich haben will, um meine Luftwaffe schicken zu dürfen.

*Am CSU-Stammtisch erzählt man sich die Geschichte von den Wirtschaftsflüchtlingen und ihren Schauergeschichten auch.*

Dort sitzen die Experten. Die Kalten Krieger kennen doch ihre Brüder und Schwestern aus der Zone, sie kennen doch diese Abstimmungen mit den Füßen für die Freiheit und gegen die Tyrannei.

*Sie werden die Verhältnisse in der früheren DDR kaum mit den heutigen Verhältnissen im Kosovo vergleichen wollen.*

Keine Frage, dass es den Leuten in der DDR unvergleichlich viel besser ging. Aber der Hauptunterschied ist ein anderer. Zum einen hatte die DDR die Mauer, zum anderen hatte sie die Sowjetunion. Die nukleare Schutzmacht im Hintergrund sorgte dafür, dass Destabilisierungsversuche gegen die DDR sich im Rahmen hielten. Die Leute dort zum militanten Protest zu ermuntern und sie gar mit Waffen zu beliefern, verbot sich von selbst, weil größere Unruhen am Ende den Westen blamiert hätten. In einer Situation, wo die Propaganda nach Militärinterventionen schreit, hatte der Verteidigungsminister damals seine

Ohnmacht vorführen müssen. Heute nützt ihm diese Situation, weil er seine Macht zeigen kann.

*Die Unruhen im Kosovo also vom Ausland angezettelt, die UCK eine Agententruppe des BND?*

In der *FAZ* wurden britische Militärberater in Nordalbanien erwähnt. Mag sein, dass wieder eine amerikanische oder britische Söldnerfirma den Warlords von der UCK behilflich ist. Mag sein, dass, wie im Falle Sarajevos, die Hilfskonvois statt Milchpulver Schießpulver liefern. Mag sein, dass die Kosovo-Albaner so viele Dollars bekommen, wie sie brauchen, um die jugoslawischen Sicherheitskräfte auf friedlichem Wege zu entwaffnen, indem sie dem korrupten Gegner das Gerät einfach abkaufen. Vielleicht hilft die UCK beim Abfackeln der Dörfer mit, es wäre eine plausible und keineswegs ungewöhnliche Taktik. Wenn Rühe sagt, »das Morden« müsse aufhören, sonst komme die Nato den Kosovo-Albanern zu Hilfe, dann muss die UCK, wenn sie siegen, d.h. ihre patriotische Pflicht erfüllen will, eben dafür sorgen, dass »das Morden« weitergeht.

Wir wissen es aber nicht. Wir wissen nur, so gut wie jeder andere, wie man Menschen dazu bringt, bestimmte Sachen zu machen oder zu unterlassen. Im Kosovo geht es den Leuten dreckig, nicht weil sie ihre nationale Souveränität entbehren müssen, sondern weil dort materielles Elend herrscht. Wer konnte, ging weg von dort, weg von den Landsleuten. Er ging als Gastarbeiter in die Bundesrepublik. Es gibt keinen klareren Beweis dafür, welchen Rang die Sehnsucht nach der Befriedigung des ethnischen Zusammengehörigkeitsgefühls im wirklichen Leben der Menschen faktisch einnimmt. Halte ich Leuten in dieser Lage die Rübe hin: »Je größer das Chaos, desto besser für euch, denn dann müssen wir euch retten«, so erzeuge ich Desperados. Ein friedlicher Kosovo-Bewohner wird, wie die friedlichen Bewohner vieler Gegenden, wahrscheinlich hungern müssen. Keiner kümmert sich darum. Ein Bürgerkriegsflüchtling hungert in der Regel nicht, weil für diese Sorte Hunger vom UNHCR gesorgt wird. Und wenn die Hilfsorganisationen mit ihrer aufwändigen Logistik kommen, gibt es auch für die Einheimischen gut bezahlte Jobs. Ganze Regionen in Bosnien leben davon und vom Verscherbeln der Hilfslieferungen auf den Schwarzmärkten. Man braucht also gar keine komplizierten konspirativen Unternehmungen, wenn man ein Regime destabilisieren will. Man muss nur mit der Rübe winken.

*Kein freundliches Bild, das Sie da von den Asylbewerbern zeichnen.*

Der jüngst verstorbene kroatische Verteidigungsminister war kein freundlicher Mann. Und all die anderen, die einst in den USA oder Kanada Asyl gefunden hatten und nach 1989 als Politiker oder Geschäftsleute in ihre osteuropäischen Herkunftsländer zurückgekehrt sind, um dort den amerikanischen Kapitalismus einzuführen, waren es wohl auch nicht. Die Zeiten, wo unter politischen Flüchtlingen verfolgte Sozialisten waren, sind eigentlich schon lange vorbei. Der politische Flüchtling heute ist einer, der in seinem Herkunftsland ein Regime errichten möchte, wie es das in seinem Aufnahmeland schon gibt. Politische Flüchtlinge sind potentielle Agenten, Kollaborateure, Geschäftspartner, Stoßtrupp, Brückenkopf.

Die US-Regierungen wissen, warum sie nach dem Arche-Noah-Prinzip verfahren und überall, von Kurdengebieten bis Bosnien, die Kontingente einsammeln und ihnen Einreiseerlaubnis geben. Man hat dann die Bosse der künftigen Führung in der Hand, man kann sie schulen und Akten über sie anlegen. Auf Deutschland bezogen: Es ist doch praktisch, wenn der neue Präsident ein Stipendiat der Friedrich-Ebert-Stiftung oder der Konrad-Adenauer-Stiftung war.

*Die Leute, die Sie da im Blick haben, stellen doch nur eine ganz kleine Fraktion der Flüchtlinge und Asylbewerber dar. Die allermeisten sind arme Teufel – und bleiben es.*

So empfindet man. Möglich allerdings, dass unser mitleidiges Herabschauen auf die armen Teufel daher kommt, dass uns vor soviel Einfallsreichtum, Findigkeit, Vitalität und Tatkraft, wie die zeigen, bange wird, etwa so, wie kleine Kinder große Tiere streicheln, die ihnen nicht ganz geheuer sind. Wir ahnen vielleicht, dass das Häufchen Elend, das an der Grenze um Einlass wimmert, nur die halbe Wahrheit ist. Es steckt mehr Energie darin, als unsereiner sich vorstellen könnte, dass er sie jemals aufbringen wird.

Nichts als bloß armer Teufel ist keiner, der es über alle geographischen Entfernungen und administrativen Hürden bis zur deutschen Grenze schafft. Er hat Strapazen ausgehalten, unter denen wir zusammenbrechen würden, er hat sich durchgeschlagen, wo unsereiner resignieren und kapitulieren würde. Er hat erfolgreich ein Überlebenstraining absolviert, wie es bei manchen Finnen heute zum Selektionsverfahren für Führungskräfte zählt. Dass trotzdem nur ganz wenige kriegen, was alle wollen, versteht sich. Hieße freie Marktwirtschaft, dass jeder, der ein Rockefeiler werden möchte, es auch wird, so könnte man die Sache mit dem Sozialismus noch mal überdenken. Hunderttausend Kosovo-Albaner hier heißt natürlich nicht hunderttausend zusätzliche Minister und Millionäre. Es bedeutet: Hunderttausend arme Schlucker mehr, die auf die freie Marktwirtschaft schwören, weil sie gern sehr reich wären und weil man das nur in der freien Marktwirtschaft werden kann.

*Ist Ihre Forderung also: Grenzen dicht?*

Lächerlich. Von uns wird die hiesige Öffentlichkeit sich weder ihre bosnischen noch ihre kosovo-albanischen Bürgerkriegsflüchtlinge vermiesen lassen, auch wenn die sich manchmal so aufführen, dass man die Verhältnisse in ihrem Herkunftsland ohne jede politische Analyse zu verstehen glaubt. Das Publikum braucht seine Elendsgeschichten, erinnern wir uns doch nur an die Spendenaktion Russlandhilfe. Außerdem ist es nur gerecht, wenn die BRD die Suppe, die sie sich einbrockt, auch auslöffeln muss. Die Rübe bloß hinhalten geht nicht, sie wird dann halt auch gefressen. Und schließlich hat jede politische Analyse nur einen Sinn, solange man sich an die Maxime aus der »Dialektik der Aufklärung« erinnert: »Der Logik spotten, wo sie gegen die Menschheit ist.« Wo die Logik uns sagt, dass arme Teufel abgewiesen werden sollen, sagen wir Nein.

Dümmer, als man ist, muss man sich aber deshalb nicht stellen. Bürgerkriegsflüchtlinge aus dem Kosovo können uns Kapitalismus pur beibringen. Sie haben das *Survival of the fittest* im tiefsten Elend gelernt. Es sind die Fittesten, die sich durchgeschlagen haben bis hierher. Und sie werden Karriere machen, solange die Gesellschaft hier bleibt, wie sie ist. Um an die Spitze von Daimler-Benz zu kommen, braucht man das Naturell eines Rausschmeißers im Rotlichtmilieu. Inzwischen braucht man auch keine anderen Manieren. Von Albanern und Kosovo-Albanern liest man bisweilen im Zusammenhang mit Berichten über Schießereien in jenem Milieu, wo die freie Marktwirtschaft ihren Ursprung hat. Dort zieht das im Entstehen begriffene neue weltweite Herrschaftssystem sich seine Führungskräfte heran. Soll es. Aber warum soll unsereiner diesen Prozess mit rührseligen Kommentaren begleiten?

Juli 1998

# Das Massengrab

*»Massengräber jetzt auch im Kosovo entdeckt«, hat die* taz *vom 5. August getitelt. Weiter: »Taz-Reporter stößt bei Orahovatz auf Hunderte von Leichen. Augenzeugen sprechen von bis zu tausend Toten. Von den Opfern sollen allein 430 Kinder gewesen sein.«*

Das ist ein Punkt – ich meine speziell die Stelle mit den Kindern, wo man nur ungern weiterdenkt. Dabei ist die Deutung selbst, wie bei einem Standardtraum, ganz einfach. Es wird an rezentes Material angeknüpft, an Bewusstseinsinhalte, die aus nicht allzu lang zurückliegendem Anlass in den Hirnen der Leute herumgeistem.

Ein flüchtiger Leser könnte die Meldung so verstehen, dass der belgisch-niederländische Kinderpornoring mit Verbindungen in die Bundesrepublik seine aus dem Ostblock importierte Ware nach Gebrauch und Verschleiß neuerdings ebendort auch entsorgt. Der Untergrund kommt hier gewissermaßen ganz dicht an die Oberfläche, aber das löst keine Abwehr aus.

Es ist nun gerade ein paar Wochen her, dass wir erfuhren, wie viele Personen mit gutem Einkommen und in teilweise hohen gesellschaftlichen Positionen sich sexuell stimuliert fühlen, wenn sie Kinder quälen dürfen oder wenn sie Kinder wenigstens auf Bildern und Videos leiden sehen. Wir wissen ferner, dass diese sonderbaren Kinderfreunde keine Fernreisen mehr buchen müssen, weil es das, was sie suchen, auch in Prag oder Bukarest zu kaufen gibt. Die Reaktion von Öffentlichkeit wie Behörden darauf war eine Mischung aus Duldung und Nichtwahrhabenwollen. Statt den verbreiteten Sadismus als Symptom einer schweren kollektiven Gemütsstörung anzuprangern, ließen die Kommentatoren sich aus über die Risiken des Internet.

Nun gerät das Thema in entstellter, aber erkennbarer Form wieder in die Schlagzeilen dergestalt, dass man die Botschaft verbreitet: In unserer westlichen Zivilgesellschaft mit abendländischer Tradition etc. kommt dergleichen gar nicht vor, die Serben sind's gewesen. Weil die Konstruktion so offensichtlich und so offensichtlich absurd ist, glaube ich nicht, dass es sich dabei um eine Entlastungslüge handelt oder um einen Vertuschungsversuch. Alle wissen ja Bescheid. Mein Eindruck ist eher, dass sich auf diesem Weg eine Gesellschaft outet. »Die Serben tun es« heißt: »Wir wollen es auch.« Man erinnere sich an die Schauergeschichten von den Massenvergewaltigungen und nehme die Tatsache hinzu, dass Viagra nicht auf Rezept zu haben sein wird, weil sonst die Krankenkassen Pleite machen würden.

Das gleiche Schema zieht sich bis in jedes Detail. Am 6. August druckte die *taz* einen weiteren Massengrab-Bericht unter dem Balkentitel »Namenlos verscharrt«. Der widersprach zwar eklatant dem Foto, welches am Vortag auf der Titelseite die Existenz des Massengrabes hatte illustrieren sollen. Im Vordergrund sieht man nämlich ein Schild, groß darauf eine Nummer und klein darunter die Namen Mullahbazi/Mizanir und Otac (Vater) Abdurahnan. Auf wahr oder falsch aber kommt es dabei gar nicht an. Man könnte ja auch zutreffende Meldungen gleichen Inhalts bringen, wie etwa die aus der *FAZ* vom 7. Mai 1997:

> »In einem rumänischen Krankenhaus sind die Leichname von 47 Kindern in einer mit Formalin gefüllten Grube entdeckt worden. Wie ein Polizeisprecher am Dienstag mitteilte, wurden die Toten in einem 1,50 Meter tiefen rechteckigen Loch auf dem Hof eines Hospitals in der Stadt Cluj (Klausenburg) gefunden. Die 28 Jungen und neunzehn Mädchen seien ein bis drei Jahre alt gewesen und offenbar in dem Krankenhaus gestorben. Die meisten der Kinder, für die es keine Geburtsurkunden gibt, wurden offenbar gleich nach ihrer Geburt von den Eltern in dem Krankenhaus als Findelkinder abgelegt. Die Ärzte des Hospitals sagten, diese Form der Bestattung sei bei Findelkindern üblich und ›legal‹. Sie werde angewendet, weil Geld zur Beerdigung dieser Kinder fehle.«

Die zutreffende Meldung wie die Falschmeldung wird, wenn sie groß genug aufgemacht ist, je nach Person entweder Erleichterung oder Grauen verbreiten oder beides. Denn jeder spürt, wovon hier eigentlich die Rede ist. Vom Balkan nämlich nicht.

Unter meinen archivierten Zeitungsartikeln ist ein Branchenbericht, den die *FAZ* am 11. April 1997 gebracht hatte. Er beschäftigt sich mit den Folgen, welche die Kürzung des von den Krankenkassen gezahlten Sterbegelds für das Bestattungsgewerbe nach sich zog. »In Kiel etwa«, zitiert das Blatt einen Fachmann,

> »würden 80 Prozent der Verstorbenen eingeäschert und in Urnen beigesetzt. Die Hälfte der restlichen Erdbestattungen finde auf den Friedhöfen anonym und ohne Grabsteine statt. Diese einfache Form der Beerdigung beschere den Bestattern und Sargschreinem nur ein mageres Geschäft.«

Dann kommt der Geschäftsführer eines mittelständischen Sargherstellers zu Wort: »Es findet hier ein Wandel statt, wie der Tod gesehen wird. Das entwickele sich immer mehr in Richtung ›Entsorgung‹.« Das war ein Branchenbericht im Wirtschaftsteil. Und nun etwas für die ganze Familie, ein Artikel aus der Wochenendbeilage der *Stuttgarter Zeitung* vom 15. November 1997. Otto Jörg Weiß über die anonyme Bestattung:

> »Richtige Grabstätten mit den Namen der Verstorbenen, mit der posthumen Adresse sozusagen, werden immer seltener. Anonym – ohne Kreuz, ohne Stein, ohne persönlichen Blumenschmuck – ist mehr und mehr in. 55 Prozent der Toten in Kiel, 42 Prozent in Flensburg, 30 Prozent in Berlin werden auf großen Rasenflächen ›entsorgt‹, spurlos gewissermaßen, das Rasenmähen besorgt die Kommune, und ein paar Wochen später erinnert nichts mehr an die jüngst Verstorbenen. Wie Golfplätze könnten die Gottesäcker schon bald aussehen, fürchten manche: Zwei oder dreimal pro Woche würden wieder Neue ›eingelocht‹, aber die ebnen sich schnell ein.«

»Namenlos verscharrt« – weil die Verhältnisse hier so sind, und weil das jeder spürt, flößen uns Meldungen wie die aus der *taz* ein schwer zu begreifendes und schwer zu lokalisierendes Grauen ein. Der Verstand wird paralysiert, weil mitgeteilte Fakten und Empfindung auseinanderklaffen. Dass es das anonyme Armenbegräbnis gibt, dass die verstorbenen Obdachlosen von New York in Massengräbern beigesetzt werden – das war ja eigentlich bekannt. Und dass im Krieg Massengräber eher die Regel als die Ausnahme gewesen sind, muss jeder wissen, denn den Begriff »Grabmal des unbekannten Soldaten« kennen alle. Überhaupt können uns Kriegsgräuel zwar erschüttern, aber sie machen uns nicht fassungslos. Was uns die Fassung raubt, ist die Tatsache, dass von Kriegsgräueln gesprochen wird und wir zugleich doch spüren: Hier ist es so, hier, wo angeblich Zivilisation und Frieden herrschen. Und es kann beinahe offen ausgesprochen werden, ohne dass sich ein Widerstand dagegen regt.

*Mal angenommen, der taz-Bericht wäre wahr gewesen – das hätte Sie nicht weiter in Aufregung versetzt?*

Tun wir doch nicht so, als wäre von Soldaten, ganz gleich, wofür sie kämpfen, nur Gutes zu erwarten. Die strammen jungen Athleten von der Truppe als edle Ritter anzuhimmeln – das überlassen wir besser lüsternen älteren Damen. Um zu begreifen, warum die Bundeswehr in der Expazifistin Antje Vollmer neuerdings eine ihrer engagiertesten Fürsprecherinnen findet, muss man sich nur daran erinnern, wie die Bundestags-Vizepräsidentin seinerzeit von den deutschen Nationalkickern schwärmte.

Ich jedenfalls wüsste keine Armee, von der man unter den gegebenen Bedingungen Massaker an der Zivilbevölkerung ausschließen kann. Nehmen Sie die französische Armee in Algerien, nehmen Sie die amerikanische in Vietnam, um nur von der friedlichen Nachkriegszeit zu sprechen. Oder erinnern wir uns doch daran, was über kanadische, amerikanische und italienische Einheiten der Friedenstruppe bekannt geworden ist, die in Somalia die Operation »Restore Hope« unternahm. Und immerhin haben die spanischen Vorzeigedemokraten Killerkommandos auf die Eta angesetzt, obwohl die spanische Herrschaft über das Baskenland zu keinem Zeitpunkt gefährdet war.

Kriege wie der im Kosovo pflegen sich obendrein

durch besondere Grausamkeit auszuzeichnen. Es fängt meist damit an, dass sich die unterlegene Armee beim Rückzug an der gegnerischen Zivilbevölkerung schadlos hält. Dann kommt die überlegene Armee und nimmt blutig Rache. Einprägsam nachzulesen bei Ambler »Die Maske des Dimitrios«, S. 33 ff. Kurzum: Das Kosovo ist ein Gebiet, wo ich als Serbe nicht der UCK und als Kosovo-Albaner nicht unbedingt serbischen Einheiten in die Hände fallen mögen würde, obgleich mir letzteres immer noch bedeutend lieber wäre als das erstere.

*Nun ist das Massengrab aber keins, EU-Beobachter haben es bestätigt.*

Das war auch nicht der Kern der Botschaft. Wenn die Medien ein serbisches Massaker melden, heißt das, dass die Nato-Jets startklar sind. Die Nachricht muss man als Absichtserklärung lesen. Also erst ist der Plan da, und dann lanciert man die Nachricht, die als Anlass oder Begründung für die Ausführung des Plans benötigt wird. Nach diesem Schema war auch die Horrormeldung in der *taz* vom 5. August zu interpretieren. Aber das Spektakel fing eigentlich schon am Vorabend an. Das ZDF berichtete unter Berufung auf den anderntags erscheinenden *taz*-Artikel in seiner *Heute*-Sendung um 19 Uhr lang und breit über die angeblichen serbischen Gräuel. Die Horrormeldung passte freilich überhaupt nicht ins Bild, das man sich von der Lage hatte zurechtbasteln müssen.

Der amerikanische Präsident steckte wieder mal viel zu tief im Dreck, als dass der Angriff auf einen Noname wie Milošević ihm hätte heraushelfen können. Die Flugzeugträger werden jetzt am Golf gebraucht, Clintons Rettung heißt Saddam Hussein. Aber man irrt, solange man spekuliert, und in der Not frisst der Teufel Fliegen. War man im Weißen Haus zum Schluss gekommen, besser ein kleiner Militärschlag als keiner? Offensichtlich noch nicht. Denn während im ZDF die Horrormeldung lief, berichtete der CNN ganz manierlich aus Priština – teilweise fliehe die Bevölkerung noch vor den Kämpfen, andernorts kehrten die Flüchtlinge auch schon zurück. Kein Wort von irgendwelchen Massengräbern. Damit war klar: Es gibt kein Massengrab.

*Halten Sie CNN für allwissend und unfehlbar?*

Jedenfalls für gut informiert. Buddeleien größeren Umfangs bleiben den amerikanischen Spionagesatelliten nicht verborgen. Um das Erkennen von Fakten geht es in diesem Fall aber nicht. Es geht darum, wie man Fakten macht, und wer die Macht hat, dies zu tun.

Was ist ein Massengrab? Ein Massengrab ist, wenn Frau Albright kommt, vor den Fernsehkameras angewidert ein paar Knochen befingert und dazu ein paar bedeutungsvolle Worte sagt und wenn die Bilder von dem ekelhaften Ritual dann um die ganze Welt gehen.

Was ist ein serbisches Massaker? Ein serbisches Massaker ist, wenn anderntags die Nato-Jets serbische Stellungen bombardieren. Und umgekehrt: Wenn Frau Albright nicht kommt, gab es kein Massengrab, und wenn die Nato-Jets nicht starten, gab es auch kein serbisches Massaker.

*Ein abgekochter Zyniker, könnte mancher denken.*

Dann kennt er sich selber schlecht, und vor allem weiß er über die Natur des menschlichen Wahrnehmungsvermögens nicht viel. Es ist erst die Folge eines Vorgangs, die absolute Gewissheit über ihn stiftet, jedenfalls überall dort, wo man nicht selber nachschauen und dabei sein kann. Bei einem Kriminalfall bleibt so lange alles in der Schwebe, bis das Urteil gesprochen und die Strafe verhängt worden ist. Es gibt immer so viele Theorien und Unsicherheiten, die wissenschaftlichen Gutachten widersprechen sich, und wer hat sie schon gelesen. Wir sind es deshalb gewohnt, unsere Gewissheiten auf dem Wege des deduktiven Schließens zu gewinnen. Die weithin sichtbare, unübersehbare und eindeutige Folge eines Vorgangs ist der unumstößliche Beweis dafür, dass er stattgefunden hat. Fakten machen heißt also Folgen schaffen. Man schafft sie durch die Tat. Das Wortgetöse, mit dem wir uns hier so ausführlich beschäftigen, ist nur die Begleitmusik. Die eigentliche Propagandaaktion wäre der Militärschlag selbst. Und wenn der nicht kommt, verhallt das Wortgetöse auch wieder, oder wenn es fortgesetzt wird, fängt es an zu langweilen und zu nerven. Was als Appell gemeint gewesen war, verwandelt sich in einen Befund über die Beschaffenheit der Welt.

So ist sie eben, und irgendwann hat man es verstanden. Jede Minute verhungern auf der Welt 15 Kinder – laut *FAZ.* Niemanden interessiert die Nachricht mehr, weil klar ist, dass keine Konsequenzen aus ihr folgen. 80.000 Obdachlose im Kosovo sind eine »humanitäre Katastrophe«, 300.000 Obdachlose in Polen sind es nicht. Eine Nachricht ist das Elend nur, wenn es sich dazu eignet, Aktionen auszulösen.

*Zählen wirkliche Fakten also überhaupt nicht?*

Leider doch, freilich nur im Rahmen der jeweils gewünschten Inszenierung. Die Menschenrechtspolitik hat dazu geführt, dass man für Militärinterventionen Gräuelnachrichten und das entsprechende Bildmaterial benötigt.

Der Idealfall wäre nun der, dass man das Material im Trickfilmstudio von leistungsfähigen Grafikrechnern produzieren ließe. Aber dann fehlt uns der Reporter, der sagen kann, er habe das Zeug selbst gesehen und gefilmt. Also brauchen wir was, um es den Reportern zu zeigen.

Die humanste Lösung des Problems, die mir bekannt ist, haben die rumänischen Putschisten erfunden. Sie sammelten ein, was die Leichenhallen der Krankenhäuser hergaben, reihten schön auf, was sie fanden, ließen die Kamerateams kommen und erzählten den Reportern: Hat die Securitate gemacht. Die Bilder gingen um die Welt, erst Monate später kam das Dementi. Das war vor rund acht Jahren. Publikum und Reporter sind heute anspruchsvoller geworden. Standbilder wie damals reichen längst nicht mehr, die Inszenierung muss schon ziemlich realistisch sein, und echte frische Tote machen sich nun mal am besten.

Die Sache ist ganz einfach die: Wenn der Westen für eine seiner humanitären Interventionen Bilder von einem zerschossenen Krankenhaus braucht, aus dem sie zerstückelte Patienten schleppen, dann kriegt er diese Bilder auch. Er kriegt sie von der Partei, in deren Interesse diese Intervention liegt. Und es werden gute Bilder sein, keine schlampig hingetricksten. Das Arrangement hängt von den Umständen ab. Wenn auf den Feind Verlass ist, installiere ich ein Geschütz auf dem Krankenhausdach und feuere so lange, bis das Feuer erwidert wird und eine Granate trifft. Wenn der Feind so blöde ist, wie es die serbischen Kampftruppen anscheinend oft gewesen sind, muss ich die Arbeit eben selber machen.

*Heißt das, dass die Reporter praktisch auf Bestellung an Nachrichten liefern, was die Regierung jeweils braucht?*

Ja und nein. Man stelle sich die Arbeit eines Balkanreporters nicht zu einfach vor. Er kann schließlich nicht in Bonn anrufen und nachfragen: Wie viele Massengräber braucht ihr? Über Absprachen funktioniert das nicht, die Koordination wäre viel zu störanfällig und kompliziert.

Außerdem findet man keinen kompetenten Ansprechpartner, denn was der Westen als nächstes unternimmt, wissen die Entscheider oft selber nicht im Voraus. Ein guter Balkanreporter zeichnet sich also dadurch aus, dass er die Absichten der Entscheider erahnt, bevor die Entscheidungen überhaupt getroffen worden sind. Das hat bei Rathfelder* nicht geklappt. Deshalb, nicht mangels beweisbarer Fakten, ist sein spezielles Massengrab eine Zeitungsente, ganz gleich, wie viele Leichen an der Stelle, wo er herumgeschnüffelt hat, verbuddelt worden sind.

*Ist so einer dann als Reporter erledigt?*

Man möchte es hoffen, aber es kann auch das genaue Gegenteil der Fall sein. Im Westen allgemein und dann noch mal in jedem Land gibt es natürlich Rivalitäten und Widersprüche. Im Kosovo-Krieg haben sich bisher weniger die Etablierten, wie etwa Kinkel oder Kohl, hervorgetan. Scharfmacher waren diesmal Leute aus der zweiten Reihe, die gerne in die erste wollen. Für einen Militäreinsatz ohne UN-Mandat haben Rühe, Fischer, Scharping plädiert, zwei Aspiranten auf den Job des Außenministers und einer auf den des Kanzlers.

Nun hört man, dass Schröder sich mit Rühe verbünden möchte. Die beiden passen gut zusammen. Der eine

* Für den Balkan zuständiger *taz*-Reporter Erich Rathfelder, der die Massengräber entdeckt und wesentlich zur medialen Offensive beigetragen hat, die den Nato-Einsatz legitimierte. (A.d.H.)

macht sich auf Managerart für eine Führungsrolle Deutschlands stark. Der andere schaut aus und spricht, als wäre er einer Wehrmachtsklamotte aus dem amerikanischen Vorabendprogramm entsprungen.

So einer wie dieser *taz*-Reporter fehlt diesen beiden noch. Und wenn sie erst mal am Ruder sind, dann arbeiten sie vielleicht auch dafür, dass deutsche Massengrab-Storys noch viel wahrer werden, als die amerikanischen und britischen Berichte über serbische Massaker und Konzentrationslager es je geworden sind. Das virtuelle Massengrab könnte, sollte die Bundeswehr tatsächlich mal im Kosovo landen, der Vorläufer von vielen wirklichen Massengräbern werden.

Auch ganz ohne Krieg entkommt denen freilich keiner, wenn es so weitergeht mit der Entwicklung des Bestattungswesens, das schließlich nur ein Symptom oder ein Indiz dafür ist, was die Personen sich selbst und einander unter dem Kapital noch bedeuten.

August 1998

# Keiner wird gewinnen

*Anfang September, noch vier Wochen bis zur Wahl. Wie ist sie ausgegangen?*

Bundestagswahlen sprechen nun mal die niederen Instinkte an. Und meine sagen mir: Diesmal werden wir verwöhnt. Wer siegen würde, war ja immer Nebensache, aber einen Lieblingsverlierer hatte man. Die Grünen, wie sie schon ganz gierig nach der Beute schnappen und sie dann doch nicht kriegen, das hätte vor vier Jahren am meisten Spaß gemacht. Die frommen Wünsche sind heute noch die gleichen, nur muss man nicht mehr um das Wahlergebnis bangen. Wenn Fischer nicht Außenminister wird, ist er erledigt. Wird er Außenminister, ist er es vielleicht noch mehr.

*Wir hören das gern. Beweise?*

Ich sehe fern.

Bis zur Niedersachsenwahl war Kohl ein alter Mann und Schröder ein junger. Dann wurde Schröder nominiert. Seither hat er sich verwandelt. Er kommt einem vor, wie wenn er aus Attrappe und Prothese bestünde: ein müder, alter Mann, der krampfhaft als jung und frisch erscheinen will. Neben ihm wirkt Kohl wie verjüngt. Noch schlimmer hat es Fischer erwischt. Als *Heavy* war er immerhin ein Unikum, und er hätte vom Guildo-Horn-Syndrom profitieren können, vom untergründigen Widerwillen gegen das Gestylte. Nun hat er getan, was Aufsteiger heute tun müssen. Er hat sich die Pfunde abgehungert, er treibt Sport. Und was nützt es ihm? Dass gelästert wird, man könne ihn mit seiner eigenen Großmutter verwechseln.

*Wie kommt das?*

Schröder und die Grünen – sie gehören zum Inventar der Ära Kohl. Kohls Abgang ist ihr Ende. Es ist wie bei einer Wohnung, wo Tapeten, Bodenbeläge und Mobiliar seit Ewigkeiten nicht mehr erneuert worden sind. Solange Leben in der Bude ist, fällt das gar nicht weiter auf. Steht sie hingegen leer, weil der Besitzer weggezogen oder krank ist, möchte man sofort den Entrümpler holen.

*Vermutlich wird »das Ende einer Ära« ein viel besungenes Thema sein, wenn dieses Heft erscheint. Was stellen wir uns darunter vor?*

»Ära Kohl« – das war die Bundesrepublik. Jetzt kommt Deutschland. Kein Grund für die Welt, in Deckung zu gehen, ganz im Gegenteil. Denn es stimmt ja, was immer erzählt worden ist: 1990 wurde ein »widernatürlicher, künstlicher Zustand« beendet, seither ist die Normalität wiederhergestellt und Deutschland eben Deutschland.

»Nie wieder Deutschland« haben dann manche mehr gekrächzt als gebrüllt. Keiner wollte auf sie hören. Es ist eben das Schicksal der wahren Patrioten hier, dass sie ebenso verkannt werden, wie sie sich selbst verkennen. Schön dumm, den »künstlichen Zustand« zu beenden.

Die Deutschen hatten 40 Jahre lang davon profitiert, dass der Kriegsverlierer und Kriegsverbrecher, nämlich Deutschland, nicht zu fassen war. Es gab ja nur BRD und

DDR. Die Landsleute wurden in beiden Lagern als Verbündete behandelt und umworben. An ihrem unwiderstehlichen Charme lag das nicht, sondern die Ursache war, dass jeder der rivalisierenden Blöcke den besseren deutschen Teilstaat vorzeigen wollte. Den Brüdern und Schwestern in der Zone ging es gut, und uns ging es noch besser. Vorbei. Deutschland ist also wieder ein normaler Staat. Und bei normalen Staaten ist das so, dass man sie nach verlorenen Kriegen nicht aufpäppelt, sondern sie den angerichteten Schaden bezahlen lässt. Es kommt nun, schätze ich, die Zeit, wo alte Rechnungen präsentiert werden

*Ein Beispiel?*

Auf amerikanischen Druck hin hat nach den Schweizer Banken nun auch die italienische Generali gezahlt. Es wäre eine kluge Strategie, auf Nebenschauplätzen die Muskeln zu zeigen und Präzedenzfälle zu schaffen, bevor man den Hauptvorstoß unternimmt – oder auch unterlässt, nicht freilich, ohne für die Unterlassung Gegenleistungen zu verlangen. Früher ging das nicht, weil im Vorzeigestaat der USA Nazis oder Nazifirmen undenkbar waren, mit ihnen hatte doch die Reeducation aufgeräumt. Hätte man sich vor den Kommunisten blamieren sollen? Und es riskieren, dass man seine Schützlinge der Konkurrenz in die Arme trieb, wenn man sie allzu sehr brüskierte? Die Folge davon war, dass davongekommene Nazi-Opfer zu Lebzeiten meist nichts von den Geldern sahen, die jetzt fließen sollen. Der Ton hat sich merklich verändert, seit die Landsleute keine Wahl mehr haben. Die Nazivergangenheit ist nicht mehr tabu, sie lässt sich als politisches Druckmittel verwenden, wie die Kampagne der Scientology gezeigt hat. Die Sieger fangen an, sich zu erinnern, wer den Krieg verloren hat, und sie könnten das den Verlierer spüren lassen.

Nehmen wir mal an, Russland würde wirklich Pleite machen, und es käme der Punkt, wo man dem Land die Schulden erlassen muss, um es wieder hochzubringen. Wenn Deutschland als Hauptgläubiger dann Widerstand leistet, könnte die russische Regierung vorschlagen, dass man die ausstehenden Summen als verspätete Reparationszahlungen verbuchen soll. Man wird es mit Interesse verfolgen, ob die darauf spezialisierten Gruppen hier immer noch so wild darauf sind, die Vergangenheit aufzuarbeiten, wenn sie merken, dass aufarbeiten nicht Feierstunden veranstalten und Denkmäler einweihen, sondern abzahlen heißt.

*Strategie klingt nach Verschwörung. Wo und wann sollen die Pläne geschmiedet worden sein ?*

»Es fing mit einer Verkettung von Umständen an, aber wann tut es das nicht«, lesen wir bei Rex Stout. Um das Nächstliegende zu tun, nämlich den Verlierer kräftig zahlen zu lassen, bedarf es keiner Konspiration.

*70 Milliarden hier, 30 Milliarden dort, was ist das schon im Vergleich zu den jährlichen Transferleistungen an den deutschen Osten?*

Um Geld allein geht es natürlich nicht, sondern es steht vor allem die Hackordnung zur Debatte. Sie ist ein Gruppenphänomen und taucht dort auf, wo es statt unabhängiger Einzelner das gibt, was man eine Gemeinschaft nennt. Wenn man das weiß, versteht man das Wort von der »internationalen Gemeinschaft« besser. Es besagt, dass es keine autonomen Subjekte mehr gibt, also unabhängige, souveräne Staaten im konventionellen Sinn. Vielmehr sind die Staaten nun alle Mitglieder einer großen Bande.

Die »Völkerfamilie« ist Wirklichkeit geworden. Es herrscht die globale Horde. Ihr Anführer sind die USA, ihr Terrain ist die Welt. Der amerikanische Präsident kann Marschflugkörper schicken, wohin er mag, das nennt man Globalisierung. Lächerlich, sich dagegen aufs Völkerrecht zu berufen, wo doch gewissermaßen alles in der Familie bleibt. Wenn der Vater dem Sohn eine klebt, ist das kein Fall fürs Gericht.

*Stacheln Sie damit nicht zum Antiamerikanismus auf? Den hatten doch gerade Sie stets scharf kritisiert.*

Es gibt ihn nicht mehr, wie die Reaktionen auf Clintons Monica-Missiles gezeigt haben. Da feuern die USA haufenweise Raketen ab, auf irgendwelche Hütten in Afghanistan und eine sudanesische Arzneimittelfabrik, mit der Begründung, dort säßen die Übeltäter, die für die Ermordung von zehn oder elf US-Amerikanem verantwortlich sind und die Ermordung weiterer Amerikaner planen. Keiner protestiert mit dem Argument, gemäß dieser Logik wären zuallererst die USA selbst in Schutt und Asche zu legen, wo unter jugendlichen Slumbewohnern Mord die häufigste Todesursache ist.

Statt dessen sagen Kohl und Scharping wie aus einem Mund: Prima. Die Grünen schicken einen Noname vor, der den Reportern erklärt, man hätte besser die UN hinzuziehen sollen. Ich schätze, die Landsleute haben instinktiv gemerkt, dass sie nun in der weltweiten Hackordnung auf einer Stufe stehen, wo man Gehorsam und Beflissenheit zeigen muss.

*Dem widersprechen Rühes Feldwebelallüren: Jetzt müsse die Nato aber endlich mal, nämlich in Albanien.*

Ich fürchte, wir hatten das nicht ganz verstanden. Wir hatten nicht bemerkt, dass es das Pfeifen im Walde war, was dieser Rühe von sich gab.

1990 entstanden zwei Probleme. Problem Nr. 1: Woher einen Auftrag für die Nato nehmen, wo es doch nun den Ostblock nicht mehr gibt? Problem Nr. 2: Woher die zusätzlichen Truppen nehmen, die man braucht, um die ganze Welt zu beherrschen statt der halben? Eine Truppe ohne Auftrag also und ein Auftrag ohne Truppe.

Nach Adam Riese kommt dabei heraus, dass die Nato nunmehr die Prätorianergarde der Vereinigten Staaten bilden müsste, und so war es auch. Ausschlaggebend für den Rang eines Staates in der Hackordnung ist es dann, wie viel Feuerkraft er dem Häuptling zur Verfügung stellen kann. Rühe hat sich zwar redlich bemüht. Aber als Kriegsverlierer ist man in einer schlechten Ausgangsposition, wenn man plötzlich Offensivverbände liefern soll. Die hatte die Bundeswehr ja nicht haben dürfen, sie war auf Territorialverteidigung eingestellt: Panzer en masse, um den Feind in der norddeutschen Tiefebene abzufangen.

Rühe tat also, was er konnte, aber die 56.000 Mann Krisenreaktionskräfte, die bis zum Jahr 2000 einsatzbereit sein sollen, haben den Amis nur ein müdes Grinsen entlockt: zu wenig, falsche Ausrüstung, falsche Konzeption. Eingreiftruppen, die mangels Transportkapazität nur in Europa intervenieren können, genügen dem Global Player nicht. »Low tech – low risk« heißt die Rubrik, in welche die Bundeswehr bei den Amis eingestuft wird. Für Sanitätsdienst und Latrinenputzen gerade gut genug. Rühes Kraftmeierei dürfte ein Versuch gewesen sein, gegen das Papiertigerimage propagandistisch anzukämpfen. Es war natürlich wieder der falsche Weg. Mit jedem Mal, wo die Deutschen brüllen und dann nicht beißen können, wächst bei Verbündeten und Protegierten der Zweifel.

Von Priština bis Bagdad, von Zagreb bis Teheran hat es nun jeder gemerkt: Wer sich auf den Loser verlässt, ist verlassen. Das Dumme bei diesen Losern ist nur, dass Verzweiflungstaten sich nie ausschließen lassen.

*Zählt nur noch militärische Stärke?*

Sie tut es dann, wenn der amerikanische Präsident überall, ob in seinem Büro mit der Angestellten oder mit Marschflugkörpern in Khartum, tun und lassen kann, was er mag, mit Zustimmung einer Bevölkerung, deren Selbstbewusstsein dem einer neuen Herrenrasse zu ähneln beginnt.

Ich meine diese Rhetorik, die nach dem Schema »wer *amerikanische* Bürger verletzt oder tötet, oder wer *amerikanisches* Eigentum beschädigt« etc. läuft. Moralische Überlegenheit wird es kaum sein, worauf die politische Dominanz der USA sich gründet. Es sind Apparate wie diese Marschflugkörper, die ferngesteuert durch eine Satelliten-Armada Ziele an jedem Punkt der Welt zerstören können und gegen die offenbar bislang kein Kraut gewachsen ist.

Und wenn es die militärische Überlegenheit ist, durch die eine Macht zur Weltmacht wird, dann entscheidet die militärische Leistungsfähigkeit eines Staates über den Rang, den er nach der Weltmacht einnimmt.

*Armes Deutschland?*

Kohl jedenfalls muss es so verspüren, sonst hätte er nicht Schäuble zu seinem Nachfolger deklariert. Es wäre doch sinnig, wenn der erste Kanzler, der ausschließlich im wiedervereinigten Deutschland regiert, ein Mann im Rollstuhl ist, den man für einen Kriegsversehrten halten könnte.

September 1998

# Spaß haben und Profit machen

*Kohls Abgang sei Schröders und der Grünen Ende, hatten Sie im letzten Heft versprochen. Nun sind wir ein bisschen enttäuscht.*

Wieso? Am Wahlabend gab es einen Mann, der aufgeräumt, fast fröhlich wirkte. Das war Kohl. Daneben sah Lafontaine in der »Bonner Runde« aus wie ein Patient, dem der Arzt gerade eröffnet hat, er müsse mit dem Schlimmsten rechnen. Bei den Grünen fiel einer Reporterin auf, dass der rechte Jubel sich nicht einstellen wollte. Und ein wenig verzweifelt klang es schon, als im SPD-Festzelt man die »Internationale« nicht sang, sondern grölte: der gleiche trostlose Sound, der hiesige Fußballsiegesfeiern begleitet.

Seit 1989 scheinen alle Siege hier – Wiedervereinigung, Fußballweltmeisterschaft 1990 – in erster Linie Katzenjammer hervorzurufen.

*Vielleicht fühlen die Leute sich einfach ohne Kohl verwaist, oder sie trauern um den Vatermord, den sie begangen zu haben meinen.*

Normalerweise trauern sie gerade hier ihren Führern nicht nach, wie die Alliierten nach 1945 feststellen konnten. Es ist nicht die Vergangenheit, von der sie nur schwer scheiden können. Es ist die Zukunft, vor der es ihnen graut. Sie haben nämlich keine, weil das, was sich hier so nennt, anderswo immer schon Gegenwart ist.

*Das müssen Sie uns erklären.*

Marx kann es besser. Ich meine die Stelle in der »Einleitung zur Kritik der Hegelschen Rechtsphilosophie«, wo er schreibt:

> »Wir haben nämlich die Restaurationen der modernen Völker geteilt, ohne ihre Revolutionen zu teilen [...] Wir, unsere Hirten an der Spitze, befanden uns immer nur einmal in der Gesellschaft der Freiheit, am Tag ihrer Beerdigung.«

Banaler gesagt: Bezogen auf die Weltgeschichte ist Deutschland der ewige Müllschlucker. Dort landet zwar alles, was irgendwo hervorgebracht wird, aber erst, nachdem alle mit diesen Hervorbringungen verbundenen Hoffnungen und Verheißungen Schnee von gestern sind. Im Jahr 1789 die bürgerliche Republik auszurufen hieß, wenigstens für einen Moment vom Glauben an Freiheit, Gleichheit, Brüderlichkeit begeistert zu sein. Das gleiche aber rund 130 Jahre später noch einmal zu machen – dafür reicht als Kommentar der Spruch: Nur die dümmsten Kälber wählen ihren Metzger selber. Immer wird hier für Dinge gekämpft, die man schon gar nicht mehr haben wollen kann.

*Wir hatten über das aktuelle Wahlergebnis sprechen wollen.*

Tun wir doch. Nun ist es also endlich auch in Deutschland so weit: Die Hillary-Billary-Generation hat ihr Ziel erreicht. Nur kam sie hier viel zu spät. »Change« hatte Clintons Wahlprogramm geheißen, »Wechsel« heißt es bei Schröder/Lafontaine/Fischer.

Das konnte anfangs, vor sechs Jahren etwa, als politische Verheißung missverstanden werden. Inzwischen weiß man aber, dass »Change« bei Clinton mit »Die nächste bitte« übersetzt werden muss. Das wiederum färbt auf die Epigonen ab. Wenn der »Wechsel«, den Schröder/Lafontaine/Fischer verkörpern wollen, an irgendwelchen Fakten konkretisiert werden soll, bietet sich der Verweis darauf an, dass diese drei es, wie überall zu lesen war, zusammen auf mittlerweile zehn Ehen bringen.

Der nächste Gedanke wäre dann, dass ungefähr im gleichen Intervall wie die Lebensabschnittspartnerinnen die politischen Grundüberzeugungen wechseln. Das also, kapiert man schließlich, ist wohl gemeint, wenn solche Politiker Flexibilität und Innovationsbereitschaft fordern.

Ein schönes Bild liefert sie nicht, die führende Kaste heute, in der sich freilich nur der Zustand der gesamten Gesellschaft spiegelt. Deshalb schäumte die Empörung hoch, als Clintons Vernehmungsvideo gezeigt wurde: »Zum Kotzen«, »widerlich«, »unter aller Sau«, »gigantische Menschenrechtsverletzung«, »moralische Hinrichtung durch das Internet«, »audiovisueller Mordversuch« – so tönte es aus berufenem Mund.

Keinem fiel auf, dass man im Hinblick auf die USA von Menschenrechtsverletzungen, Mordversuchen und Hinrichtungen besser nicht sprechen sollte, es sei denn, es wären die wirklichen gemeint, die an zum Tode verurteilten Strafgefangenen begangen und vollstreckt werden. Der Ausraster lässt sich nur so erklären, dass Clintons Video allen zeigt, wo sie stehen.

*Was ist schon dabei? Eigentlich kann man Clinton nicht mehr nachsagen als Lady Di, und der wurden bittere Tränen nachgeweint.*

Aber dafür musste sie erst sterben. Toten Schlechtes nachsagen gehört sich nicht. Gutes über Lady Di sagen wiederum hieß, eine ganze Kaste zu beweihräuchern, die so war wie sie: ehrgeizig, genusssüchtig, geschäftstüchtig, skrupellos und zugleich darum bemüht, trotzdem irgendwie als gutherzig, mitfühlend, sogar aufopfernd zu gelten. Getrennt lebende Mutter zweier Kinder macht Urlaub statt mit diesen mit einem Playboy, Yacht und Privat-Jet gehören dazu, und die Nachrufe schauen aus, als habe eine Reinkarnation von Mutter Teresa das Zeitliche gesegnet.

Der Grund dafür: Ein Rest des Gefühls, man trete immer noch für die Armen und Entrechteten ein, war der soziale Kitt für die Hillary-Billary-Generation und der Schleier, mittels dessen sie sich vor sich selbst verbarg. Nun hat das Clinton-Video diesen Schleier weggepustet. Was übrigbleibt, ist eine Kaste, deren einzige Ziele Spaß haben und Profit machen sind.

*Hatten Herrschende je andere?*

Sie mussten welche haben, weil ein bisschen Patriotismus, Antikommunismus, Kommunismus etc. nötig sind, wenn der Machthaber als Anwalt der Interessen des Ganzen gegen die Sonderinteressen erscheinen soll. Die Ideale stiften so viel Gemeinsamkeit, wie nötig ist, damit der Kampf um Spaß und Profit nicht zu einem munteren Hauen und Stechen wird, der am Ende die ganze Kaste ruiniert.

*Sie machen uns wieder Mut.*

Einerseits soll man die Hoffnung nie verlieren, andererseits ist es bekömmlicher, wenn man keine hat. Schauen wir uns das neue Bonner Treiben doch einfach mal aus der Perspektive des Forschers an, der seine Pantoffeltierchen im Reagenzglas beäugt, also ganz unparteiisch.

Wir können die Konstellation dann als eine Versuchsanordnung begreifen, die uns Antwort geben wird auf die Frage: Wo liegt der Mindestbedarf an Idealen und Überzeugungen, welcher für die Stabilität einer herrschenden Kaste nötig ist? Und was passiert, wenn das absolute Minimum unterschritten wird?

Dass sie keine Überzeugungstäter, sondern vielmehr Pragmatiker sind, sagen unsere Pantoffeltierchen selber. Dass es ihnen nicht um politische Inhalte, sondern um Posten und Pfründen geht, sagt jeder. Es gibt also nichts, was Grüne und Sozialdemokraten jeweils untereinander teilen könnten, ohne dass es weniger würde, nicht also beispielsweise die Genugtuung über den Sieg der guten Sache, an der auch teilhaben kann, wer bei der Postenverteilung leer ausgeht. Das war der Unterschied zwischen einer Partei und einer Bande: Als Parteigänger bin ich schon glücklich, wenn Sozialismus, Liberalismus, Patriotismus siegen. Als Bandenmitglied ist der Sieg als solcher mir wurst, ich will meinen Anteil an der Beute. Wenn eine Partei sich als Bande verhält, wird sie deshalb Probleme bekommen. Die Beute mag noch so groß sein – für alle, die sich in irgendeiner Weise für anspruchsberechtigt halten, reicht es nie. Kohls CDU ist auch daran zerbrochen ...

*... was aber lange gedauert hat ...*

... weil anfangs die Umstände günstiger waren. Eine herrschende Kaste, deren Energie der interne Postenhandel absorbiert, während ringsum die Weltwirtschaft zusammenstürzt, erinnert an das Ancien Régime in seinen letzten Zügen. Und wer weiß – vielleicht schaffen wider ihren Willen Schröder und Fischer im Regierungsamt, was ihnen zu Juso-Zeiten oder bei der Gruppe »Revolutionärer Kampf« nie gelang, nämlich durch übertriebene Dreistigkeit die Massen gegen das bestehende System aufzuwiegeln.

Oktober 1998

# Make Love – Not War

*Sie hatten beobachtet, dass am Wahlabend die Verlierer die fröhlichsten Gesichter machten (s.* Konkret *11/98). Das galt gewiss für Kohl und überhaupt nicht für Rühe. Dem sah man die Enttäuschung, nun nicht als erster kriegführender Oberbefehlshaber der Bundeswehr in die Geschichte einzugehen, nur allzu deutlich an.*

Kriegführender Oberbefehlshaber hat Rühe nicht werden können, und er wusste das. Bomben auf Serben schmeißen war doch nur deshalb sein Herzenswunsch, weil dabei seine Tornados benötigt wurden. Anderes für Auslandseinsätze taugliches Gerät besitzt die Bundeswehr nämlich nicht. Und auch die Tornados kommen in Jugoslawien nur an, wenn Italien erlaubt, dass sie in Aviano oder Piacenza starten.

Rühe glich einem, der in geselliger Runde seine Kumpane alle zehn Minuten mit der Aufforderung nervt, nun ein weiteres Mal »Oh, Susanna« zu singen, weil dies das einzige Lied ist, das er am Klavier begleiten kann. Sein Problem: Keine Flugzeugträger, keine Cruise Missiles, keine Landungsboote, keine kampferprobten Bodentruppen.

Rühes Traum: Die Schmutz- und Schwerarbeit machen nachher die anderen, Hauptsache 14 seiner Tornados düsen als geflügelter Minenhund vorneweg. Das hätte gereicht, um die Aktion im Wahlkampf als eine von Deutschland geführte zu verkaufen. Paar Prozentpunkte mehr, und Schröder hätte mit ihm statt mit Fischer koaliert.

*Das Ultimatum, das die Nato der jugoslawischen Regierung für den Rückzug ihrer Miliz aus dem Kosovo gestellt hatte, ist von Milošević erfüllt worden. Alle scheinen damit zufrieden, nur die Deutschen nicht. In der* FAZ *und in der* taz *wird heftig lamentiert, man habe die armen Albaner verraten. Vielleicht, weil Nichterfüllung des Ultimatums bedeutet hätte, dass Deutschland zum ersten Mal seit 53 Jahren wieder einen richtigen Krieg hätte führen dürfen? Und weil das Recht dazu zu den Insignien einer Weltmacht gehört?*

Wir sollten aufhören damit, offensichtlich falschen Tatsachenbehauptungen einfach möglicherweise ebenso falsche entgegenzusetzen. Wir haben doch keine Ahnung, was dieser Milošević im Kosovo treibt, und es kommt darauf auch gar nicht an.

Nato-Ultimaten sind erfüllt, wenn Amerika Gründe hat, sie als erfüllt zu betrachten. Andernfalls findet sich immer eine alte Garage, die auf dem Satellitenfoto einer Raketenabschussrampe zum Verwechseln ähnlich sieht. Derzeit wird überlegt, ob man das Ultimatum als erfüllt betrachten soll, Ende offen. Wir sollten uns auch lösen von der Vorstellung, westliche Balkanpolitik werde von *taz* und *FAZ* gemacht.

Das war bis zur Anerkennung Kroatiens so, jetzt ist es anders. Schließlich: Kriegführen ist keine Frage des Rechts, sondern eine der Macht. Die USA haben diese Macht. Deutschland hat sie nicht. Rühe könnte Ihnen darüber bestimmt stundenlang Jammergeschichten voller Bitterkeit erzählen. Er war es schließlich, dem die Arroganz der Amis das Szenario verdarb.

*Welches?*

Ungefähr das, auf welches die deutschen Fernsehanstalten sich um den 20. September herum, eine Woche vor der Wahl, einzustellen begannen: In der Luft an der Spitze deutsche Jets. Sie führen die restliche Masse der Nato-Bomber an, wenn man anführen im Sinn von vorausgehen versteht. Die Flugzeugträger gehören ebenfalls zum Verband. Als dessen Commander muss dann der Bundesverteidigungsminister erscheinen, wenn man ihn auf dem Flugfeld zwischen startenden Maschinen mit heulenden Triebwerken bei seinen Piloten filmt. Die täten, so der Minister, ankämpfend gegen Lärm und Wind, hier ihr Leben riskieren, damit die Amselfelder auf ihrem Amselfeld nicht erfrieren müssen.

Harter Schnitt. Da sitzen sie wieder in ihren Zelten, unsere Flüchtlinge, und köcheln und mümmeln und mampfen. Den Zuschauern daheim wird es warm ums Herz. Eine Regierung abwählen, während die Truppe im Feld steht, wäre Vaterlandsverrat. Und schaut man sich diesen Rühe an, weiß man auch gleich, wie der nächste Kanzler heißen müsste. Eine bessere Wahlkampfshow gibt es nicht.

*Hat aber nicht geklappt.*

Eben. Alles nett ausgedacht, aber der heikle Punkt an dem Plan war seine Abhängigkeit von präzisem Timing. Die Bomberei musste für den 27. September noch in vollem Gange sein. Nach deren Ende hätte man nämlich vor der Frage gestanden: Und was jetzt? Also fing Rühe erst ziemlich spät mit dem Drängeln an. Und seine Kumpane nutzten die Chance, ihn durch Verzögerungen abzuservieren.

Anlauf Nr. 1: »Wenn die Angriffe auf die Zivilbevölkerung so weitergehen, dann wächst die Bereitschaft im Westen, dies auch militärisch zu stoppen in den nächsten drei bis fünf Wochen.« Das war Rühe im ZDF am 15. September. Reaktion: Belgrad wird frech. Frechheiten gestattet Milošević sich nicht, ohne vorher mit Holbrooke zu telefonieren. Die *FAZ* beschwichtigt, man denke »weder in Bonn noch in den Regierungskanzleien der übrigen Nato-Staaten ernsthaft daran, dem serbischen Vorgehen gegen die Kosovo-Albaner mit militärischer Gewalt zu begegnen«.

Anlauf Nr. 2: »Die Nato muss hier ein klares militärisches Signal setzen« – Rühe im *Spiegel* vom 21. September. Es geht nicht mehr um den Sieg, sondern um die Platzierung: Wenn wenigstens die Entscheidung für den Bundeswehreinsatz schon gefallen ist, wird Schröder mit Rühe koalieren müssen. Zwei Tage später UN-Resolution, Milošević solle mehr für den Frieden tun. Rühe glaubt, der Sicherheitsrat spiele sein Spiel, die hiesigen Medien riechen Blut. Düsenjäger und Flüchtlinge auf allen Kanälen. Der Startschuss für den Countdown soll in Vilamoura fallen, wo am 24. September der Nato-Rat tagt. Die *FAZ* berichtet von dort:

> »Rühe vertrat den Standpunkt, es sei notwendig, nun rasch zu handeln. Andernfalls werde man nicht nur gezwungen sein, Nachrufe für viele tausend Tote im Kosovo zu verfassen, sondern auch einen Nachruf auf die Nato.«

An einen Nachruf auf Rühe denkt Rühe selbstverständlich nicht, das aber tut Solana:

»Der Nato-Generalsekretär hatte beim Treffen der Verteidigungsminister im portugiesischen Badeort Vilamoura ein Ultimatum in den nächsten Wochen ausgeschlossen. Solana sagte, er persönlich sei ›nicht dafür, Belgrad eine Frist zu setzen‹« (*WamS*, 27.9.1998).

Rühes Geschwätz zählt nicht mehr. Im Fernsehen sind vom einen auf den anderen Tag alle Flüchtlinge und Düsenjäger aus den Nachrichten verschwunden. Kosovo? Wo liegt das?

Der Grund dafür war, dass die Amerikaner ein anderes Timing hatten. Die Bundestagswahl am 27. September interessierte Clinton nicht. Er brauchte das Spektakel später, weil am 6. Oktober im amerikanischen Kongress die Entscheidung über die förmliche Einleitung eines Amtsenthebungsverfahrens fallen sollte. Was Clinton überhaupt nicht brauchte, waren Schnorrer und Trittbrettfahrer. Auch deshalb kam die Sache erst in Schwung, nachdem man Rühe ausgebootet hatte und die deutsche Öffentlichkeit mit Fischers Designerklamotten statt mit zerlumpten Flüchtlingen beschäftigt war.

Am 1. Oktober berät der UN-Sicherheitsrat in einer Dringlichkeitssitzung über Berichte von Massakern, die britischen Zeitungen zufolge serbische Truppen an kosovo-albanischen Flüchtlingen begangen haben sollen. Nato-Generalsekretär Solana, nunmehr von seinen amerikanischen Instrukteuren umgepolt, fordert »die Staatengemeinschaft zu einer gemeinsamen Reaktion auf die serbischen Gewalttaten« auf. Aus amerikanischen Regierungskreisen verlautet, die Geduld Washingtons gehe zu Ende. Der britische Verteidigungsminister Robin Cook erklärt, die Allianz sei zum Eingreifen im Kosovo bereit.

Am 4. Oktober wird in Den Haag ein Bericht über serbische Grausamkeiten gegen ethnische Albaner von der in New York ansässigen Menschenrechtsorganisation Human Rights Watch (HRW) nachgelegt.

Am 5. Oktober schreibt die *FAZ*:

> »Auslöser der jüngsten Diskussionen über einen Luftschlag der Nato waren Berichte über Massaker an kosovo-albanischen Zivilisten, denen am letzten Septemberwochenende offenbar 34 Menschen im Gebiet um Drenica zum Opfer gefallen waren.«

Im Kommentar zu diesem Thema wird festgestellt:

> »Wieder einmal hat es, wie zuvor in Bosnien schon, des Aufdeckens von Massakern an der Zivilbevölkerung bedurft, um den verbalen Warnungen an die Adresse Belgrads endlich etwas weniger vage westliche Alarmsignale folgen zu lassen.«

Solana sagt: »Die Zeit von Milošević geht jetzt zu Ende. Die Nato ist bereit für eine militärische Intervention.«

Am 7. Oktober wiederholt er: »Wir haben den Prozess der Planung abgeschlossen und sind bereit zu handeln.« Die *FAZ* vom 8. Oktober schreibt:

> »Nach einem Bericht des britischen Senders *BBC* vom Mittwoch könnte der Militärschlag unter Führung Großbritanniens und der Vereinigten Staaten schon an diesem Wochenende erfolgen.«

Der *CNN* hatte damit seine Rocky-Horror-Holbrooke-Show und Clinton die Presse, die er so dringend brauchte. Nur Rühe hatte nichts.

*In den guten alten Zeiten, so vor zwei bis drei Jahren, hätte jeder Kommentator einen für verrückt erklärt, der behauptet hätte, den nächsten deutschen Krieg werde eine rot-grüne Bundesregierung erklären. Nun wissen alle, dass es so sein wird, und alle halten es für ganz normal. Woran liegt das? An der Dummheit der Beobachter oder der Wendigkeit der Beobachteten?*

Sie meinen den Bundestagsbeschluss vom 16. Oktober 1998, wo 503 von 584 anwesenden Abgeordneten mit Ja stimmten, 63 mit Nein, und 18 sich der Stimme enthielten. Ein Novum, gewiss, ein denkwürdiges auch.

Aber beim besten Willen erkenne ich darin keine Kriegserklärung, eher das genaue Gegenteil. Ein Parlament beschließt mit einer Mehrheit, die bestes altes Ostblockformat erreicht, es seien Einheiten der nationalen Armee dem Kommando eines ausländischen, nämlich amerikanischen Generals zu unterstellen, von dem man weiß, dass er die Drohkulisse aufzubauen hat, die Clintons Sonderbotschafter Holbrooke braucht, um die Sex- und Lügengeschichten seines Chefs wegzubügeln. Man hätte am 16. Oktober mit Gewalt das Parlament gestürmt, wenn es in Deutschland noch Nationalisten gäbe.

*Ist das Ihr Ernst? Wenn es in Deutschland keine Nationalisten gäbe, gäbe es hier auch keine Deutschen mehr. Das Parlament beschloss nicht irgendeine internationale Subordination, sondern erteilte erstmals einen Schießbefehl für deutsche Truppen im Ausland. Das ist im Land sehr wohl verstanden worden.*

Blinder Eifer schadet nur. Die Nato greift nicht mit Flinten an, sondern mit Bomben und Raketen. Man verniedlicht die Sache, statt sie mit besonderer Schärfe anzuprangern, wenn man in polemischer Absicht von einem Schießbefehl spricht. Und nichts, was dem gleichkäme, hat der Bundestag gegeben.

Schauen wir einfach mal genauer hin. Wir haben es doch gar nicht nötig, Sachkunde durch Gesinnung zu ersetzen, die Fakten selbst sind skandalös genug. Der Bundestag hat eine – so der Titel des Antrags – »Deutsche Beteiligung an den von der Nato geplanten begrenzten und in Phasen durchzuführenden Luftoperationen zur Abwendung einer humanitären Katastrophe im Kosovo-Konflikt« gebilligt. Und diese Billigung war Voraussetzung dafür, dass beide Teile eines am 12. Oktober gefassten Kabinettsbeschlusses wirksam wurden. Teil Nr. 1: Die Bundesregierung stimmt im Nato-Rat der »Activation Order« für die Operation »Limited Airstrike« zu – wirksam auch ohne Bundestagsbeschluss. Teil Nr. 2: Die Bundesrepublik beteiligt sich an dieser Operation mit 14 Tornados und 500 Mann – wirksam nur mit Bundestagsbeschluss.

Was heißt das? Wenn der Nato-Rat die »Activation Order« beschlossen hat, sind die Militärs am Drücker. In diesem Fall war es so, dass sämtliche von den Mitgliedsländern zur Verfügung gestellten Kräfte dem Kommando des Nato-Oberbefehlshabers Europa, General Wesley Clark, unterstellt waren. Und im Ermessensspielraum dieses Generals lag es fortan, ob und wann er welche der vorgesehenen Ziele in Jugoslawien bombardieren lassen wollte. Wenn man in diesem Zusammenhang also das falsche Wort »Schießbefehl« unbedingt benutzen will, so hat der Bundestag ermöglicht, dass ein amerikanischer General ihn deutschen Truppen geben darf. Die werden gleichsam als Söldner behandelt, die man auch mal ausleihen kann, gegen Geld oder einem stärkeren Machthaber zu Gefallen.

Das gab es im Zeitalter der Raubritter und der Duodezfürstentümer zuletzt, im Zeitalter der Nationalstaaten war dergleichen undenkbar. Deshalb bleibe ich dabei: Wenn es hier noch Nationalisten gäbe, hätten sie »Schande« und »Verrat« schreien müssen. Es gibt sie aber nicht, so wenig wie anderswo in Europa, denn alle Nato-Staaten haben für die Bereitstellung von Truppen gestimmt. Und Grüne, Kommunisten, Pazifisten, Christen, Sozialisten und wie sie alle einmal hießen, gibt es auch nicht. Die Leute, die das mal gewesen waren und davon nicht lassen mochten, sind kaltgestellt, verrückt geworden oder tot.

Es hat eine Petra Kelly verschwinden müssen, damit ein Fischer sich als führender Grüner verkaufen kann. Mit Begriffen wie »Wendigkeit« erreicht man so einen Plastilin-Menschen überhaupt nicht. Rein physiognomisch schon ist er jeweils der perfekte Klon des gerade amtierenden Kanzlers, und seine neue Freundin vereint als Praktikantin und angehende Journalistin die sozialen Merkmale von Schröders neuester Gattin und Clintons Gespielin auf sich.

Wir leben im Zeitalter der Zombies, was die Welt ebenso langweilig wie unberechenbar macht. Von Schröder/Fischer etc. weiß man mit Sicherheit nur, dass sie jedes Spiel mitspielen werden. Ob es Pazifismus oder Militarismus, Antiimperialismus oder Atlantismus, soziale Marktwirtschaft oder Manchesterkapitalismus heißen wird, hängt allein von den Umständen ab.

*Also keine Gefahr von Deutsch-Rot / Grün?*

Eine sehe ich, aber sie hat mit Deutschland nichts zu tun, wie überhaupt man allmählich feststellen muss, dass die Deutschen immer nur die Mitmacher sind, auch dann, wenn es so scheint, als ob sie sich gegen den Rest der

Welt stellen würden. Auch diese Rolle gehört zum großen Spiel dazu. So hat es im Interesse des gesamten Westens gelegen, dass der Balkan zerstückelt worden ist, und Deutschlands anfängliche Führungsrolle in dem Schurkenstück war nicht etwa seiner Stärke geschuldet, sondern der Tatsache, dass es den anderen angenehm war, sich widerstrebend beugen zu dürfen. Die wirkliche Gefahr liegt anderswo. Es ist nun eine Generation am Ruder, hier wie in den USA, die unter der Parole »Make Love Not War« angetreten war. Ein fieser Spruch, weil er unterstellt, das eine wäre die Alternative zum anderen, man müsse das eine oder das andere tun. Was passiert, wenn diese Generation in ein Alter kommt, wo sie das eine nicht mehr machen kann. Macht sie dann das andere?

November 1998

Nachtrag 2004: Sie machte es.

# Amok

## Über Menschen, die man außer mit dem Messer nicht verletzen kann

*Am 9. November meldete Meißen einen Lehrerinnen-Mord. Während des Unterrichts hatte eine maskierte Person 22-mal mit dem Küchenmesser zugestochen. Es war ein Schüler im Alter von 15 Jahren. »Fast noch ein Kind«, meinte* Bild. *Werden die Täter immer jünger?*

Jung sein ist eine Herzensfrage, sagen unsere Alten. Von denen behauptet übrigens niemand, dass sie immer säuischer und bestialischer würden, wenn wieder mal ein Kinderpornoring aufgeflogen ist.

*»Ich habe sie einfach gehasst«, soll der Junge bei seiner Festnahme gesagt haben. Das erklärt nach allgemeiner Überzeugung nichts.*

Deshalb passieren solche schlimmen Dinge. Sind Leute, für die ein Mord ein Raubmord oder Sexualmord sein muss, damit sie ihn begreifen können, nicht unaussprechlich fies? Muss man sie dafür nicht hassen? Ich wüsste kein besseres Motiv für einen Mord.

*Aber umgebracht haben Sie deshalb noch keinen.*

Nicht meine einzige Unterlassung. Auf dem Nangaparbat war ich auch noch nie. Im Leben eines jeden Menschen gibt es viele Dinge, die er nicht geschafft hat.

*Eine Woche vor diesem Mord ging es in Bad Reichenhall rund. Vom Fenster eines Wohnhauses aus wurde das Feuer auf Passanten eröffnet: 8 Verletzte, zwei von ihnen starben. Der Täter erschoss ferner seine bei ihm weilende Schwester und zuletzt sich selbst. Ein Lehrling war es diesmal, gerade 16 Jahre alt. Wie erklären wir uns das?*

Ist das so schwer? Man lehrt uns, alle Menschen ohne Ansehung der Person zu achten. Die Menschen sind wesensgleich, heißt das, und das Wesen ist gut. Wir haben hier einen analytischen Befund und ein Werturteil. Der Junge nun hat zwar den analytischen Befund akzeptiert, aber das Werturteil verworfen. Die Menschen sind gleich heißt dann »gleichermaßen tötenswert«.

Bemerkenswerterweise hielt er dies Urteil durch bis zur letzten Konsequenz und tötete am Ende sich selber. Solcher Rigorismus hat einmal die Person als Subjekt ausgemacht und früher die Figuren in Geschichten und Filmen, an die man sich länger als eine halbe Minute erinnert. Heute sind Überzeugungen verhandelbar und situationsbedingt. Kein Oppositioneller, der nicht Dialogbereitschaft erkennen lassen würde. Er erwartet dann ein Angebot und versucht, für seine Leistung, nämlich das Umdenken oder den Paradigmenwechsel, einen möglichst guten Preis zu kriegen.

*Aber woher kommt solcher Menschenhass? In Meißen wie in Bad Reichenhall wurden im Nachlass der Jugendlichen angeblich brutale Computerspiele und Gewaltvideos gefunden.*

Irgendwo muss das Zeug ja liegen. Aufessen kann man die Datenträger nicht, und sie werden in Mengen verkauft. Für Kinder ist das Abspielen die Medizin, die sie brauchen, damit die brutale wirkliche Welt für sie erträglich wird. In den beiden Fällen, über die wir sprechen, war die Medizin zu schwach. Die Realität war stärker.

*Was meinen Sie damit?*

Man braucht ein Gewaltvideo wie »Das Kettensägenmassaker« nicht kennen, um es gelegentlich in den Recorder schieben zu wollen. Der Name sagt alles, er ist Erleuchtung, Erlösung und Verheißung. Nicht immer, aber manchmal. Zum Beispiel dann, wenn, wie beim letzten OSZE-Gipfel in Istanbul neulich, Jelzin und Schröder Arm in Arm zu sehen sind.

Um Triebabfuhr geht es dabei sicher auch. Viel wichtiger, vielleicht sogar lebenswichtig aber ist es, einen Verlust aufzufangen, den Verlust des Glaubens an die Menschheit und die Welt. Er ist die Voraussetzung dafür, irgend etwas lieben, mögen oder schätzen zu können, und das wiederum ist die Bedingung allen Glücks. Glück schließlich ist das einzige Mittel, welches die bösen Impulse besänftigt, die zweifellos jeder Mensch auch besitzt. Zum Glauben an die Menschheit und die Welt gehört zwingend die Idee der Gerechtigkeit und damit die der gerechten Strafe. Die Idee, weil es die gerechte Strafe real noch nie gegeben hat. Sie existiert nur in der Gestalt einer Hoffnung oder Erwartung, egal ob des jüngsten Tages, eines bewaffneten Aufstands oder eines Revolutionstribunals.

Diese Hoffnung und Erwartung aber sind tot. Das moralische Empfinden rebelliert, und der Verstand sagt: Es kann nicht sein, was ich sehe. Die Bilder beweisen: Es ist aber so. Es ist nicht nur so, sondern es zeigt sich so, wie es ist, in der schamlosesten Weise und in aller Öffentlichkeit. Und es zeigt sich so, weil es sich seines Sieges und seiner Fortdauer bis in alle Ewigkeit sicher ist. Das ist dann der Punkt, wo die Gewaltphantasien einsetzen müssen. Sie versprechen eine Welt, wo wirklich einmal die Letzten die Ersten wären und uns die Ausbeuter nicht später als bewunderte Wohltäter begegnen. So können die Gewaltphantasien den Glauben an die Menschheit retten und vor der fürchterlichsten Verzweiflung schützen. Bei den Jungen von Meißen und Bad Reichenhall konnten sie es nicht.

*Wir bezweifeln stark, dass die beiden Jungs sich für OSZE-Gipfel und dergleichen interessierten.*

Sicher nicht. Das Beispiel war nur ein didaktisches Brückchen, eigens errichtet zu dem Zweck, *Konkret*-Le- ser mit ihren verborgenen Empfindungen vertraut zu machen. Dass ein Fischer oder Scharping auf der Mattscheibe die Phantasie des Betrachters auf Abwege führt und in seinem Herzen dann böse Wünsche keimen – das räumen *Konkret*-Leser vielleicht eher ein, weil sie in diesem Fall ihre Regungen politisch rationalisieren können. Es sind aber nicht die politischen Taten der Personen, die uns ein süchtiges Verlangen nach Kettensägen, Kreissägen und ähnlichem Werkzeug empfinden lassen, wenn wir ihrer ansichtig werden müssen. Vielmehr sind es ihre Gesichter. Und es sind nicht nur *ihre* Gesichter. Es sind die Gesichter aller, die das Fernsehen zeigt.

Es zeigt sie uns in Großaufnahme, und dabei blicken wir obendrein gleichsam durchs Schlüsselloch. Wir können hinschauen, ohne den Blick senken zu müssen. Im wirklichen Leben wäre die Art, wie wir Gesichter auf der

Mattscheibe betrachten, ein unerhörter Affront. So schaut man Sachen an, aber keine Menschen. Wir sind also eingeladen, so lange, so genau und so erbarmungslos hinzuschauen, wie wir es im wirklichen Leben nie dürften. Aus Moderatoren und Redakteuren, aus Politikern und Talkshow-Gästen, aus Sportlern und Starlets beiderlei Geschlechts formt sich dann, nach gründlicher Prüfung und reiflicher Überlegung, das Bild einer Gattung, an deren Erhalt uns wenig liegen kann.

*Ist also doch das Fernsehen schuld?*

Das Fernsehen ist heute alles, ein Staat und Wirtschaft umfassender Apparat. Zugleich liefert es das Weltbild. Es liefert das zutreffende Bild einer Welt, in welcher jeder jeden und alles verkauft, und zuallererst sich selbst. Ein millionenschwerer Tennisstar ist sich für Brotaufstrichreklame nicht zu schade. Ein Präsident nimmt lieber die Ausstrahlung einer Videoaufzeichnung über sein erbarmungswürdiges Sexualleben hin, als auf sein Amt zu verzichten. Alles wird in den Dienst der Selbsterhaltung gestellt, das Selbst am Ende auch. Selbsterhaltung geht dann in Selbstauslöschung über. Das Fernsehen zeigt uns Personen, von denen nichts mehr übrig ist. So muss man es verstehen, dass Töten im Jargon heute auch »allemachen« heißt. Das wahre Horrorvideo läuft im Hauptprogramm zur besten Sendezeit. Wir sehen eine Welt der lebenden Leichen.

*Warum schaltet man nicht ab?*

Weil das wirkliche Leben zum Einschalten zwingt. Es ist nicht auszuhalten, darum sitzen die Kinder vor dem Monitor. Man flieht und kommt vom Regen in die Traufe.

*Wovor?*

Vor der Welt, die für ein Kind in erster Linie die Eltern sind. Und die sind Abziehbilder der Gestalten, die man im TV zu sehen bekommt. Selbsterhaltung als Selbstauslöschung praktizieren alle. Was ist der Mittelstand ohne die Fassade von Gesetzestreue, Sittenstrenge, Rechtschaffenheit? Und wie präsentiert sich der Mittelstand heute? Skrupellos und verlottert, und die einzige Energie, die er kennt, ist die kriminelle. Deshalb fühlt die Nation sich würdig vertreten durch einen Außenminister mit Vergangenheit. Aber das ist gar nicht der entscheidende Punkt. Der Verbrecher bricht das Gesetz, um sein Selbst zu retten. Statt als kleiner Angestellter tagaus, tagein hinter dem Schalter einer Bank zu verkümmern, überfällt er sie. Er nimmt sich mit der Waffe, was er braucht, um dafür nicht seine Lebenszeit, also sein Leben hergeben zu müssen. Er unterwirft sich keiner Regel, aber seine Lebensführung besitzt einen vernünftigen Sinn.

Verbrecher sind sie also nicht, unsere abgehechelten kleinen Selbstverkäufer, trotz aller kriminellen Energie. Sie sind es nicht, weil der Lohn der Schlechtigkeit entfällt. Er wird nicht einmal mehr erwartet. Die Lumpereien dienen nicht der Befreiung von der Arbeit, sondern sie sind selber welche von der härtesten und stressigsten Art. Ihr einziger Zweck ist das endlose Weitermachendürfen. Das brauchen die Entkernten, weil sie an nichts mehr hängen und ohne das Weitermachen ihr Leben wie ein angestochener Luftballon zusammenfällt. Sie können den Kindern nicht zeigen, wie man lebt, und sie können sie nicht lieben. Sie können es nicht, weil sie nichts mehr lieben können, nicht einmal sich selbst. Was tun allein gelassene, ungeliebte Kinder? Sie schalten den Fernseher ein.

*Die jugendlichen Täter als Opfer und Rebellen? Im Nachlass eines der Jungen wurden Hitler-Bilder entdeckt.*

Schröder-Bilder wären schlimm. Vom Nationalsozialismus hört ein 16-Jähriger heute, wenn irgendwo wieder Gedenkveranstaltung oder Feierstunde ist. Die TV-Nachrichten bringen es dann, wie Thierse, Vollmer, Süssmuth, Schily auf Hitler schimpfen. Und der Junge überlegt: Wer solche Gegner hat, kann kein ganz übler Bursche sein. Ich täte es, wenn ich es nicht besser wüsste.

*Wird die Jugend zu wenig über die Nazis aufgeklärt?*

Wer sollte es tun, ohne dass ein Junge denkt: Lieber die als der?

*Die Wehrmachtsausstellung, was immer man gegen sie einwenden kann, hatte es versucht.*

Wie schön, dass sie vorbei ist. Mir sind vor allem die vielen von der Presse angekündigten Eröffnungsfeiern in Erinnerung. Mein Eindruck war, dass Veranstalter und Festgäste sich dabei wechselseitig Pomade auf den Hintern rieben. Nichts gegen erfolgreiche, wohlgenährte, glatt rasierte Leute im dunklen Anzug mit Fliege oder Schlips. So was gehört zum Opernball, und gegen Opernbälle wüsste ich nichts einzuwenden.

Aber wenn solche Leute sich Reden schwingend in Pose werfen, und wenn sie sich dann auch noch wichtigtuerisch neben den Fotos abgelumpter, ausgemergelter, stoppelbärtiger Menschen zeigen, die nach ihrem Tod am Galgen hängend geknipst worden sind, dann empfinde ich das als obszön und pervers. Zumal der Veranstalter ganz andere Maßstäbe anlegt, wo es ums Recht am eigenen Bild geht. Die Verbreitung eines Fotos, das ihn ja keineswegs am Galgen zeigte, sondern nur mit leicht ramponiertem Konterfei, wurde untersagt.

*Wir haben bislang nur von den hiesigen Verhältnissen gesprochen, aber die meisten Amok-Kids gibt es in den USA.*

Weiß man das? In den frühen 80er Jahren gab es einen mir bekannt gewordenen und von keiner Zeitung erwähnten Fall, und vielleicht war das gar kein Einzelfall. Ein 14-jähriger Junge hatte seine Mutter erstochen: Sie von Beruf Kinderpsychologin, der Vater Pädagoge, linkes akademisches Milieu. Klare Sache: Gegen zwei von der Sorte hat ein Junge nur bewaffnet eine Chance. Warum? Menschen ohne Gewissen, ohne Selbst, ohne Scham und ohne Würde kann man außer mit dem Messer nicht verletzen. Man kann sie weder bloßstellen noch kränken, weil hinter der Fassade oder der Maske nichts ist. Sie brechen nicht zusammen, und es bricht keine Welt für sie zusammen, wenn ihnen bewiesen oder wenn öffentlich bekannt wird, dass sie verächtliche kleine Schurken sind. Paradebeispiel sind die Clintons, die neuerdings wieder zu dritt Hand in Hand für die Kameras posieren. Das ist der Menschentyp, der Kinder – und nicht nur sie – zur Waffe greifen lässt.

Dezember 1999

# Ananas in Kanada

## Verwaltungsreform und Staatsauflösung

*Vorbemerkung*

So fest der Staat sein Geld mittlerweile zusammenhält, wenn Arme oder Arbeitslose es brauchen, so locker sitzt es, wenn bei Consulting-Firmen eingekauft wird. Etwa bei *WMP EuroCom* mit Ex-Außenminister Genscher im Aufsichtsrat und Ex-Wirtschaftsminister Rexrodt im Vorstand, wo die *Bundesagentur für Arbeit* Millionenbeträge hinschieben wollte, damit sie als Gegenleistung Imagekosmetik bekommt. Oder bei *Roland Berger Strategy Consultants GmbH* (Roland Berger sitzt wiederum im Aufsichtsrat von *WPM*), wo das Verteidigungsministerium als Dauerkunde für viele Millionen Euro bestellt hat.

Als Außenstehender darf man sich zusammenreimen: Wer ein Amt hat, vergibt Aufträge an Firmen, in deren Aufsichtsrat er wechselt, mit entsprechenden Tantiemen selbstverständlich, wenn er kein Amt mehr hat. Alles streng legal.

Die Privatisierung der Altersvorsorge ist ein Erfordernis der Zeit, die Politiker gehen mit gutem Beispiel voran. Und wer wollte bestreiten, dass persönliche Kontakte zu den Kleptokratien in den SU-Nachfolgestaaten oder auf dem Balkan beinahe den Wert einer Lizenz zum Gelddrucken besitzen? Vom Honorar für die Vermittlung der Grundig-Villa in Baden-Baden an Genschers Ex-

Kumpel Schewardnadse dürfte sogar *WMP* eine Weile leben können.

Eine Politik der offenen Hand also, denken manche, und es fällt schwer, etwas anderes zu denken. Aber die ganze Wahrheit ist das nicht. Es gibt zwingende Gründe, warum die Exekutive den Unternehmensberater braucht.

Koinzidenz oder Kausalzusammenhang – jedenfalls bröselt seit dem Zusammenbruch des Ostblocks das Machtgefüge auch im Westen, der bürgerliche Staat als Manifestation der Nation leidet unter rapidem Substanzverlust. Stoiber nannte sich bei Wahlkampfauftritten einen ersten leitenden Angestellten des Unternehmens Bayern, nicht anders als Schröder, der sich gern als Vorstandsvorsitzenden der Deutschland AG darstellt.

Eigentlich gibt es den bürgerlichen Staat gar nicht mehr, wenn man darunter die materielle Erscheinungsweise einer metaphysischen Einheit versteht, nämlich der Einheit der Nation. Der Staat ist keine von den übrigen Lebensbereichen getrennte Sphäre, sondern ganz im Wirtschaftsgefüge aufgegangen. Er wird als Dienstleistungsuntemehmen verstanden.

Was für den Staat als Ganzes gilt, soll selbstverständlich auch für jede einzelne Behörde gelten. Um diesem Grundsatz Geltung zu verschaffen, wurden seit Anfang der 90er einige Verwaltungsreformversuche unternommen. Am meisten hat das bislang der *KGSt* genützt, welche mit ihren Publikationen die Richtung angab. Besagte *KGSt* heißt mit vollem Namen »Kommunale Gemeinschaftsstelle für Verwaltungsvereinfachung«, wurde 1949 gegründet und bezeichnet sich als von Städten, Gemeinden und Kreisen gemeinsam getragener Fachverband für kommunales Management. 1991 veröffentlichte sie das Papier »Dezentrale Ressourcenverantwortung. Überlegungen zu einem neuen Steuerungsmodell«.

Seither sind viele weitere Papiere erschienen. Nach und nach griff die *KGSt* alle Managementmoden auf, um deren Übernahme durch die Verwaltung als Weg aus der Krise zu verkaufen. Ein paar Titel: »Kontraktmanagement – Steuerung über Zielvereinbarungen«; »Organisationsmanagement«; »Personalkostenmanagement«; »Das Mitarbeitergespräch«; »Qualitätsmanagement«; »Einführung in das Personalmarketing«; »Kosten- und Leistungsrechnung in der Kommunalverwaltung«; »Wissensmanagement in Kommunalverwaltungen«; »Kennzahlengestütztes Personalcontrolling«.

Generallinie ist es, jede Institution vom Ministerium bis zum Kindergarten als eigenständige Geschäftseinheit zu betreiben, die wie ein Profit Center am Erfolg gemessen wird. Weil aber keine Gewinne anfallen, werden ersatzweise andere Erfolgskriterien benötigt. Das sind beispielsweise die Werte einer Kosten-und-Leistungs-Rechnung, wobei man für die Leistungsbestimmung wiederum Indikatoren braucht, über deren Konstruktion endlos gestritten werden kann mit dem Resultat, dass sich durchsetzt, wer mehr politischen Einfluss hat.

Als Beispiel nehmen wir Technische Hochschulen: Wie viel Geld steckt man jährlich rein, wie viele Diplom-Ingenieure der Fachrichtung Maschinenbau kommen jährlich raus?

Der Quotient aus Gesamtkosten und Diplom-Urkunden, also die Stückkosten, sind dann die Kennziffer. Je kleiner sie ist, desto rationeller funktioniert der Laden. Dafür gibt es Prämien, zum Beispiel Geld für Investitionen und Expansion. Das klingt so schlicht wie plausibel, aber Betriebwirtschaftler wissen, wie aufwändig und im Ergebnis dennoch spekulativ die Kostenträgerrechnung ist. Trotzdem verzichtet kein Unternehmen darauf, und immerhin stimmt dort die Logik, weil am Ende Herstellungskosten mit den tatsächlich erzielten Erlösen verglichen werden, d.h. die abgesetzte, nicht die hergestellte Stückmenge geht in die Berechnung ein. Wenn von 1000 produzierten Ziegelsteinen 500 keinen Käufer finden, wird jeder Stein in der Herstellung doppelt so teuer.

Ganz anders bei der Hochschule, wo ein hergestelltes Diplom für ein abgesetztes gilt. Damit entfällt die Qualitätskontrolle, die beim Unternehmen der Markt ausübt: Taugen die Ziegelsteine nichts, bleibt das Unternehmen darauf sitzen, und die Herstellungskosten steigen steil an.

Jeder sieht natürlich das Problem. Es ist bekannt, dass die Diplome verschiedener Hochschulen höchst unterschiedliche Aussagekraft besitzen können, mit schwerwiegenden Konsequenzen, wenn der Absolvent sich bei einem Industrieunternehmen bewirbt. Es ist ferner bekannt, dass eine Hochschule außer Absolventen zu produzieren noch anderes tut, Forschung, Dokumentation und ähnliches – lauter Dinge, die per Stückkostenrechnung nicht zu erfassen sind. Folglich werden die ermittelten Durchschnittskosten pro Absolvent einem Rechenverfahren unterzogen, worin verschiedene Korrekturfaktoren eine Rolle spielen, und an dieser Stelle beginnt die nackte Willkür. Gremien legen die Rechenverfahren fest, sie entscheiden in vielen Sitzungen, nach zähem Ringen und manchem Kuhhandel hinter den Kulissen, über die Werte der einzelnen Korrekturfaktoren, sie nehmen die Einstufung vor, welche Hochschule welchen Korrekturfaktor für sich in Anspruch nehmen darf.

Das ganze Programm unter dem Namen NSI, »Neue Steuerungsinstrumente«, – in unserem Fall wären das der Kennzahlenvergleich und die erfolgsabhängige Mittelzuweisung – erinnert an NÖSPL, das »Neue Ökonomische System der Planung und Lenkung«, das unter Lenin in den 20er Jahren in der damaligen Sowjetunion eingeführt wurde: Die Partei setzt das Produktionsziel fest, d.h. Planwirtschaft, aber für die Planerfüllung sorgt dann der sogenannte »sozialistische Wettbewerb«. Das Ergebnis waren viel Bürokratie und ein gigantischer Selbstbetrug.

Wie kommt man zu einer Steigerung der Jahresproduktion an Traktoren, obgleich wegen Reifenmangel weniger ausgeliefert werden können? Man nimmt als Bezugsgröße die jährliche Gesamttonnage an Traktoren und baut die Dinger schwerer. Zum gleichen Selbstbetrug werden in unserem Beispiel die Hochschulen förmlich aufgefordert, insofern die Maximierung von Absolventen-Output am einfachsten durch reduzierte Prüfungsanforderungen zu erzielen ist.

Auch solche Überlegungen und Beobachtungen sind es gewesen, die zu der an anderer Stelle in diesem Bändchen geäußerten Vermutung führen, vom hergebrachten Nationalstaat sei nur noch die Hülle übrig, die jederzeit ohne Vorwarnung abgeworfen werden könne.

Jedenfalls haben alle Reformversuche sich bislang als die Art von Medizin erwiesen, welche den Patienten seinem Ende wieder etwas näherbringt. Wie das funktioniert, zeigen die folgenden Szenen aus dem wirklichen Leben.

## *I. Klischees und Fakten*

Wie ist die öffentliche Verwaltung? Gefräßig. Was tut sie? Sie sperrt den Rachen auf, und die Politiker werfen jede Menge Geld hinein. Wer am meisten davon verdaut, wird befördert. Selber dicker werden – nur dies Geschäft betreibt der Apparat mit Eifer. Wer was von ihm will, ist ein Störenfried. Störenfriede weiß er abzuwimmeln.

Ist es so? Die von der renommierten und gewiss nicht

ganz billigen Unternehmensberatungsfirma *Horvath & Partner* im Auftrag der baden-württembergischen Landesregierung erstellte *Rahmenkonzeption Controlling* erweckt diesen Eindruck. Auf seine schlichte schwarzweiß-malerische Art erinnert der Text an Reklame für Schlankheitspillen oder Haarwuchsmittel. Die ist stets mit der Gegenüberstellung von einem Vorherfoto und einem Nachherfoto illustriert.

*Horvath & Partner* sorgen dafür, dass die Bebilderung im Kopf des Lesers entsteht. Verwaltung vorher: eine faule, fette, mürrische Schlampe; eine Wirtin von der Art, vor der sich die Gäste fürchten. Verwaltung nachher: ein liebes Kind. Stets anstellig, immer zu Diensten, obendrein auch noch gut gelaunt. Und welche Salbe muss man nehmen? Die Schönheitscreme heißt Controlling.

Aber wir leben in einem freien Land. Es ist das gute Recht von *Horvath & Partner*, solche Meinungen zu vertreten. Es wäre sogar drollig, würde man dort eine andere Meinung vertreten. Der Persil-Hersteller muss Kernseife für indiskutabel und sein eigenes Pulver für das Optimum halten, sonst macht er seine Sache nicht gut.

Erstaunlich ist nur, dass die *Rahmenkonzeption Controlling* im Auftrag der Landesregierung erstellt wurde. Denn wer die Auftragsforschung aus Erfahrung kennt, weiß genau: Nichts steht im Endbericht, was der Auftraggeber dort nicht wirklich sehen wollte. Hat die Verwaltung es also gern, wenn schlecht über sie gesprochen wird?

Manchmal ist der Mensch in diesem Zustand. Er fühlt sich klein und will, dass die anderen ihn noch kleiner machen, damit er irgendwann wieder in die Offensive gehen und sagen kann: So klein bin ich aber wieder auch nicht. Spielen wir kurz diese Szene, also wie die Verwaltung, nachdem sie sich in die Enge hat treiben lassen, nunmehr zum Angriff auf ihre Kritiker übergeht. Was könnte sie sagen? Etwa dies:

Soweit bekannt, war die Verwaltung eine notwendige Bedingung für die Entstehung aller Hochkulturen. Wo keine Verwaltung existierte, weil die Menschen in autarken, autonomen Kleinverbänden lebten, gab es keinen Fortschritt.

Schreiben und Rechnen entwickelten sich, wo eine Herrschaftszentrale mittels ihres Beamtenapparats die Kontrolle wesentlicher gesellschaftlicher Funktionen übernommen hatte: Im alten Ägypten zum Beispiel mit seinem komplizierten Bewässerungssystem; generell immer dann, wenn Dämme, Deiche und Kanäle eine Voraussetzung für die landwirtschaftliche Produktion waren; später dort, wo Handelsmacht und Reichtum eines Gemeinwesens auf den kriegerischen Leistungen seiner Armee oder Flotte beruhten.

Lenin hatte sich gewünscht, der Sozialismus möge dereinst wie die Deutsche Reichspost funktionieren. Die preußische Bürokratie galt als Muster für Zuverlässigkeit und Effizienz.

Ob man die Logistik, die Stabsstelle, die Strategie oder die Führung nimmt – es sind bei der Militärverwaltung entliehene Vokabeln, die wir heute als Rosinen im faden Breichen aktueller Ratgeber- und Lebenshilfeliteratur für Manager finden.

Nicht der Staat hat das Verwalten und Planen im großen Maßstab von der Wirtschaft lernen müssen, sondern es war umgekehrt. Der Staat schuf mit seinem Heer erst den Massenbedarf, der die moderne Massenproduktion auf die Beine brachte. Keine Industrialisierung der Weberei ohne Armeen, die eingekleidet werden wollen.

Ohne Reichsbahn und Reichskriegsministerium weder Krupp noch Thyssen. Der Staat entwickelte die Strukturen, die dann von der Großindustrie übernommen wurden. Teilweise ist es immer noch so: Ohne Manhattan-Projekt gäbe es keine Netzplantechnik, ohne Volkszählung keine Lochkarten, ohne Pentagon kein Internet.

Um was wäre die Welt ärmer, gäbe es die auf Controlling spezialisierte Unternehmensberatungsfirma *Horvath & Partner* nicht? Laut Selbstauskunft ist man dort auf die Wortschöpfung »Kundenbegeisterung« besonders stolz. Ansteckend ist diese Krankheit zum Glück nicht.

## *II. Die geknickte Verwaltung und ihr leuchtendes Vorbild*

So könnte die Verwaltung sprechen, aber sie tut es nicht. Sie übt sich in Selbstverleugnung, und es ist ihr ernst damit. Sie hat nämlich keinen Minderwertigkeitskomplex, sondern ein Identitätsproblem. Sie leidet wie ein Transvestit, der sein will, was er von Natur aus nicht ist. Ämter und Behörden wenden sich angeekelt ab, wenn man sie so nennt. Sie wollen Dienstleistungsunternehmen werden. Der Staat kennt keine Bürger mehr, nur noch Kunden. Minister sagen nach, was die Magazine für Kleinanleger und Karrieretypen vorsagen. Benchmarking, Outsourcing, Controlling, Rating und 70 Sorten Management bilden zusammen mit unzähligen weiteren Anglizismen den Jargon, auf den sie in den Staatskanzleien ganz wild sind.

Wo Bürokratie war, soll Management werden, sagen alle Verwaltungsreformer. Sie sagen also, den Blick fest auf die Konzernzentralen gerichtet: »Wir auch.« Sie müssten sich als Plagiatoren und Epigonen begreifen und könnten dabei geltend machen, nicht auf Originalität, sondern auf Qualität komme es an. Was predigen sie stattdessen? Sie predigen Ideen, Visionen, Kreativität.

Das deutet auf einen schweren und als schwerwiegend empfundenen Mangel hin. Die Worte werden als Wirklichkeitsersatz gebraucht: Verhungernde erträumen sich bergeweise Essen und sprechen begeistert davon. Ist es also so, dass die Verwaltungsreformer unter schlimmster geistiger Auszehrung leiden? Dass sie nicht etwa nur jeder Inspiration ermangeln, sondern ihnen einfach nichts mehr einfällt? Dass die Ideen, die Visionen und die Kreativität nur andere Namen sind für *Burnout* – noch so ein Modewort, dessen zeitgleiches Auftauchen gewiss kein Zufall ist?

Man könnte es meinen, wenn man den Text »Leitbild Landesverwaltung« auf der Website von Baden-Württemberg liest: Nichts Wesentliches darin, was nicht auch ins Firmen-Credo von McDonald's passen würde. Ein Staat, der funktioniert wie die Filiale der Fastfood-Kette um die Ecke: Sind das die neuen Ufer, von denen man die Kraft zum Aufbruch bekommt?

Das eben ist die Frage. Je genauer man hinschaut, desto schärfer stellt sie sich. »Wie die«, sagen also die Verwaltungsbeamten, und blicken dabei zu den Managern auf. Wie die wollen wir sein, wie die wollen wir es machen.

Aber wie macht der Manager es denn? Wie sehen sie aus, seine Kniffe, seine Tricks, seine Erfolgsrezepte? Das wüsste vor allem der Manager selber gern. Aber er weiß es nicht und seit den globalen Turbulenzen nach dem Zusammenbruch des Ostblocks weniger denn je. Heute Top, morgen Flop, oder umgekehrt – das, sagt ihm die Erfahrung, ist die einzige Gewissheit, die man in diesen unüberschaubaren Zeiten haben kann. Untersuchungen ergaben: Je höher die Position, desto mehr wird die Angst vor dem Versagen für den Manager zum beherrschenden Lebensgefühl.

Wenn der Mensch nicht weiß, *was* er tun soll, er aber *etwas* tun muss, braucht er einen festen Glauben. Feldherren, Könige, Fürsten und Politiker haben sich deshalb gern dem Orakel oder der Wahrsagerin anvertraut.

Heute besorgt sich der Manager je nach Zahlungsfähigkeit eines der »Mangagement-by-Pipifax«-Bücher, er geht zu einem Unternehmensberater, oder er holt sich einen der Obergurus nach der Devise »Rent a Kaplan« ins eigene Haus (Kaplan kommt; billiger wird es, wenn man ihn sich bei *Horvath & Partner* mit anderen teilt).

Seit Beginn der 90er Jahre schießen die Untemehmensberatungsfirmen ins Kraut. Als Beispiel für die Dinge, die man dort gegen viel Geld bekommt, nehmen wir das sogenannte Wissens*management.* Das ist eine von mehr als 200 ähnlichen Wortkombinationen gleichen Musters, die im gleichen Zeitraum in Umlauf gebracht worden sind. Immer enden sie auf *management*, vorher kann alles nur Denkbare und ganz Verschiedenes stehen – Kultur, Termine, Finanzen, Qualität, Personal, Emotionen, Investitionen, Ressourcen etc.

Als Chor genommen verkünden diese Wortkombinationen die frohe Botschaft, das Chaos sei beherrschbar und die Entwicklung steuerbar, vorausgesetzt, es würden stets neue Objektbereiche als Betätigungsfelder für die jeweils adäquaten Handhabungstechniken erschlossen. Stets hört die Freude freilich auf, wenn man sich der Frage nähert, *welches* denn diese jeweils adäquaten Handhabungstechniken im konkreten Fall wären. Bezogen aufs Wissensmanagement: Keiner weiß genau, was das ist, keiner weiß, wie man es macht. Deshalb findet die Suchmaschine *Google* im Internet 143.000 Einträge zum Stichwort *Wissensmanagement* und zum Stichwort *Knowledge Ma-*

*nagement* eine knappe Million. In der Boomphase des Neuen Markts wurde es als Schlüssel zum Geheimnis der Kursentwicklung dort notierter Unternehmen betrachtet. »Wissen gewinnt« (Untertitel: »Innovative Unternehmensentwicklung durch Wissensmanagement«) versprach damals ein populäres Buch der Untemehmensberaterin Betty Zucker.[19]

Manager glauben so was, und das ist ein Zeichen der großen Not, in der sie sich befinden. In der Not frisst der Teufel Fliegen, die Leistungen des kritischen Verstandes fallen aus. Nur ganz arme und hochverschuldete Leute, denen das Wasser bis zum Hals steht, kaufen sich ein Buch mit dem Titel »So werde ich in 20 Tagen Millionär«. Jeder andere würde über den Autor denken: »Wenn der Bursche das wirklich wüsste, hätte er Besseres zu tun, als sich ein Buch abzuquälen. Vor allem würde er sein Geheimnis hüten. Oder die Bundesbank müsste das Buch verbieten. Sonst haben wir im Nu eine Hyperinflation.«

Auch Unternehmensberater und Management-Gurus müssten sich eigentlich die Frage gefallen lassen, warum sie für ihr Wissen, wenn es wirklich etwas taugt, keine nutzbringendere Verwendung finden, als damit durch die Konzernzentralen zu tingeln. Schlechtes Ressourcenmanagement? Als Untemehmensberater verdient man gut, als Vorstandsvorsitzender verdient man besser. Und man redet nicht nur daher wie ein Missionar, man hat auch was zu sagen. Man besitzt Macht.

19 Das würde man heute nicht mehr behaupten. Seit die Spekulationsblase geplatzt ist, seit der Baisse am Neuen Markt, wo die *Knowledge Companies* hauptsächlich notiert waren, ist klar geworden, dass deren Erfolg weniger auf dem von ihnen praktizierten Wissensmanagement als auf dem unbegründeten Glauben der Anleger daran beruhte. Nur Schröder und seine Regierung haben es noch nicht gemerkt und graben den toten Hund, die *Wissensgesellschaft*, munter wieder aus.

Natürlich stellt keiner diese Frage. Wenn einer das Orakel, die Wahrsagerin oder den Unternehmensberater aufsucht, geht es ihm nicht um sachkundige Hinweise. Sachkunde hat er selber. Sein Problem ist es, vor einer Situation zu stehen, in welcher Sachkunde nicht weiterhilft. Er leidet unter Unsicherheit, er kann sich nicht entscheiden, weil er zweifelt. Er braucht also jemanden, der ihn in seinem Glauben an das, was er glauben will, befestigt.

### *IV. Wie der Unternehmensberater funktioniert*

Vom Unternehmensberater wird deshalb in erster Linie Einfühlungsvermögen verlangt. Er muss dem Manager erzählen, was der denkt und hören will. Und er muss es so erzählen, dass der Manager beim Zuhören eine neue Lehrmeinung zu vernehmen glaubt. Wichtig dabei ist die Sprache.

Sie muss Plattitüden so einwickeln, dass das Päckchen geheimnisvoll und Ehrfurcht gebietend ausschaut. Weil man keine neuen Inhalte hat, ist alles eine Frage der Verpackung. Wenn das Verkünden von Trivialitäten wie eine Offenbarung klingen soll, braucht man einen neuen Jargon. Solange er neu ist, ist er auch exklusiv, ihn zu beherrschen unterscheidet dann zwischen Eingeweihten und Nicht-Eingeweihten. Wichtiges zuerst – den Spruch kennt jeder. Kennt er auch DITF? DITF (gesprochen: Deitif) funktioniert wie MPEG. MPEG komprimiert Audiodateien, DITF komprimiert Managertätigkeit. Und wie geht DITF? Do Important Things First.

Damit der Manager getröstet werden kann, müssen die Management-Theoretiker also ständig neue, einander ablösende Jargons entwickeln. Ein Jargon ist stets auf wenige Vokabeln fixiert – Überzeugung der Kundschaft entsteht durch Wiederholung, egal, ob in der Kirche, in der Sekte, in der Werbung oder in der Politik. Die wenigen Kennmarken dürfen freilich nie eine klar und eindeutig definierte Bedeutung besitzen. Was ist zukunftsorientiert? Was ist teamfreudig? Was ist ideenstark? Jeder soll glauben dürfen, das wäre exakt so, wie er selber ist. Jeder muss jubeln können: »Bin ich.« Die Leitbegriffe gleichen Gefäßen, die alles besser aussehen lassen, was man reinkippt.

Trotzdem müssen die Vokabeln wie Fachbegriffe klingen, Brimborium und Hokuspokus gehören zum Geschäft. Was wäre eine Wahrsagerin ohne Glaskugeln und Spielkarten? Moderne Wahrsager machen es freilich anders, sie erstellen ein *Computer-Horoskop.* Der Computer ist eine Kiste, die irgendwie immer recht behält, ohne dass man je richtig durchgeblickt hätte, wie sie das eigentlich macht. Der Nimbus der Unfehlbarkeit verbindet sich hier mit dem der Undurchschaubarkeit.

Auch der Unternehmensberater erstellt zur Abrundung seiner Tätigkeit eine Art Computer-Horoskop. Nur nimmt er dafür kein Astrologie-Programm, sondern andere Software, zum Beispiel Excel oder PowerPoint. Deshalb braucht er für seinen Vortrag den Overhead-Projektor, besser noch den Beamer, den er an sein Notebook anschließt.

Es gibt so vieles, das man weder verstehen noch erklären kann. Wie überzeugt man von so was die Leute? Wie beispielsweise von einer *Balanced Scorecard*? Eine Folie sagt mehr als tausend Worte. Die Missionare wussten das, als sie den Eingeborenen hübsche Heiligenbildchen schenkten.

Zurück zur Landesverwaltungsreform. Die politische Spitze, das Ministerium, zeigt also auf prosperierende Sektoren der Privatwirtschaft und sagt den Beamten: »Werdet wie *die*. Macht es wie *die*.« Die Beamten mühen sich. Sie haben nun mal gelernt, dass man gehorchen muss. Noch wichtiger aber: Viele liebäugeln mit der Vorstellung, sich künftig Manager nennen zu dürfen. Manager sind schick, Bürokraten sind bäh.

»Die« machen es so, dass sie zum Untemehmensberater gehen, wenn sie nicht wissen, »wie«. Also macht die Verwaltung es auch. Das zeigt schon mal, dass sie gelernt hat, unternehmerisch zu handeln. Aber es ist eben wieder mal nicht dasselbe, wenn zwei das gleiche machen.

Normalerweise wird ein Untemehmensberater wie ein Arzt konsultiert. Der ist immer die Nebenfigur in einer unabhängig von ihn laufenden Geschichte. Es gibt einen Menschen, der lebt und ist krank, und meist wird er auch wieder gesund, trotz oder wegen der Medizin, die ihm verordnet wurde.

Analog dazu beim Untemehmensberater, wenn sein Kunde ein Manager ist: Es gibt eine Firma mit Problemen, und entweder sie wird wieder flott oder sie macht Pleite, trotz oder wegen des Rats, den der Unternehmensberater erteilte.

Kommt nun ein Beamter beim Unternehmensberater hereingeschneit, liegt der Fall ganz anders. Ungefähr so: Eine Frau sagt zum Arzt: »Könnten Sie nicht auch meinen Mann behandeln?« Der Arzt sagt: »Na, dann schicken Sie ihn doch mal vorbei.« Darauf die Frau: »Das ist ja eben das Problem. Ich habe nämlich noch keinen.«

Eigentlich müsste der Unternehmensberater seinen Kunden abweisen. Der besitzt ja gar keine Firma. Mit so einem sollen sich die Kollegen von der Infobörse für Existenzgründer herumplagen. In ein paar Jahren, wenn seine Firma steht, darf er wiederkommen.

Aber der Beamte ist beharrlich, und er hat die Taschen voller Geld. Bei uns ist der Kunde König, könnte der Unternehmensberater denken, machen wir ein Projekt. Wo Bürokratie war, soll Management werden? Kundenfreundlich und effizient soll die Chose sein? Kein Problem.

Nehmen wir die Meldebehörde: Sie wird abgeschafft. Die Stadt versteigert Lizenzen. Wer eine erworben hat, darf die Vorgänge abwickeln. Am Markt setzen sich dann bald die Anbieter mit den günstigsten Preisen und den kundenfreundlichsten Öffnungszeiten durch. Ein Ende hat der Irrwitz, dass Angestellte und Beamte den ganzen Tag über gelangweilt herumsitzen und immer dann in den Feierabend verschwinden, wenn abends die Kundschaft scharenweise kommt. Das Sparpotential ist riesig, weil man mit Aushilfskräften auf 400-Euro-Basis flexibel und schnell auf den Kundenandrang reagieren kann.

Wenn der Beamte in Geschichte nicht geschlafen hat, erinnert ihn das ein wenig an die Zeit vor der Französischen Revolution, als es noch private Steuerpächter gab. Vorwärts mit Riesenschritten zurück in den Absolutismus? So konnte der Dienstherr es nicht gemeint haben. Und was ist, wenn unsere Lizenznehmer Gebietskartelle gründen? Dann wird es für die Bürger teuer. Noch schlechter, wenn ein marktbeherrschender Anbieter Pleite macht. Das brächte die Einwohnerstatistik mächtig durcheinander, und bei der Polizei wären sie darüber auch nicht froh. Aber so ist das eben mit der freien Marktwirtschaft: Keine Chance ohne Risiko.

Also keine Firma. »Wir möchten doch lieber eine Behörde bleiben«, sagt der Beamte zum Unternehmensberater, »aber zugleich möchten wir eine Behörde werden, der man es nicht mehr anmerkt, dass sie eine Behörde ist. Hier habe ich eine Liste von unserem letzten Brainstorming mitgebracht, wo draufsteht, wie wir werden wollen – als Behörde, versteht sich. Ich lese das mal kurz vor:

> Flexibel, dynamisch, kundenorientiert, motiviert, effizient, innovativ, kreativ, teamfähig, zukunftsfreudig, ideenstark, qualitätsbewusst, kostengünstig, outputgesteuert, reaktionsschnell, bedarfsorientiert, führungsorientiert.

Wir haben natürlich schon ein bisschen in den Management-Zeitschriften geblättert. Da reden sie viel vom Controlling, von Profit Centers, von open door policy, von Benchmarking, Prozessmanagement und so was. Das brauchen wir natürlich auch. Überhaupt alles, was so zu einer richtigen Firma gehört.«

»Sollen sie sich doch einen Container Monopoly für ihren Laden kaufen, ab 100 Kartons kriegen sie sogar Mengenrabatt«, schießt es dem Unternehmensberater durch den Sinn. »Oder ein paar Wirtschaftssimulations-Games auf den Rechnern installieren. Da kann dann jeder in der Mittagspause den Manager machen. Das kostet wenig und schadet nichts.«

Aber ohne Aufträge keine Umsätze, ohne Umsätze kein Gewinn. Und ohne Gewinn kein Bonus. Irgendein passendes Stück werden wir für den Kunden schon finden. Und wenn es nicht passt, wird es eben passend gemacht.

Die Kinder sollen ihren Sandkasten haben. Das Problem ist nur, dass sie vom Unternehmensberater mehr als das Spielzeug wollen. Sie wollen obendrein, dass er vorspielt und mitmacht. Und das ist der Punkt, wo es für den Unternehmensberater schwierig wird.

Stellen wir uns mal vor, wie der antike Heerführer vor einer kriegsentscheidenden Schlacht seinen Wahrsager konsultiert, weil ihn hinsichtlich Angriffszeitpunkt und Taktik Zweifel quälen. Der Wahrsager, ziemlich alt und schon ein bisschen blind, tut sein Bestes, er macht seine Sache gut, mit dem Resultat, dass der Heerführer plötzlich zu ihm sagt: »Das hat mich vollkommen überzeugt. Kommen Sie am besten gleich mit ins Hauptquartier, damit man Ihnen den Sattel richtet. Bei Tagesanbruch übernehmen Sie das Kommando.«

Unternehmensberater sind in der Regel weder alt noch blind. Aber sie besitzen keinerlei unternehmerische Erfahrung. Die brauchen sie auch nicht unbedingt. Sie sollen ja nicht machen, sondern raten. Um jemandem zu raten, dass er vor seiner Amerikareise Englisch lernen soll, muss man es nicht selber sprechen. Selbst dann also, wenn Unternehmensberater den Managern fachkundigen Rat erteilen könnten, hieße das noch lange nicht, dass Unternehmensberater erfolgreiche Manager wären.

Der Berater, der plötzlich machen soll, weil die Leute sich wider besseres Wissen einbilden, wer gut rät, der könne auch besser – das ist immer wieder Stoff für eine komische Nummer.

Der ganze Film »Ein Goldfisch an der Leine« (mit Rock Hudson) lebt davon. Ärzte und Krankenschwestern beschwören uns, auf die Zigarette zu verzichten, aber gerade in diesen Berufsgruppen ist der Anteil der Raucher besonders groß.

Psychologen wissen angeblich, wie man eine marode Seele repariert, aber keine Berufsgruppe ist so selbstmordgefährdet, wie es die Seelenklempner selber sind. Das ist ganz normal. Dass man unbedingt Ordnung halten muss: Wer wüsste es besser, und wer könnte es eindringlicher fordern als einer, der täglich im eigenen Chaos versinkt?

Das Spiel beginnt also, und es kann nur mit einer Blamage enden. Es ist ungefähr so, wie wenn die Oma dem Enkel ein Hüpfseil schenkt und der zu ihr sagt: »Jetzt zeig mir mal, was man damit macht. Mach's mir vor.«

Der Beamte hat einen Profi erwartet, einen ausgebufften Experten, einen souveränen Routinier. Aber der Unternehmensberater ist in seinem neuen Job kein Profi, sondern Dilettant. Er quält sich mit einer Aufgabe ab, die ihn restlos überfordern muss. Die Aufgabe heißt: »Geh zu den Beamten und mach dort den Unternehmer. Mach es, obwohl es gar kein Unternehmen gibt.«

Beim besten Willen: Er kann es nicht. Und der Beamte kann es eigentlich auch nicht, aber doch ein kleines bisschen besser. Er hat wenigstens den Heimvorteil, es ist sein Revier, wo der Unternehmensberater Wunder wirken soll.

Wenn einer etwas machen soll, was er nicht kann, kriegt er eine Depression. Wenn zwei etwas machen sollen, was keiner kann, kriegen beide eine Wut, und zwar jeweils einer auf den anderen. Das ist immer so. Die Spannung steigt, wenn es sich um ungleiche Partner handelt, also einen, der eigentlich können müsste, und einen, der eigentlich nicht können muss (Beispiel: Das Ehepaar bei der Autopanne). Und sie erreicht ihren Siedepunkt, wenn der Nicht-Könner mehr kann als der Könner.

Wer kennt es nicht, wie es ist, wenn man einem unfähigen Klempner bei der Arbeit am eigenen Boiler zuschaut? Wie man sich beherrschen muss, um den Trottel nicht einfach wegzuschubsen und ihm zu sagen: »Lassen

Sie mich mal dran?« Wie dann allmählich die Verbitterung wächst? Und wie sie sich in richtigen Hass verwandelt?

## *VII. Das Strukturproblem*

Wir sind nun mitten im Leben angekommen und wenden uns wieder einer anderen Frage zu. Warum können sie nicht, der Beamte und sein Untemehmensberater? Dass beide keine Manager sind, ist keine hinreichende Erklärung. Was einer nicht ist, kann er ja noch werden, andere haben es schließlich auch geschafft. Mancher ist erst mit 50 sein eigener Chef geworden. Warum ziehen die beiden also keine Firma auf, wo sie doch genügend Startkapital zur Verfügung haben?

Sie dürfen es ja nicht. Sie sollen vielmehr – ja was sollen sie eigentlich? Nennen wir es das Projekt *Ananas in Kanada.*

Ananas schmeckt prima, Ananas verkauft sich gut, Ananas bringt mehr Rendite als Getreide. Im Miami gibt's die Pflänzchen, aus Key West fliegen wir die Experten von der dortigen Fachhochschule für Landwirtschaft ein.

So dämlich ist, wenn es um Ananas geht, natürlich keiner. Umgekehrt fragt aber auch niemand, was aus konkurrenzkapitalistischen Arbeitsformen und Verhaltensmustern wird, wenn man sie an einen Ort verpflanzt, wo es keinen Konkurrenzkapitalismus gibt. Sicher ist, dass sie dort steril werden müssen, weil sie von den Triebkräften, die sie andernorts hervorgebracht haben, nunmehr abgeschnitten sind. Wahrscheinlich vertrocknen sie einfach.

Was sind die Triebkräfte? Die Hoffnung auf den großen Gewinn, und die Angst vor dem Konkurs, vor der restlosen Vernichtung. Das beflügelt den Ehrgeiz, das mobilisiert den Leistungswillen. Lässt so ein Reizklima sich in der Verwaltung simulieren? Man kann es versuchen, freilich ohne große Aussicht auf Erfolg. Pfennigskat macht anfangs Spaß, doch irgendwann fangen alle an zu gähnen.

## *VIII. Die Lösung*

Aber keine Sorge, die Verwaltungsreform kommt doch. Unternehmerisch, d.h. eigenverantwortlich denken und handeln, ein Gespür für Chancen und Risiken entwickeln – das lernen immer mehr Beamte. Freilich nicht vom Unternehmensberater oder im Fortbildungsseminar.

Learning by doing, learning on the job, heißt es heute. Bei den Ausländerbehörden, bei den Bauämtern, bei der Bahn – überall entwickeln sich *Public Private Partnerships*, ganz neue Dimensionen von Kundenfreundlichkeit und eine bislang unerreichte Flexibilität.

Noch spricht man von Schmiergeld und Korruption in solchen Fällen, aber das beweist wieder nur, dass die wirklichen Neuerer stets verkannt werden. Unter der Hand ist die Privatisierung des Staates längst im Gange.

Dezember 2000

# Kampfhunde und andere Bestien

## Rechtsradikalismus bei deutschen Jugendlichen: Politische Gefahr oder virtuelle Realität?

Meine Damen und Herren, was wissen wir eigentlich? Platon hat die Situation der Menschen mit der von gefesselten Höhlenbewohnern verglichen. Sie sehen nur auf den Höhlenhintergrund projizierte Schatten und halten das Schattenspiel für die wirkliche Welt. Heute ist unser Höhlenhintergrund die Mattscheibe. Wir gucken in die Röhre und fühlen uns informiert.

Wir fühlen uns nicht nur informiert, sondern obendrein in unseren moralischen Urteilen befestigt und bestätigt. Wer sind die Guten und wer die Bösen? Früher hat das die Bibel den Menschen gesagt. Später taten es die Melodramen und die großen Werke der Weltliteratur. Heute sagen es uns die Medien. Die *Bild*-Zeitung in Bus und Straßenbahn oder der *Deutschlandfunk* im Autoradio – so sieht die moderne Morgenandacht aus. Und der Abendgottesdienst? Der heißt heute *Tagesschau.*

Die Medien sind unser Religionsersatz, deshalb brauchen sie immer einen Teufel. Vergangenen Winter waren das zum Beispiel die Amok-Kids, bewaffnete Minderjährige, die ihresgleichen oder Erwachsene umbrachten. Heute sind es die Rechtsradikalen.

Wir Medienkonsumenten kennen den Rechtradikalismus zunächst nur als eine weitere Folge in der endlosen Fortsetzungsgeschichte »Wer ist der schlimmste Bösewicht?« Damit stellt sich die erste Frage, mit der wir uns hier befassen wollen:

*Wie ist die Schurkengeschichte gebaut?*
*Und wem nützt sie?*

Der Bauplan ist einfach. Es wird ein Hauptfeind gefunden oder ernannt, und der bleibt dann für mehrere Wochen oder auch länger in den Schlagzeilen. Gut geeignet sind die Oberhäupter sogenannter Schurkenstaaten, zum Beispiels Saddam Hussein oder Milošević. Aber zur Not tun Vierbeiner es auch.

Erinnern wir uns nur mal daran, wie das gewesen war, bevor der Rechtsradikalismus täglich auf allen Kanälen kam. Ich meine unmittelbar davor, im Frühsommer.

In Hamburg war ein kleiner Junge von einem Kampfhund totgebissen worden. Dank vieler Augenzeugen hatten die Journalisten leichte Arbeit. Mit Interviews ließen sich Sendezeit und Zeitungsspalten füllen. Es begann eine Medienkampagne, die sich über mehrere Wochen hinzog.

Die Botschaft war klar: Das Leben und die Gesundheit von Kindern sind in der Bundesrepublik Deutschland nicht durch den Straßenverkehr oder misshandelnde Eltern gefährdet. Auch nicht durch Altersgenossen mit Messer oder Schießgewehr. Gefährdet sind die Kinder vielmehr durch bösartige Hunde. Und diese bösartigen Hunde begnügen sich nicht einmal mit Kindern, sondern sie greifen auch Erwachsene an. Eigentlich sind es richtige Menschenfresser.

Auf der einen Seite stand nun die Bevölkerung, und auf

der anderen Seite stand der Volksfeind. Das bedeutet Krieg. Und im Krieg schart sich das Volk um seine Führer. Schön für die Politiker. Normalerweise sind das Quotenkiller. Aber *jetzt* wurden sie richtige Medienstars, wenn sie den Kampfhunden mit harten Vergeltungsmaßnahmen drohten.

Das »jetzt« muss man betonen. Vielleicht ein halbes Jahr zuvor noch war es populär gewesen, Sanktionen gegen China zu fordern. Grund: Chinesen essen gerne Hundefleisch. Angeblich schmeckt es, und man bekommt davon nicht BSE.

Sie sehen: Wer der Feind ist, der Hund oder der Hundemetzger, spielt eigentlich keine Rolle. Wichtig ist nur, dass man einen vorführt und die Bevölkerung daran glaubt. Politiker brauchen heute solche Inszenierungen, weil Politik im früheren Sinn nicht mehr existiert. Wir haben keinen Herrscher, es herrschen immer die Sachzwänge.

Keine Regierung sagt: »Ich will«. Jede Regierung sagt: »Ich muss«. EU, Euro, NATO, Globalisierung, IWF, WTO – das muss angeblich alles sein. Früher gab es Kommunisten, Sozialisten, Monarchisten, Christen, Nationalisten, Pazifisten, Militaristen, Faschisten, Schutzzollparteien, Freihandelsparteien.

Heute gibt es nur noch Demokraten. Ihr erklärtes Ziel ist es, Deutschland als Wirtschaftsstandort fit zu machen für die Zukunft.

Der Wirtschaftsstandort ist fit, wenn die Multis sich dort wohlfühlen und investieren wollen. Wenn die Multis nämlich wegziehen oder ausbleiben, tun die Arbeitsplätze das auch. Und das Arbeitsplatzvolumen ist heute die einzige Kennziffer, an welcher der Erfolg einer Regierung gemessen wird. Also gleicht der Staat einem Hotel, wo man die Zimmer schön herrichtet, damit die Gäste kommen.[20] Der Politiker spielt also Zimmermädchen. Ein Zimmermädchen soll nett und tüchtig sein, aber zu sagen hat es wenig. So geht es den Politikern auch. Manche Kolumnisten meinen, das wäre der Grund für ihre Publicitysucht. Sie wollen heute in die Magazine und ins Fernsehen wie das Zimmermädchen früher zum Film.

Wie jede Kampagne, so schlief auch die Kampfhundkampagne irgendwann wieder ein. Und nach den Kampfhunden waren die Rechtsradikalen dran. Mir kam es manchmal wie Morphing vor, wie am Ende von Michael Jacksons Video »Black or White«. Da schaut man sich die Abendnachrichten an und weiß, jetzt wäre eigentlich wieder der Kampfhund fällig. Aber der hat sich in einen jungen Mann mit Schaftstiefeln, Lederjacke und Kurzhaarschnitt oder Glatze verwandelt. Wie kam das?

### *Die nächste Frage wäre die nach den vordergründigen Fakten*

Wir unterstellen also mal, dass alles, was eine »fremdenfeindliche Straftat« genannt wird, auch eine solche ist. Und dann schauen wir uns die Zahlen an.

| Fremdenfeindliche Straftaten von 1991–1999 | |
|---|---|
| 1991 | 2 426 |
| 1992 | 6 336 |
| 1993 | 6 721 |
| 1994 | 3 491 |

20 Das meinen außer Leitartiklern auch Politikwissenschaftler, z.B. Franz Walter / Tobias Dürr, »Die Heimatlosigkeit der Macht. Wie die Politik in Deutschland ihren Boden verlor«, Berlin 2000. Da ist von »orientierungsloser Politik« die Rede, vom »Werte- und Profilverlust« der deutschen Parteien, von »Wirtschaft statt Weltbild« und »Börse statt Bekenntnis«.

| | |
|---|---|
| 1995 | 2 468 |
| 1996 | 2 232 |
| 1997 | 2 953 |
| 1998 | 2 644 |
| 1999 | 2 283 |

Die Zahlen des Innenministeriums zeigen nun, dass es in friedlichen Zeiten um die 2500 solcher Straftaten pro Jahr gegeben hat und dieser Wert in den schlimmsten Zeiten auf über 6500 anschwoll. Die schlimmste Zeit waren die Jahre 1992 und 1993 gewesen, mit Hoyerswerda und Rostock. Die neueste verfügbare Zahl ist die für das Jahr 1999. Gerade mal ein Drittel des Spitzenwerts von 1993, nämlich 2283 fremdenfeindliche Straftaten wurden im vergangenen Jahr gezählt. Nur im Jahr 1996 war die Zahl noch geringer. Wir dürfen also feststellen: Die üblicherweise zur Beurteilung der Lage herangezogenen Zahlen geben keinerlei Anlass zum Verdacht, in jüngster Zeit habe eine Eskalation an Fremdenfeindlichkeit stattgefunden, die sofortiges Einschreiten erfordere. Eher ist das Gegenteil der Fall.

Vielleicht kennen Sie andere Zahlen, nämlich die, welche das Innenministerium für August 2000 herausgegeben hat. Dabei ist das Bekanntwerden dieser Zahlen aber interessanter, als es die Zahlen selber sind.

Wie früher das von der CDU geführte Regierungslager eine Dämonisierung des Linkradikalismus betrieb, weil damit ein Schatten auch auf die links von ihm stehende Opposition im Bundestag fiel, so agiert das von der SPD geführte Regierungslager heute.

Es hat großes Interesse an der Kampagne gegen Rechtsradikalismus und Fremdenfeindlichkeit, weil nunmehr die Opposition im Bundestag rechts von ihm steht. Die *NZZ* vom 21./22. Oktober 2000 schreibt:

»Namentlich das Innenministerium gibt sich große Mühe, ein Abflauen der Debatte zu verhindern. So publizierte man entgegen sonstigen Usancen Monatszahlen aus der Kriminalstatistik. Das Ministerium wies auf die Verdoppelung rechtsextremer Delikte im August hin, obgleich der Zeitraum von vier Wochen keine statistisch aussagekräftigen Rückschlüsse zulässt.«

Wir wollen uns hier nicht einlassen auf Haarspaltereien über statistische Aussagekraft und wenden uns lieber der nächsten Frage zu.

*Die dritte Frage wäre: Was ist da drin, wo »fremdenfeindliche Straftat« oder »rechtsradikale Straftat« draufsteht?*

Was ist eine »fremdenfeindliche Straftat«? Objektive Kriterien gibt es dafür nicht. Es reicht nicht aus, dass der Täter ein Deutscher und das Opfer ein Ausländer ist. Wenn zwei Zechkumpane verschiedener Nationalität miteinander Streit bekommen und es ist der deutsche, der dabei den anderen verletzt, sprechen wir sicher nicht von einer fremdenfeindlichen Straftat. Von der sprechen wir nur, wenn der Täter aus Abneigung oder Hass gegen Fremde gehandelt hat. Also können wir erst von einer fremdenfeindlichen Straftat sprechen, wenn wir das Motiv des Täters kennen. Aber wer kennt schon die Motive anderer Menschen. Wer kennt seine eigenen?

Besonders bei jungen Menschen ist es so, dass sie oft sowohl sich selber als auch andere über ihre wahren Motive gewaltig täuschen. In Ihrem Alter weiß man das noch nicht, und vielleicht werden Sie mir auch nicht glauben. Mir ging es auch so, aber dann hat die Lebenserfahrung mich eines Besseren belehrt.

Als ich in Ihrem Alter war, hatten wir hier an den Universitäten eine große Protestbewegung. Und wenn nun alle, die sich damals für linksradikal gehalten haben, und die von anderen für linksradikal gehalten worden sind, tatsächlich so motiviert gewesen wären, wie es damals geglaubt wurde, dann hätten wir hier den Sozialismus.

Haben die Leute, die es inzwischen bis zu Ministerämtern in der Bundesregierung brachten, sich vielleicht ganz und gar geändert? Kaum. Ich glaube, die waren schon immer so, wie sie sind, nur die Umstände haben sich verändert.

Ein Beispiel: Wer sich im Jahr 1969 hervortun wollte, der musste Folgendes sein: Von der Liebe zum Proletariat und zur Dritten Welt beseelt, vom Hass gegen die Bourgeoisie und die USA beflügelt, im Straßenkampf militant, auf der Rednertribüne ein radikaler Schreier und hinter den Kulissen ein geschickter Strippenzieher. Der Mann, der heute der BRD als Außenminister dient, war es. Heute tauscht er mit Frau Albright Küsschen. Nicht der Mann, die Erfolgsbedingungen haben sich verändert.

Und nun frage ich Sie: Warum sollten die Rechtsradikalen heute im Vergleich zu den Linksradikalen damals die besseren politischen Überzeugungstäter sein? Alle Umfragen und Studien kommen doch gerade zu dem Schluss, dass die feste Bindung einer Person an eine politische Gesinnung oder Überzeugung gar nicht mehr vorkommt. Auch die großen Parteien können sich nicht mehr auf ein Potential an Stammwählern verlassen.

An Stelle von Stammwählerschaften gibt es ein Publikum, welches sich auf dem Marktplatz der Meinungen je nach Mode und Trend die Artikel zusammensucht und nicht lange fragt, wer es ist, der damit handelt. Man wählt nicht mehr die Partei, welche die eigenen Vorstellungen von einem Idealzustand der Gesellschaft zu verwirklichen verspricht. Man entwickelt solche Vorstellungen gar nicht, und die Parteien haben daher auch kein Programm. Ich darf Sie an Clintons ersten Wahlkampf vor acht Jahren erinnern. Es war der erste Wahlkampf, der mit einem Ein-Wort-Programm bestritten und gewonnen wurde. Das Wort hieß *Change*.

Sämtliche Kolumnisten, Soziologen, Demoskopen bestätigen das. Andererseits wird uns nun versichert, es existierte in Gestalt der Rechtsradikalen eine Gruppe, bei der das alles ganz anders ist. Die Rechtsradikalen besitzen angeblich ein erklärtes politisches Ziel, und dem Erreichen dieses politischen Ziels haben sie sich mit Leib und Seele verschrieben. Angeblich lesen sie Propagandatexte aus der Nazizeit und hören sich Hitlerreden an.

Aber Hitlerreden dauern. Ich glaube nicht, dass jemand noch fähig ist, eine Stunde oder mehrere Stunden zuzuhören. Ich beeile mich damit, dass ich zur nächsten Frage komme, sonst laufen Sie mir weg.

*Die vierte Frage heißt:*
*Was wird hier eigentlich gespielt?*

Darüber haben andere vor mir sich schon den Kopf zerbrochen. Die *Neue Zürcher Zeitung* brachte es auf den Begriff *Symbolkommunikation.* Damit ist gemeint, dass »die Information über Fakten zunehmend von ihrer Deutung als Zeichen überlagert wird«.

Ein Beispiel: In der Nacht zum 3. Oktober wurden Brandflaschen gegen die Düsseldorfer Synagoge geworfen. Eine Fensterscheibe ging dabei zu Bruch. Das war der einzige Sachschaden. Der Kanzler nahm den Vorfall zum Anlass für einen medienwirksamen Auftritt. Er besuchte die Synagoge mit der kaputten Fensterscheibe und rief zum »Aufstand der Anständigen« auf. Die *NZZ* meinte dazu lapidar: »Da der – noch dazu gewalttätige – Antisemitismus in Deutschland eine Randerscheinung ist, hat Schröders Aufforderung eigentlich keinen Sinn. Wogegen sollten die Anständigen aufstehen?« In der deutschen Presse fand man solche Kommentare nicht. Vielmehr lieferten die Kolumnisten sich einen harten Wettkampf um die höchste Wertung für Betroffenheit, Empörung, Beschämung und Entsetzen.

Der Grund dafür ist eben der, dass die Fakten als solche nicht mehr zählen, sie zählen ausschließlich als Bedeutungsträger. Als bloßes Faktum ist die eingeschmissene Fensterscheibe der Synagoge eine Bagatelle. Als Zeichen dafür genommen, dass in Deutschland eine Wiederauferstehung des Nationalsozialismus droht, ist der Bagatellschaden selbstverständlich eine Katastrophe.

Bagatellschaden oder Katastrophe – das hängt also ganz von der Deutung ab. Und das Deutungsmonopol wiederum liegt bei den Medien und beim Machtapparat. Beide spielen heute mit Begeisterung auf dem Katastrophenklavier. Und dabei kommt ihnen zugute, dass sie ebenso begeisterte Mitspieler finden.

Naturgemäß besitzt die Jugend eine besondere Schwäche für Zeichen und Symbole. In seiner Jugend verfügt der Mensch weder über die Macht noch die Mittel und Möglichkeiten, das wirklich zu sein, was er gern sein möchte. Darum ist für junge Leute die Kleidung so wichtig. Ein wirklicher Robin Hood kann der schüchterne junge Mann nicht sein. Aber er kann sich wenigstens als Bürgerschreck verkleiden. Als Jugendlicher steht man immer vor der Frage, wie man mit geringstem Einsatz an Material und Know-how ein Maximum an Wirkung erzielt. In meiner Jugend war das noch ganz einfach. Wenn einer sich nur nackt auszog, gab das einen Riesenwirbel. Schon die Punks hatten es nicht mehr so leicht.

Kunstvoll präpariertes Haar und aufwändige Kleidung waren nötig, wenn ein schüchterner 16-Jähriger erreichen wollte, dass die Erwachsenen sich vor ihm gruseln. Heute laufen Rentner mit lila Haar herum, und sie bevölkern splitternackt belebte Strände. Es ist schwierig geworden. In den USA sorgte zwar der *Gangsta Rap* eine Weile für Furore. Tipper Gore hatte ihn dort so leidenschaftlich bekämpft wie Rita Süssmuth die rechtsradikale Propaganda hier. Doch mittlerweile hat in den USA ein Jugendlicher, der rebellierend auf sich aufmerksam machen will, außer dem Griff zur Waffe mit nachfolgendem Massaker nur eine Chance: Er muss mit dem Rauchen anfangen.

In Deutschland stehen seine Chancen besser. Wenn er in angetrunkenem Zustand spät nachts auf irgendeinem Dorfplatz »Heil Hitler« grölt, kann es sein, dass seine Tat im Bundestag zur Sprache kommt. Wenn er es schafft, seinem Provider eine Website www.heil-hitler.de unterzujubeln, steht das drei Wochen später vielleicht sogar im *Times Magazine* oder in *Newsweek.* Mittels leichter Sachbeschädigung an einer Synagoge bringt er den gesamten Fahndungsapparat und den Bundeskanzler auf Trab. Und immer wird über ihn berichtet. Er ist schon da, wo alle hinwollen, die vergeblich um einen Platz im Big-Brother-Container angestanden sind.

Dort hat sich kürzlich mit Westerwelle auch ein prominenter Politiker eingefunden. Kein Zufall, wenn Sie sich noch an meine Bemerkungen über die Machtlosigkeit des Politikers und seine daraus resultierenden Zimmermädchenallüren erinnern. Überhaupt: Sind diese rechtsradikalen Jugendlichen und die Politiker sich in gewisser Hinsicht nicht sehr ähnlich? Beide wollen Politik machen, aber sie können es nicht, es reicht nur für die Show.

Beide spielen mit verteilen Rollen ein Historienstück. Es führt uns zurück in eine Zeit, als von der Entscheidung einer deutschen Regierung und den Aktionen der Massen noch etwas abhing. Diese Zeit ist seit mehr als einem halben Jahrhundert endgültig vorbei. Gibt es eine lächerlichere Farce als das antifaschistische Pathos des aktuellen Feldzugs gegen einen mangels Masse kaum greifbaren Feind? Liegt die Kontinuität in der deutschen Geschichte, wenn man schon nach ihr suchen mag, nicht eigentlich anderswo? In der Mobilisierung der Massen nämlich gegen winzige Minderheiten? In der Tatsache, dass das halbe Prozent Juden im Deutschen Reich ebenso als gefährlicher Public Enemy wahrgenommen wurde wie heute der versprengte Haufen fremdenfeindlicher Gewalttäter?

Aber keine Bange, es droht keine neue Massenverfolgung. Die ganze Angelegenheit ist ein Spiel, bei dem sich alle Beteiligten noch recht wohl fühlen. So gesehen ist das Anschwellen rechtsradikaler Straftaten im August dieses Jahres nicht weiter verwunderlich. Die *NZZ* (vom 20.10.2000) meint dazu:

> »Auffällig ist, dass seit August ein steiler Anstieg rechtsextremistischer Straftaten zu verzeichnen ist. In eben diesem Monat begann das Thema Rechtsextremismus seine bis heute ungebrochene Medienkarriere.«

### *Die fünfte und letzte Frage: Welchem Zweck dient die Inszenierung?*

Natürlich spielen parteitaktische und tagespolitische Interessen eine Rolle. Wichtiger aber ist es, ein Meinungsklima zu erzeugen, worin gewisse Tatsachen tabu bleiben müssen. Denn anders, als es die Regierungspropaganda glauben machen will, können Ausländer eine echte Plage sein. Ich habe oft unter ihnen gelitten, meistens unter

Landsleuten in der Ferienzeit. Solange jeder daheim und für sich ist, sind das relativ verträgliche, zumindest unauffällige Leute. Fallen sie aber hordenweise in Urlaubsgebiete ein, wo sie Ausländer sind, führen sie sich auf wie eine Soldateska bei der Landnahme in den Kolonien. Das Ausland hat eben etwas von rechtsfreiem Raum an sich: Man fühlt sich weder an die Gesetze des Gastlandes noch an die des Herkunftslandes wirklich gebunden.

Ähnlich ist das heute in Deutschland mit der *Kettenwanderung*, bei der einer den anderen nachzieht. Individuelle Einwanderung gibt es kaum noch, wenn jemand kommt, bekommt eine bereits in Deutschland ansässige Großfamilie oder Sippe Verstärkung. Und für die gilt das gleiche wie für deutsche Touristen auf Mallorca: Gemeinsam sind sie unausstehlich. Jene Kurden, Türken oder Kosovo-Albaner, die als Kollektive nach Deutschland kommen, bringen das Kollektivverhalten ihrer dörflichen Herkunft mit. Aber anders als im Herkunftsland können sie es hier ohne Kontrolle und gleichwertige Konkurrenz praktizieren.

Über die spektakulären Folgen ist früher viel berichtet worden. Heute hält sich die deutsche Presse sehr zurück. In der *NZZ* kann man sich über die Entwicklung in der Schweiz informieren:

> »Vor allem die Familien- und Clanstrukturen, in denen das Gesetz des Schweigens gegen außen gilt, begünstigen die Entwicklung mafioser Strukturen. Einzelne Albaner haben denn auch die Tamilen und Türken aus dem Heroingeschäft gedrängt und ihren schlechten Ruf auf ihre Landsleute übertragen.«

Wie die Verhältnisse in der Bundesrepublik derzeit sind, weiß ich nicht. Ich sehe nur, dass in Stuttgart in bester zentraler Lage allerlei kosovo-albanische Reisebüros, Lokale, Im-und-Export-Läden sowie Schnellimbissrestaurants aufgemacht haben. Und ich weiß, wie so was nicht geht, nämlich ohne Geld und gute Kontakte zur Stadtverwaltung.

Mir wie den meisten Leuten kann es freilich egal sein, wer welche Sparte der Unterwelt kontrolliert. Ob Albaner, Türken, Kurden, Russen oder Deutsche das Rotlichtmilieu und den Drogenhandel beherrschen, spielt im Alltag keine Rolle, es sei denn, man würde sich selber in solchen Geschäftszweigen tummeln wollen.

Ein wirkliches Problem sind hingegen die Mietwohnungen in Großstädten. Bezahlbarer Altbau und Nachkriegsbestand aus den 50er Jahren sind extrem hellhörig und liegen obendrein oft an verkehrsreichen Straßen. Hinzu kommt die Allgegenwart der Unterhaltungselektronik. Während die Miete für eine Wohnung in einem Haus mit guter Schallisolierung ein Vermögen kostet, sind Krawallmaschinen wie Fernseher und Stereoanlage selbst für Sozialhilfeempfänger erschwinglich. Bei Umfragen geben über die Hälfte der Leute an, unter Lärm zu leiden, und es ist erwiesen, dass von allen Umweltbelastungen der Lärm die am meisten gesundheitsschädliche ist. Angespannt, wie die Lage ohnehin ist, kann ein rücksichtsloser Nachbar das Fass leicht zum Überlaufen bringen. Der rücksichtslose Nachbar kommt zwar in zahlreichen Varianten vor. Die Soziologen sprechen von einer Pluralisierung der Lebensstile, wenn ein Anhänger der Techno-Subkultur nachts gegen zwei Uhr seine 500-Watt-Anlage aufdreht. Und trotzdem gibt es ein bestimmtes Muster. Ich kenne eine ganze Reihe von Personen, für welche der Zuzug von Ausländern in eine Nachbarwohnung sich als Fluchtgrund erwies. Ich gehöre selbst zu ihnen, ich weiß, wovon ich spreche.

Die permanente Agitation gegen eine Ausländerfeindlichkeit, die nicht existiert, trägt absonderliche Früchte. Sie führt dazu, dass Ausländer neuerdings in der Intensität ihrer Lärmemission eine Frage der Selbstbehauptung ihrer Volksgruppe sehen. Der Bitte um Rücksichtnahme entsprechen können sie nicht, weil ihnen dies wie ein Zurückweichen vor jener Ausländerfeindlichkeit erscheinen muss, deren Existenz ihnen dauernd eingetrichtert wird. Man versteht die Konsequenz dieser Aufhetzerei besser, wenn man sich in der Natur umschaut. Warum eigentlich zwitschern die Vögel so viel, manche den ganzen Tag? Aus dem gleichen Grund, warum der Hund sein Bein hebt. Durch fortwährende Beschallung der Umgebung signalisiert ein Vogel dem Artgenossen seine Anwesenheit. Das Zwitschern, Flöten, Pfeifen, das unser Herz erfreut, heißt eigentlich immer: »Ich bin hier. Bleib bloß weg. Das ist mein Revier. Komm mir nicht zu nahe.« Wenn man das einmal weiß, versteht man, warum man im Streit die Stimme erhebt oder brüllt. Man versteht das Gegröle deutscher Touristen im Ausland besser, ihre Zechgesänge auf Mallorca. Und damit versteht man auch die besondere Sorte Krach von Ausländern, gleich welcher Nationalität. Er entsteht dann, wenn sie sich als Volksgruppe fühlen, die Ansprüche auf ihr eigenes Revier geltend machen will. Natürlich liegt das an der Majorität, und bislang sind das hier immer noch die Deutschen. Das Problem ist eine Gesellschaft, die den Leuten nicht sagt, vielleicht auch nicht sagen kann, was sie von ihnen will. Und dann wissen die es halt auch nicht.

Sollen die aus der Türkei Zugewanderten irgendwann ganz normale hiesige Bürger werden? Nein, das liefe doch auf die Zerstörung ihrer nationalen, kulturellen etc. Identität hinaus. Sollen sie stattdessen Türken bleiben? Auch wieder nicht, oder jedenfalls nur ein bisschen. Kein

Wunder, dass man dabei etwas orientierungslos wird. Und je größer die Orientierungslosigkeit, desto stärker der Hang zur Volksgruppenbildung. Es gibt in manchen Großstädten Türkenviertel, und es handelt sich nicht nur um soziale Segregation in dem Sinn, dass aus dem Arbeiterviertel das Türkenviertel wurde.

Das alles passiert, obgleich man es nirgends besser wissen müsste als gerade hier, dass die Perspektiven für Volksgruppen oft sehr schlecht sind. Schließlich war Deutschland mehrere Jahrhunderte lang Auswanderungsland gewesen, bevor es schließlich Einwanderungsland geworden ist. Nach Amerika ausgewanderte Deutsche wurden dort Amerikaner, weil sie in einen modernen Nationalstaat mit hoher Integrationskraft gekommen waren. Ganz anders die deutschen Auswanderer, die nach Rumänien gingen. Sie wurden nicht Rumänen, sondern komisch, eine ethnische Kuriosität.

Der Unterschied: Im Osten gab es keine Nationalstaaten, sondern Dynastien und Vielvölkerstaaten. Die Deutschen waren dorthin auf Einladung der zentralen Staatsgewalt gekommen, sie standen unter ihrem Schutz. Sie siedelten in geschlossenen Wohngebieten, blieben unter sich und betrieben, was sie für Deutschtumspflege hielten. Deshalb haben wir die Russlanddeutschen, die Sudetendeutschen, die Karpatendeutschen, die Donauschwaben, die Wolgadeutschen etc. Und wenn man sich anschaut, wie die Nachkommen Deutscher, die vor vielen Generationen ausgewandert sind, heute als Deutsche wieder in die Bundesrepublik strömen, kann man nicht sagen, dass die ganze Entwicklung eine Erfolgsgeschichte gewesen ist.

Diese Auslandsdeutschen bringen oft ein übereifriges, dünkelhaftes, rückständiges Deutschtum mit, an dem so ziemlich alles falsch ist. Nicht mal die Sprache können die Leute richtig. Dass sie von deutscher Kultur eine Ahnung hätten, können sie nur glauben, solange sie sich unter Leuten wissen, die ebenso wenig eine Ahnung haben wie sie selbst.[21] Wie sollte es auch anders sein: Nur unbelehrbare Banausen meinen, Kultur wäre etwas, das man einpacken, mitnehmen und konservieren kann.

Nicht schwer, sich vorzustellen, wie unbeliebt die eingebildeten Deutschen bei ihren russischen, tschechischen oder rumänischen Nachbarn oft gewesen sein müssen. Kontakt mit anderen Kulturen bietet eben keine Gewähr für Anpassung, mehr Toleranz und gesteigerte Weltoffenheit. In der Diaspora findet man nicht selten eine Abkapselung und Verhärtung der Gruppen.

Nirgendwo sind die Bedingungen dafür günstiger als derzeit hier. Wenn Nachbarn im Mietshaus zu laut sind, gibt es normalerweise Streit. *Musikantenstadl* auf Deutsch bei voll aufgedrehtem Fernseher den ganzen Tag muss man nicht ertragen. Gegen die türkische Version vom *Musikantenstadl* aber, die so mies wie die deutsche ist, hat man keine Chance. Die steht nämlich unter Kulturschutz. Überhaupt: Wenn die Nachbarn Ausländer sind, darf man mit ihnen nicht streiten. Das wäre nämlich ein Beweis dafür, dass man ausländerfeindlich ist, nicht genug Toleranz für andere Kulturen aufbringt etc.

Und was passiert? Leuten, mit denen man im Konfliktfall nicht streiten darf, geht man aus dem Weg. Man sucht sich eine Wohnung in einem Mietshaus, wo keine Ausländer wohnen. Die zurückgebliebenen Ausländer wiederum bekommen den Eindruck, Deutschland sei ein Land, wo jeder anstellen kann, was er will, ohne eine

21 Exakt so geht es vielen Ausländern in der Bundesrepublik, welche sich als Kurden, Türken oder Albaner fühlen und in Wahrheit Analphabeten in zwei Sprachen sind.

normale menschliche Reaktion zu ernten. Das ist besonders für die Jugendlichen unter ihnen schlecht, weil man als Jugendlicher provoziert, um die Grenzen auszutesten, an die man stößt, wenn die Gesellschaft mit Missbilligung und Sanktionen reagiert. Menschen brauchen soziale Kontrolle, und für die Ausländer in Deutschland gibt es davon derzeit zu wenig.

Warum ist das so? Warum werden tatsächlich vorhandene Konflikte nicht einfach ausgetragen? Warum werden sie stattdessen als nicht existent betrachtet nach dem Motto: alles nur Vorurteil, alles nur eine Frage von Einstellungen und volkspädagogischen Bemühungen um Bewusstseinsveränderung.

Warum wird den Leuten, welche aus den rückständigen, von der Landflucht betroffenen Regionen der Türkei nach Deutschland kommen, nicht klar gemacht, dass sie hier dasselbe leisten müssen, was bei einer Zuwanderung nach Istanbul oder Antalya von ihnen verlangt würde, nämlich Anpassung an die städtischen Lebensformen einer Industriegesellschaft? Warum ermuntert man sie stattdessen zum Festhalten an ihren überkommenen Lebensformen, und warum verklärt man diese Lebensformen, die in der Türkei selber die rückständigsten und ungebildetsten sind, zur türkischen Nationalkultur?

Nun bin ich weder der Einzige noch der erste mit solchen Gedanken. Vielmehr sind sie schon hundertmal durchgespielt worden, und es hat auch Versuche gegeben, daraus Konsequenzen zu ziehen. Mehr als der Posten eines Integrationsbeauftragten kam freilich selten dabei heraus.

Warum? Hat jemand Interesse daran, dass viele Volksgruppen sich herausbilden, damit er nach der Methode *teile und herrsche* regieren kann? Ich glaube es nicht. Keiner will, was geschieht, und zugleich besitzt keiner die Kraft, es zu verhindern. Die Formen, in denen sich die Zuwanderung in Deutschland, aber auch in anderen Ländern Europas abspielt, sind eine Art Indikator dafür, dass allenthalben die Integrationskräfte des Nationalstaates erlahmen, ebenso unaufhaltsam wie unabänderlich. Widerstand ist zwecklos. Vielleicht sind wir auf dem Weg zurück zum Vielvölkerstaat.[22]

Warum sollen die Ausländer in Deutschland heimisch werden wollen, wenn die Deutschen von einem Altersruhesitz auf Mallorca, an der Costa Brava oder neuerdings in Alanya träumen? Eigentlich sind alle, die in Deutschland leben, Gastarbeiter, auch die Deutschen. Sie sind es sogar in ihrem Herkunftsland.

Weil das keiner wahrhaben mag, wird die Sachlage verdreht. Man warnt vor der Gefahr, die von einem deutschnationalen Chauvinismus drohe, um den Glauben an die Existenz der Nation zu retten. Blanke Augenwischerei also, die Kampagne gegen Rechtsradikale.

Gut für die Ausländer? Erinnern Sie sich an die Geschichte von den Hundemetzgern und den Kampfhunden am Anfang. Viel Phantasie gehört nicht dazu, um sich ein Szenario auszudenken, worin unsere Feinde statt der Rechtsradikalen mal wieder die Ausländer sind.

Dezember 2000

22 Vielleicht auch ein Grund für den Hass auf Jugoslawien: Es war das, was man nicht werden mag und doch unausweichlich wird.

# Irgendwo im Nirgendwo[23]

Meine Damen und Herren, ich darf Sie zunächst um Verzeihung dafür bitten, dass das Thema meines Vortrags nicht ganz das angekündigte ist. Es ergaben sich bei der Arbeit am Text nämlich einige Gesichtspunkte grundsätzlicher Art, die ich für interessanter hielt. Sie haben sich dann als nützlich für die Klärung der Frage erwiesen, welche Früchte das Entwickeln von Wohnmodellen für die Zukunft heute tragen kann. Dass es dafür eine ebenso einfache wie logisch zwingende Antwort gibt, werde ich Ihnen im Verlauf meiner Erörterung des Projekts *Sargfabrik* zeigen. Auch der Titel meines Vortrags hat sich deshalb ändern müssen. Ursprünglich hieß er »Macher und Spinner. Architektur zwischen Krise und technokratischem Management«. Er heißt nun »Irgendwo im Nirgendwo«.

*

Wenn Menschen für die Zukunft planen, so nimmt man das heute als Beweis für ihre Lebenstüchtigkeit. Man

23 Vortrag im Rahmen der Veranstaltungsreihe »Peripherie im Focus« am 6. März 1999 in Wien. Ort und wichtiger Bezugspunkt für die Veranstaltungsreihe war die sogenannte *Sargfabrik.* Es handelt sich dabei um ein alternatives Wohnprojekt der Luxusklasse. Man muss entweder recht vermögend oder für extrem unterstützungswürdig befunden worden sein, um dort unterzukommen. Der Name für den Neubau kommt daher, weil am gleichen Ort früher eine Sargfabrik stand.

glaubt, sie verstünden es, sich in der Welt einzurichten. In Wahrheit steckt meist etwas anderes dahinter, es ist der vorweggenommene Tod.

Sich in die Zukunft hineindenken nämlich heißt, die Gegenwart als Vergangenheit zu betrachten. Am konsequentesten, die Menschen schauen sich dann aus der Perspektive von Hinterbliebenen an. Sie fragen sich beispielsweise, ob man sie beweinen oder sich überhaupt an sie erinnern wird. Früher legten sie auch Geld zurück, damit die Beerdigungskosten bezahlt werden konnten, oder sie sahen sich nach einen Platz auf dem Friedhof um. Manchmal kommt so was immer noch vor. Im Regelfall aber kauft man aus Vorsorge heute kein Grab. Man kauft oder mietet vielmehr ein Haus oder Wohnung, 20-Jährige haben oft schon einen Bausparvertrag. Mit 20 ist man zum Sterben zu jung. Aber Zukunftsplanung heißt auch in diesem Fall, sich aus der Perspektive von Hinterbliebenen zu betrachten, nur dass man eben selbst zu den Hinterbliebenen gehören wird. Das führt zu einem Menschentyp, der sich fortwährend selber überlebt. Die Wohnungen werden dann Aufbewahrungsorte für Menschen, die physisch noch viele Jahre vor sich haben, die als Personen aber schon viele Male und lange vor der Zeit gestorben sind. Früher war Zukunft, was nach mir kommt. Heute ist Zukunft morgen.

Natürlich sind nicht die Wohnungen schuld. Ins Zentrum des Interesses rückt die Wohnungsfrage vielmehr immer dann, wenn Menschen mit ihrem Dasein abgeschlossen haben. Das letzte Zucken der Protestbewegung – vor nunmehr auch schon einem Vierteljahrhundert – war daher der Häuserkampf. Obgleich für die Rente noch viel zu jung, ging damals eine Generation mit den Mitteln rebellischer Militanz daran, sich ihre Altersruhesitze zu beschaffen. Die Erklärung hieß, dass man die besetzten

Häuser als Stützpunkte für die politische Arbeit und allerlei anderen Schnickschnack bräuchte. Tatsache war, dass man Häuser brauchte, weil es keine politische Arbeit mehr gab.

Nach gleichem Muster läuft heute die Biographie junger Leute in einer bestimmten Phase ab. Ein Paar ist seit längerem befreundet, die beiden leben aber noch getrennt. Stellen die ersten Anzeichen von Altersmüdigkeit und eheähnlicher Routine sich ein – das tun sie bei Berufstätigen ziemlich bald –, wird der Entschluss gefasst, nun gemeinsam eine neue Wohnung zu beziehen. Sie soll die Basis für die Dauerhaftigkeit der Beziehung werden, deshalb muss es eine schöne, geräumige, voll eingerichtete Wohnung sein, das Kinderzimmer darf nicht fehlen. Ein halbes Jahr später ist dort nur noch der Anrufbeantworter zu erreichen. Von den dreien, für welche die Wohnung gedacht gewesen war, blieb ein Single übrig, und der ist meistens unterwegs.

Moderne Verhältnisse eben, wie man meinen könnte, aber auf dem Wohnen lastet ein alter Fluch. Das Eigenheim aus den Fernsehnachrichten, vor dem nach der Familienkatastrophe die Polizeiwagen und die dunklen Limousinen der Bestattungsunternehmer parken, hat seinen Vorläufer im Spukhaus, das man aus Spielfilmen und Geschichten kennt. Die Frischvermählten, die es ahnungslos beziehen, glauben fest daran, dort wie im Himmel leben zu können. Der Zuschauer weiß schon, dass es die reine Hölle wird.

Das ist der Grund für ein regelmäßig wiederkehrendes und daher voraussagbares Verhalten der Menschen, welches sonderbarerweise in allen Erörterungen über Architektur und Städtebau unberücksichtigt bleibt. Die Baumeister und Planer bilden sich viel auf ihren prägenden Einfluss, ja ihre Gestaltungsmacht ein. Wer Stein auf

Stein tut, meinen sie, forme auch die Welt. So entsteht hausbackene Erbaulichkeit, ganz gleich, wie sehr man sich um eine avantgardistische Attitüde und einen spröden Ton bemüht. Ein bisschen fromm klingt das alles, weil vergessen wird, in welchem Umfang Krieg und Zerstörung die Geschichte menschlicher Ansiedlungen und ihr schließliches Bild bestimmen.

Aus Not bauen die Menschen Häuser und Siedlungen auf, aber aus Lust reißen sie sie ein. So jedenfalls sieht die Bilanz von ein paar tausend Jahren Weltgeschichte aus. Um das zu wissen, braucht man gar kein Bücherwurm sein, weil Alltagsbeobachtungen genügen. Wird irgendwo ein Wohnblock gesprengt, kommen die Schaulustigen zuhauf, und das Fernsehen überträgt die Bilder. Schon der Abrissbagger, der sich mit seiner Greifzange durch Decken, Wände und Balken beißt, reicht aus, um auf dem Trottoir einen kleinen Auflauf zu erzeugen.

Achtlos vorübergehen kann man nicht. Der Blick saugt sich an den brechenden und einstürzenden Mauern fest, und wenn man sich fragt, warum man so fasziniert glotzt, dann weiß man es einfach nicht. Es muss etwas sein, wovon man nichts wissen will, und zweifellos ist das die eigene Lust an der Zerstörung.[24] Wenn die Maschine das

24 Ist es riskant oder frivol, von der Lust an der Zerstörung zu sprechen? Wird dadurch die Zerstörung gerechtfertigt? Sicher nicht. Jeder, der einen PC besitzt, hat irgendwann das Ding im Zorn schon einmal kaltmachen wollen. Es hätte ihm großen Spaß gemacht. Aber er hat es nicht getan, weil das ein teurer Spaß geworden wäre. Aus reiner und eingestandener Lust etwas tun, was schädlich ist und teuer werden könnte – so sind wir nicht gebaut. Beim Spaß fangen wir an zu knausern. Wirklich gefährlich wird die Zerstörungslust erst, wenn sie so gut rationalisiert ist, dass der, welcher sie empfindet, überhaupt nichts mehr von ihr weiß. Mit dem Satz »Jetzt ist mir danach, alles kurz und klein zu schlagen« begann ein Krieg noch nie. Kriege beginnen, wenn Rechtsprinzipien oder die Bevölkerung zu schützen sind. Das war 1939 so, und das ist heute nicht anders.

Haus zermalmt, empfindet man so, als würde ein alter Feind besiegt, bei dem man viele offene Rechnungen hatte.

*

Die Leute können von ihren Wohnungen und Häusern nicht lassen, aber das macht sie ihnen nur noch mehr verhasst. Der Krieg bietet dann Gelegenheit, die Behausungen des Gegners so zu behandeln, wie man die eigenen nicht behandeln darf, obwohl man das gern würde. Das Schleifen und Niederbrennen von Städten ist ein alter Brauch, und das Entsetzten darüber ist immer auch geheuchelt.

Im jugoslawischen Bürgerkrieg war es schwer, die beigemischte Erleichterung der Menschen zu übersehen, deren Häuser zerstört worden waren oder die daraus vertrieben wurden. Wer die Geschichte dieser meist mit Gastarbeitergeldern bezahlten Häuser und die Lebensverhältnisse dort kennt, kann sich darüber kaum wundern. Freiwillig gäbe man das von Leid und Gemeinheit durchtränkte Gemäuer nicht her. Aber dann ist man doch froh, die Erinnerung ans verpfuschte Leben los zu sein.

Auch die Flächenbombardements im vergangenen großen Krieg werden gern verkannt. Wenn das Fernsehen aus Anlass runder Jahreszahlen die alten Aufnahmen zeigt, sieht man Städte, durch die man hindurchgucken kann. Hier und dort ragt mal ein spitzer Mauerrest auf, und wenn eine ganze Fassade erhalten geblieben ist, schaut man von außen durch die Fenster in den Himmel.

Dergleichen Bilder sollen Entsetzen verbreiten, und weil der Zuschauer das weiß, glaubt er auch, sie täten es. Deshalb übersieht er oft, dass die wahre Botschaft eine andere ist. Hieß sie nicht: »Unter dem Pflaster liegt der

Strand«? Muss sie uns nicht mit Befriedigung erfüllen, die vernichtende Niederlage, die unseren Erbfeinden Asphalt und Beton hier zugefügt worden ist? Zeichnen die Trümmerfrauen im zerbombten Berlin sich nicht durch eine Fröhlichkeit aus, um die wir sie heute fast beneiden? Und liegt es wirklich nur am Ende des Krieges, dass die Menschen so erleichtert wirken? Oder kommt solche Nachkriegsunbeschwertheit nicht vielmehr daher, dass die Davongekommenen hatten Ballast abwerfen müssen?

Mit letzter Sicherheit wissen wird man das nie. Tatsache aber ist, dass es Menschen gibt, welche die Meinung vertreten, so schön wie im Film »Der dritte Mann« sei Wien vermutlich auch vor dem Krieg nie gewesen, gar nicht zu reden davon, was Wien heute ist. Im »Dritten Mann« nimmt das Gemäuer durch seine rührende Hinfälligkeit für sich ein. Zerbombt wirken die Städte zart und luftig. Immer ist dort ein Loch, worein man sich retten und worin man sich verstecken kann.

Meiden sollte man nur den heil gebliebenen Teil der Stadt. Die Katakomben der Kanalisation, die den Krieg unbeschädigt überstanden haben, werden für den Flüchtenden zur Falle. Die Schlusseinstellung, in der man verzweifelt und vergeblich durch die Schlitze eines blockierten Kanaldeckels ins Freie sich reckende Finger sieht – sie zeigt uns, dass ein Mensch besser in Ruinen aufgehoben ist.

*

Verglichen mit deren rührender Brüchigkeit wirkt die protzige Massivität und Lückenlosigkeit der wiederaufgebauten Mauern heute bunkerhaft. Sie provozieren den Wunsch, sie zu brechen, sie erwecken förmlich ein süchtiges Verlangen nach Dynamit. Vom Sprengstoff geht etwas Befreiendes aus, weil der Knall, mit dem das Gebäude in die Luft fliegt, der Augenblick ist, wo eine Angst verschwindet. Vielleicht weil unsere Vorfahren Höhlen aufsuchten für ihre Rituale oder um zu sterben, haben gemauerte Wohnungen etwas Gruseliges an sich. Etwas von Poes Grube, deren Wände immer näher zusammenrücken und irgendwann den darin Gefangenen zerquetschen.

Unbestreitbar ist, dass mit Behausungen sich sehr ambivalente Gefühle verbinden. Wer im Warmen sitzt, hat dafür gute Gründe. Trotzdem hört er nicht auf, mit Sehnsucht und Neid den Zigeunern und anderen Nomaden nachzublicken. Je unprätentiöser und funktioneller die Gebäude sind, desto weniger scheinen sie freilich das Ressentiment zu fördern, und umgekehrt entwickelt es sich dort besonders stark, wo die Wohnung mehr sein soll als Schutz vor Wind und Wetter. Tatsache ist jedenfalls, dass im Land mit dem folgenschwersten Hass auf Nichtsesshafte, zu denen auch die Juden gerechnet wurden, noch immer die höchsten Baupreise zu zahlen sind. Die Gründe kennt man, aber ich nenne sie kurz noch mal: In den USA ist das normale Einfamilienhaus eine Holzrahmenkonstruktion, der tragende Teil also ein leichtes, in seinen Maßen genormtes Gitterwerk aus ca. fünf mal zehn Zentimeter starkem Kantholz. »Seit 1846«, schreibt Marco D'Eramo, »konnte man vorgefertigte, standardisierte Häuser kaufen, und seit 1860 gab es auch komplett mit Fenstern und Türen ausgestattete Räume.«

Verglichen mit solchen Provisorien ist das deutsche Eigenheim fest wie Fels – vorzugsweise konventioneller Mauerwerksbau, und anders als bei den europäischen Nachbarn unterkellert. Sein künftiger Besitzer, der hier Bauherr heißt, möchte darin nämlich verewigt sein, getreu dem Spruch »Ein Kind zeugen, einen Baum pflanzen und ein Haus bauen«. Nicht die Produktqualität, sondern die Urheberschaft zählt. Ein blödes Kind, ein krummer Baum oder ein hässliches Haus darf es sein – Hauptsache seins. Kein Adoptivkind also, und ein Haus von der Stange auch nicht. Die Individualisierung des Massenartikels geschieht nun dergestalt, dass man bei der Produktion einen Schuss Heimarbeit dazugibt.

Zum Bauherrn wird der künftige Hausbesitzer, indem er gemeinsam mit einem Architekten zum siebenunddreißigtausendsten Mal die gleiche Schachtel erfindet, die überall schon herumsteht. Die ist dann schlechte Architektur, aber sie ist Architektur. Und genau das, also nicht die Hässlichkeit, sondern die Architektur, ist das Schlimme. Warum das so ist, weiß ich auch noch nicht lange. Es ging mir neulich beim Blättern im *Deutschen Architektenblatt* auf. »Architektur«, schrieb dort ein kluger Mann, »ist zunächst etwas, was um jemand herum gebaut wird. Der erste Gegenstand war ein heiliger Gegenstand, z.B. ein Toter.«[25] Das klingt befremdlich, aber es leuchtet ein, wenn man bedenkt, dass es sich bei den ältesten und berühmtesten Monumenten der Baukunst, den Pyramiden nämlich, um Grabstätten handelt. Eigentlich kann es gar nicht anders sein. Vom für die Nacht aufgeschlagenen Nomadenzelt unterscheidet sich das gemauerte Haus durch Dauerhaftigkeit und Unverrückbarkeit.

Es soll Jahrzehnte, besser Jahrhunderte nach der Fertigstellung seinen Zweck immer noch erfüllen. Sein idealer Bewohner ist daher einer, der weder weglaufen noch seine Ansprüche verändern kann. Mit beidem aber muss bei Menschen gerechnet werden, solange sie noch leben-

25 Dieter Hoffmann-Axthelm, »Globalisierung – und die Zukunft der Architektur«, in: *Deutsches Architektenblatt* 11/1997

dig sind. Niemand passt deshalb so gut hinein wie die mumifizierte Leiche, die keinen Mucks mehr von sich gibt. Sie ist der ideale Bewohner, wenn man die Sache mal aus dem Blickwinkel des Hauses und seines Erbauers sieht.[26]

*

Da trifft es sich gut, dass wir uns hier zu einer Talkrunde über künftige Wohnformen an einem Ort eingefunden haben, der auf den grässlichen Namen *Sargfabrik* hört. Eigentlich sollten ihn alle Anbieter von anspruchsvoll daherkommenden Unterkünften im Firmenschild führen. Die Leute sollen wissen, was ihnen blüht, wenn sie das Wohnen zu ihrem Lebensinhalt machen wollen.

Von der sarkastischen Selbsteinschätzung, auf die der Name hoffen ließ, war im Informationsmaterial für dies Projekt freilich wenig zu bemerken. Sein Träger nennt sich *Verein für integrative Lebensgestaltung*, und er meint es ernst. Was die Integration betrifft, so tun sie das heute alle, ohne Vernetzung läuft nichts. Wir leben im Zeitalter der All-inclusive-Angebote, die dicken Bauaufträge werden von Entwicklungsgesellschaften einkassiert. Ihr Leistungsbild reicht von der Bedarfsplanung mit maßgeschneidertem Bau- und Raumprogramm über die Grundstücksbeschaffung bis zur Schlüsselübergabe und

26 Manche Menschen scheinen das zu spüren und reagieren darauf mit Fluchtreflexen. In Altenheimen gibt es einen Kliententyp, der dort *Wegläufer* heißt. Diese Wegläufer – Heimbewohner, die in jedem unbeaufsichtigten Augenblick das Weite suchen – sind für das Personal ein Problem. Fürsorgepflicht, Betreuungspflicht und Aufsichtspflicht verlangen in solchen Fällen, freiheitsbeschränkende und freiheitsentziehende Maßnahmen anzuwenden, zum Beispiel Fixierung, Bettgitter, abgeschlossene Zimmer-, Stations- oder Haustüren, schwergängige Türen, Trickschlösser und sedierende Medikamente.

einem langfristigen Wartungsvertrag. Solche Läden protzen damit, dass sie auf ihren Gehaltslisten führen, was die Universität hergibt. Immobilien- und Finanzkaufleute sind sowieso dabei. Dazu kommen Arbeits- und Wohnmediziner, Fachleute in Fragen des Bau- und Planungsrechts, außerdem Gebäudedesigner, Konstrukteure und Fachberater. Ein in China ausgebildeter Feng-Shui-Berater macht sich immer gut. Anderen Kunden ist es lieber, beim Lesen lange die Luft anzuhalten. Sie werden von Experten auf dem Gebiet der Wirkungsästhetik für die nutzungsrelevanten Planungs- und Gestaltungsparameter unter Aspekten der Wahrnehmungsphysiologie und -psychologie bedient. Fertigungs- und Produktionstechniker sowie Ingenieure verschiedener Fachrichtungen machen das Team komplett.[27]

Kein Wunder daher, dass der Standardtext einer Stellenanzeige heute heißt: »Kommunikations-, Kooperations- und Teamfähigkeit gehören zu Ihrem Arbeitsstil.« Die Leute müssen sich ja nicht nur untereinander abstimmen, sondern sie sollen im Dialog mit allen Beteiligten und Betroffenen nach der optimalen Lösung suchen. Ohne mehrjähriges Basistraining in einer linken oder alternativen Wohngemeinschaft hält man den Büroalltag gar nicht mehr aus.

Schaut man sich unter diesem Gesichtspunkt den Werdegang des Projekts Sargfabrik an, so kann man ihn nur

27 Nach: Wilfried Turk, »Ein Winternachtstraum«, in: *Deutsches Architektenblatt* 1/1997. Falls jemandem aufgefallen ist, dass Architekten nicht genannt wurden: Die braucht man nicht, und außerdem haben sie mit ihrer Identitätskrise genug zu tun. »Die Editorials des Deutschen Architektenblatts sind zur Fortsetzungsgeschichte des Berufsstandes Architekt und seiner kontinuierlichen Auflösung geworden«, hieß es neulich in einem dieser Editorials. (Berthold Burkhard, »Generalist – Spezialist – Architekt«, in: *Deutsches Architektenblatt* 10/1997)

als mustergültig bezeichnen. Vor allem die Implementierung der Module Bedarfsplanung und Bedarfsmanagement hält jeder kritischen Überprüfung stand. Hier hatten die Beteiligten und Betroffenen den Wunsch und die Gelegenheit, sich mit eigenen Vorstellungen in den Planungsprozess einzuschalten. Und umso reizvoller ist es daher, sich einmal anzuschauen, was dabei herauskommen kann.

Als Auskunftsmittel hat mir der Prospekt *Visionäres Wohnen inmitten städtebaulicher Alltäglichkeit* gedient. Mein Eindruck war, dass die Schrift sachkundig, wahrheitsgetreu und zuverlässig informiert, und dies alles umso mehr, als ihr Verfasser für das Projekt Sympathien hegt. Noch das Wort vom visionären Wohnen im Ohr, bin ich dann zunächst über einen kleinen Satz gestolpert. Ich zitiere ihn:

> »Doch zurück zur Café-Bar, die genauso wie alle anderen Teile der Anlage rollstuhlgerecht erbaut wurde.«

Schöne Aussichten, natürlich im Sinne von trübe Aussichten, ist man da doch eher zu denken geneigt: Die Welt als Invalidenheim. Einmal aufmerksam geworden auf diesen Punkt, konnte ich noch drei weitere Passagen finden, in denen die behindertengerechte Bauweise hervorgehoben wird. Dafür, für das »barrierefreie Bauen«, gibt es in Deutschland eine Norm, die zweistufige DIN-Vorschrift Nr. 18025. Das erwähne ich nur, damit Sie mich nicht für weltfremd halten. Ich bin gewissermaßen vom Fach, ich kenne mich aus, ich weiß, womit man winken muss, damit die öffentlichen Fördermittel fließen.

Aber so berechnend, wie sie manchmal glauben, dass sie es wären, sind die Menschen nicht. Und viel weniger noch sind sie so nächstenlieb, dass sie sich leiten lassen würden von dem Argument, es sei ein Gebot reiner Menschlichkeit, all jene, die ihr Leben im Rollstuhl verbringen müssen, soweit als nur irgend möglich an unseren Freuden teilhaben zu lassen. Sonst könnte man die Gebäude ja auch pennergerecht herstellen lassen – in jedem Eingangsbereich ein frei zugängliches warmes Plätzchen, das im Winter wirklich Leben retten kann. Das tut man nicht.

Würden Behinderte und Rollstuhlfahrer als die Minderheit betrachtet, die sie sind, solange kein Krieg ihre Zahl vervielfacht, dürften sie noch froh sein, wenn sie nicht verhungern müssen. Dass man auf ihre Bedürfnisse Rücksicht nimmt, kann eigentlich nur daher kommen, dass es die Bedürfnisse aller sind.

Zur Illustration möchte ich das Bändchen *Wohnformen älterer Menschen im Wandel* zitieren, welches das »Deutsche Zentrum für Altersfragen« herausgegeben hat. Die Verfasser sind engagierte Verfechter der zeitgenössischen Form von Gerechtigkeit. Die zeitgenössische Form von Gerechtigkeit ist die Artgerechtigkeit, nicht nur bei der Unterbringung von Legehennen. Schrieben die Verfasser über Kinder und Jugendliche, würden sie kinderfreundliche und jugendgerechte Wohnungen fordern. Steht die Klientel am anderen Ende des Lebenswegs, muss man wieder nicht lange raten, was verlangt wird: altenfreundliche und behindertengerechte Wohnungen selbstverständlich. Aber woher die alle so plötzlich nehmen? Umbaumaßnahmen kosten erstens eine Menge Geld, zweitens sind sie oft nicht möglich.

Die Verfasser wissen Rat: Da jeder irgendwann einmal siech werden wird, soll er doch am besten gleich in die Siechenwohnung ziehen. Wenn er das tut, braucht man nur noch Siechenwohnungen bauen. Und wenn man nur noch Siechenwohnungen baut, hat das Problem, woher die altengerechten Wohnungen zu nehmen seien, sich einfach in Luft aufgelöst. Doch hören Sie am besten selbst:

> »Am wirtschaftlichsten und nachhaltigsten ist es, von vornherein alten- und behindertengerecht zu bauen, nach dem Motto *Vorbeugen ist besser als Heilen.* Jeder kann einmal vorübergehend oder dauerhaft darauf angewiesen sein, dann möchte er deswegen nicht gezwungen sein, seine Wohnung aufzugeben. Barrierefreies Bauen ist also Bauen für alle.«[28]

Sterben muss jeder mal. Deshalb auch schon zu Lebzeiten auf dem Friedhof wohnen muss er nicht. Wenn er das tut, wird man seine Schlüsse ziehen dürfen. Und die darf man auch ziehen, wenn ein hauptsächlich von Gesunden bewohntes Gebäude mit seiner Eignung für Invalide wirbt.

Ich hatte eben das Wort von der »rollstuhlgerechten Café-Bar« zitiert. Es gehört in die gleiche Kategorie wie Diabetiker-Pralinen und fettfreie Butter. Vielleicht macht es jemanden glücklich, wenn auf der Flasche einerseits »Zwetschgenschnaps« steht und andererseits: »Auch Kleinkinder und Magenkranke können unbesorgt in unbeschränkter Menge davon nehmen.«

Aber solange ein Mensch noch bei Kräften, bei Sinnen und bei Verstand ist, zieht er doch Pfefferminztee vor, wenn ihm übel ist. Für einen Alkoholiker ist es sicher hart, wenn er keinen Schnaps hat. Aber es muss ihn schier zum Wahnsinn treiben, wenn man ihm zwar Schnaps

28 Deutsches Zentrum für Altersfragen (Hg.), »Wohnformen älterer Menschen im Wandel. Expertisenband 3 zum Zweiten Altenbericht der Bundesregierung«, Frankfurt/New York 1998, S. 73

ausschenkt, so viel er will, das Zeug aber immer nur wie Pfefferminztee schmeckt und wirkt. Es gibt kaum eine Realität, auf die der Mensch, ein extrem anpassungsfähiges Wesen, sich nicht einstellen kann. Barbesuche hält man genau so gut aus wie den Verzicht auf sie. Fraglich ist, wie man auf die Dauer die rollstuhlgerechte Café-Bar verträgt.

Überhaupt scheint mir die Atmosphäre nicht für jedermann bekömmlich. Da gibt es ein weitflächiges »Wasserbecken, aus dem sich zarte Grünpflanzen ranken. Das Plätschern des Wassers dort vermischt sich mit den Rufen spielender Kinder aus den dahinterliegenden Gartenbereichen.«

Weitere Vokabeln der Schilderung: »Teichanlage« und »Grünbepflanzung«. Das ist das zeitgenössische Vokabular von Innenarchitekten wie von Stadt- und Landschaftsplanern. Und das ist Natur, wie der Allergiker sie sich wünscht. Keine Pollenflugvorhersage erforderlich, nichts, was beißt, krabbelt, blüht, duftet, essbar ist, schmutzt oder stinkt. Deshalb kein Teich, sondern eine Teichanlage; kein Garten, keine Beete, sondern Gartenbereiche; keine Wiese, sondern Grünbepflanzung.

Dort werden, wie es heißt, die Rufe spielender Kinder gehört. Aber sind sie auch echt? Was machen die Kinder in der Wachsblumennatur? Und woher kommt das Plätschern, wenn immer nur stehendes Wasser sichtbar ist? Vielleicht aus der Beschallungsanlage? Die dudelt öfter und ist meist auf »sanft« eingepegelt. Ich lese Ihnen die Passage mal kurz vor:

> »Aus dem Hintergrund erklingt sanfter Acid-Jazz. [...] Ein Team mit exotischem Namen lädt zu einem neuen Clubbing-Typus mit sanften Grooves, die zum Genuss fernöstlicher Massagetechniken und zum Besuch des

> im Untergeschoss erbauten Türkischen Bades verführen sollen, ein.«

Die meisten von Ihnen werden den Film »Arsen und Spitzenhäubchen« kennen. Manchmal stürmt da ein Irrer in Kaki-Uniform mit Tropenhelm und Trompete unter markerschütterndem Gebrüll die Wohnzimmertreppe hinauf. Dann befehligt er die Kolonialtruppe in Ägypten. Manchmal geht er aber auch hinab in den Keller, um die Leichen zu verbuddeln, die von seinen beiden Tanten geliefert worden sind. Das Gelbfieber, meint er dann, habe wieder furchtbar unter den Arbeitern gewütet, die den Suezkanal bauen. So einer käme mit dem beschriebenen Schauplatz bestimmt gut zurecht. Für ein normales Hirn ist das nicht so einfach. Jeder denkt, wenn er die Schilderung liest, einerseits sofort an sein Ischias und sein Rheuma. Wird einem das Rheumabad als Türkisches Bad verkauft, nimmt man das noch hin. Aber außerdem ist das Türkische Bad zugleich gemixt mit einem neuen Clubbing-Typus. Was immer das bedeuten soll, türkisch klingt Clubbing nicht. Chinesisch ebenso wenig, aber ausgerechnet fernöstliche Massagen kriegt man dort verabreicht. Allerdings weder zu fernöstlicher noch zu orientalischer Musik, sondern zu sanften Grooves. Wir befinden uns irgendwo im Nirgendwo, und da möchte man nicht sein, solange man noch lebt.

Ein letzter Punkt, der mir aufgefallen ist – ich zitiere:

> »Viele der Küchen und Wohnzimmer – und sogar manche der Bäder – sind von den freiliegenden Gängen aus einsehbar. [... Den] meisten Bewohnern der Sargfabrik erscheint diese kommunikationsfördernde Transparenz offenbar wichtiger als die gewohnt diskrete Abgrenzung.«

Marco D'Eramo, der das Projekt »Sargfabrik« gewiss nicht kannte, beschreibt zwar das gleiche Phänomen, aber er nennt es anders:

> »Merkwürdigerweise versuchen alle realisierten Utopien diese obsessive Kontrolle bis ins kleinste Detail über ihre Untertanen auszuüben. Bei den berühmten egalitären Gemeinschaften der Jesuiten in Paraguay war das Straßenniveau erhöht, damit die wohlwollenden Patres beim Spazierengehen durch die Fenster die Moral ihrer Indios kontrollieren konnten.«[29]

»Kommunikationsfördernde Transparenz« oder »obsessive Kontrolle« – weder noch. Wo die Transparenz maximal ist, tendiert die Kommunikation gegen Null, es gibt nichts zu erzählen. Und die Kontrolleure sind auf Leute angewiesen, die es gern haben, dass nach ihnen geschaut wird. Patienten im Krankenhaus dulden es nicht nur, dass sie ständig unter Beobachtung stehen, sie verlangen sogar danach. Die Gewissheit, dass stets jemand ein Auge auf sie hat, und sei es der Apparat, beschwichtigt ihre Angst, die Angst davor, es könne im jederzeit möglichen Notfall keiner zur Stelle sein und die nötigen Maßnahmen ergreifen.

*

Es ist nun an der Zeit, Bilanz zu ziehen und die Frage zu beantworten: Was entsteht, wenn heute die besten Fachleute nach bestem Wissen und nach den neuesten Erkenntnissen Modelle für das Wohnen der Zukunft ent-

29 Marco D'Eramo, »Das Schwein und der Wolkenkratzer. Chicago – Eine Geschichte unserer Zukunft«, München 1966, S. 198

werfen? Für wen eignen diese Modelle sich? Sie eignen sich, wenn ich die erörterten Punkte zusammenfassen darf, für gebrechliche, behinderte, leicht verwirrte und auf dauernde Beobachtung angewiesene Menschen.

Der Befund muss also lauten: Wenn heute die besten Fachleute nach bestem Wissen und nach den neuesten Erkenntnissen Modelle für das Wohnen der Zukunft entwerfen, kommt dabei immer ein Altersheim heraus.

Eigentlich kann es gar nicht anders sein. Das Wohnen zu planen hat schließlich nur im Hinblick auf Leute einen Sinn, die nicht den ganzen Tag auf der Arbeitsstelle sind und abends bis tief in die Nacht von Termin zu Termin hasten. Wohnen kann nur, wer auch mal zu Hause ist. Und wer außer den Alten oder Gehbehinderten ist das?

Nun gar das Wohnen der Zukunft planen, heißt obendrein, für das Jahr meinetwegen 2040 zu planen. In diesem Jahr werden nach der Bevölkerungsprognose in der Bundesrepublik mehr als 35 Prozent der Einwohner über 60 sein. Wenn eine vergreisende Gesellschaft Zukunftspläne schmiedet: Wohin, wenn nicht ins Altersheim, sollen sie denn führen?

»Visionäres Wohnen«, um den programmatischen Titel der Informationsschrift über die Sargfabrik wieder aufzugreifen, heißt also heute, beim Bauen stets auf den Lebensabend zu schauen.

Man sollte es nicht tun. Denn wenn das ein Leben lang der Ausblick ist, wohin blickt man dann im Alter zurück?

# Interview, Ergänzungstexte & Notizen (2014-2016)

# Wie wenn ein Dreijähriger beim Kochen hilft*

F: »FAQ«, also Frequently Asked Questions – häufig gestellte Fragen, heißt Ihr neues Buch. Die häufigste Frage, die man über Sie zu hören bekommt, geht ungefähr so: Ist der Pohrt verrückt geworden? Jahrelang war er von den sogenannten Antideutschen als ihr Prophet verehrt worden. Aber als die ihn am 3. Oktober 2003 zu ihrem Geburtstag – oder war es eine Beerdigung? – einluden, kam er im Möllemann-Kostüm und jagte den Kids einen gehörigen Schrecken ein. Ist das Ihre Form von Pädagogik? Schocktherapie für schwererziehbare Antideutsche?

Pohrt: Das Publikum therapieren, pädagogisieren, schockieren, erfreuen oder sonst was – alles nicht mein Job. Schauspieler, Sänger oder Missionare müssen das, für einen Schreiber ist der Auftritt absolute Nebensache: Nichts weiter als der Anlass, mal wieder einen Text zu machen, und zwar einen, den ich für richtig und gut halten kann. Was das Publikum von ihm und von mir hält, ist zunächst zweitrangig.

Aber wenn der Text fertig ist, fängt man natürlich an, sich Gedanken zu machen. Warum wurde man eingela-

* Erschienen in der *jungen Welt* vom 30.4.2004. Das Interview führte Jürgen Elsässer. (A.d.H.)

den? Was erwarten die Leute? Welche Rolle wird man spielen? Man spielt bei solchen Auftritten immer irgendeine Rolle, und man weiß nie genau, welche. Keiner weiß es vorher, auch der Veranstalter nicht, erst nachher ist man schlauer. Die Art der Rolle hängt nämlich von der Phase ab, in der sich eine Bewegung oder Strömung gerade befindet. Und welche das ist, kann man eben nur durch so eine Veranstaltung ermitteln.

Das klingt vermutlich alles etwas unverständlich, weshalb ich es an einem Beispiel illustrieren will. Aus Altersgründen habe ich schon manche Bewegung kommen und gehen sehen, und mit der Zeit kriegt man bestimmte Verlaufsmuster heraus. Als die Friedensbewegung Anfang der 80er Jahre voll im Saft stand, war ich bei Podiumsdiskussionen der Pausenclown. Man lud mich ein, weil eine Versammlung ein Objekt braucht, das sie auslachen und über das sie sich empören kann, wenn die Leute sich auf die Dauer nicht langweilen sollen. Als es mit der Friedensbewegung dann langsam zu Ende ging, wurden aus dem Pausenclown der Feind und aus begeisterter Empörung Bitterkeit. Und dann kam plötzlich der Punkt, wo ich nur noch Freunde hatte. Bösartigster und gehässigster Spott über die Friedensbewegung wurde mit beifälligem Gelächter aufgenommen.

Ein anderes Beispiel waren die Freunde des bewaffneten Kampfes. Ebenfalls Anfang der 80er Jahre hatte ich eine Amnestiekampagne für die RAF-Gefangenen angeleiert: Die verbliebene RAF soll erklären, dass sie Schluss macht, und der Staat soll eine Amnestie erlassen. Zu jeder Veranstaltung von Rote-Hilfe-Gruppen, zu der ich eingeladen war, gehörte die Frau, die irgendwann unter Tränen losbrüllte, sie könne das Gelaber von diesem Staatsschutzschwein – damit war ich gemeint – nicht mehr ertragen. Verrat an den Gefangenen, Aufforderung zur Kapitulation etc. Es dauerte dann nicht mehr lange, bis eine Erklärung über die Selbstauflösung der RAF herauskam.

Mitglieder von Bewegungen oder Strömungen haben, wenn bislang die Gesinnung sie zusammenhielt, immer das Problem, wie sie wieder runterkommen von dem Trip, ohne das Gesicht zu verlieren. Das Problem stellt sich dann, wenn die Leute ihre eigenen Parolen eigentlich nicht mehr recht glauben mögen und sie zu mechanisch heruntergeplapperten Durchhalteparolen geworden sind. Solange die Leute noch mit sich selber ringen – hier das aus Vorsatz und Pflicht gespeiste Gewissen, dort die vereinte Kraft von uneingestandenem Wunsch und Vernunft –, haben sie gern eine andere Person, mit der sie ringen können. Wenn die Lösung vollzogen ist, haben sie gern eine Person, die sie in ihrer Entscheidung bestätigt. Und es muß eine Person sein, an deren Integrität nicht gezweifelt werden kann, auch wenn man sie als Staatsschutzschwein oder Antisemiten oder sonst was beschimpft.

Ich hatte mich also auf zwei Varianten eingestellt: Hysterische Ablehnung mit unschönen Szenen war die eine, heitere Zustimmung die andere. Was dann eintrat, war eine dritte Variante, die ich bislang nicht recht deuten kann. Vielleicht zeigt sich das erst später.

Wenn ich Sie übrigens noch in einem Punkt korrigieren darf: Es waren keine »Kids«, die im Saal gesessen sind, es sei denn, man rechnete auch noch die 25- bis 40-jährigen zu dieser Gruppe. Ich würde statt von den »Kids« lieber von den »jungen Alten« sprechen.

F: Sie schreiben wie selbstverständlich von »den Antideutschen«. Ist das nicht so, als würde man Kapitalisten mit ihrer Selbstbezeichnung »Unternehmer« nennen? Wenn diese Leute für die Kriege der USA Reklame machen, formulieren sie doch die Position der aggressivsten Teile des deutschen Militarismus. »Würde die Union den Kanzler stellen, stünden schon längst deutsche Soldaten im Irak«, sagte Wolfgang Schäuble vor Kurzem.

Pohrt: Ich glaube, Sie machen denselben Fehler wie die Antideutschen, nämlich den, sich an Klischees zu klammern, die es in der Realität nicht mehr gibt. Ohne es zu wollen, dementieren Sie doch selber, was Sie behaupten möchten. Wenn man für amerikanische Kriege Reklame macht, soll das die Position der aggressivsten Teile des deutschen Militarismus sein? Das kann eigentlich nur heißen, daß es keinen deutschen Militarismus mehr gibt.

Er entbehrt auch jeder materiellen Basis. Die Bundeswehr im Irak wäre von politischem Nutzen, aber nicht für Deutschland, sondern für die USA. Von militärischem Nutzen wäre sie allenfalls für den irakischen Widerstand, weil deutsche Einheiten für ihren Transport und Schutz abgestellte amerikanische Kräfte binden würden. Wenn die Bundeswehr irgendwo mitmischt, ist das, wie wenn ein Dreijähriger beim Kochen hilft: nett gemeint, aber im Hinblick auf Effizienz eher kontraproduktiv.

Was wäre übrigens außer befriedigtem Abgrenzungsbedürfnis der Gewinn, wenn eine Gruppe mit verkrampfter Political Correctness statt von Unternehmern nur noch von Kapitalisten sprechen würde? Haben solche Sprachregelungen der DDR genützt? Ich kenne nur einen Nutznießer. Das sind die Kabarettisten.

F: Daß der Antisemitismus auch ohne Juden auskommt, ist mittlerweile eine Allerweltsweisheit. Der »Antisemitismus ohne Juden«, so wird der Gedanke in der Regel fortgeführt, könne sich an Ersatzobjekte wie Spekulanten oder Israel heften. So gesehen ist schnell jede Kritik an der Börse oder an Scharon antisemitisch. Sie aber machen eine neue Gleichung auf und sprechen von antisemitischen Projektionen, wenn die US-Machthaber heute den islamischen Fundamentalisten Welteroberungswünsche, Pläne zum Abc-Waffen-Einsatz und Ähnliches unterstellen. Sind also die Moslems die Juden und die Bushisten die Nazis des 21. Jahrhunderts?

Pohrt: Ich halte es mit Marx, der von sich gesagt hat: »Vor allem bin ich kein Marxist.« Was soll dann erst der Unsinn, an den Nachnamen nicht eines Marx, sondern eines jeden Heinis die Nachsilbe -ismus anzukleben und dergestalt den Heini zum Ideenstifter von epochaler Bedeutung zu befördern? Mit dem Fordismus fing das an, jetzt geht es mit dem Bushismus weiter, demnächst dürfen wir in Schröderismus und Fischerismus promovieren.

Und warum immer im Sturmschritt die Jahrhunderte durcheilen? Wer was im 21. Jahrhundert gewesen ist, wird man erst in hundert Jahren wissen. Im Augenblick ist es so, daß die Juden die Juden sind und die Moslems die Moslems und die Christen die Christen, und nicht einmal darauf ist Verlass, denn »Allah ist groß, aber ein Cadillac ist größer« ist das gemeinsame Credo aller, man könnte fast von einer ökumenischen Zauberformel sprechen.

F: Der deutschen Gesellschaft attestieren Sie Hass auf Minderheiten. Bedroht sind Ihrer Meinung nach aber nicht Flüchtlinge, Ausländer und Juden, sondern Rechtsradikale. Die »Ächtung von Antisemitismus und Rassismus« ist für Sie nicht das Minimalprogramm der Linken, sondern »das moralische Korsett« der Herrschenden für den großen Raubzug gegen Arme, Alte und sonstwie Schutzlose. Haben Sie die neue EU-Studie über den dramatischen Zuwachs des Antisemitismus nicht gelesen? Sind 100 Mordopfer der Nazis seit dem Mauerfall für Sie eine vernachlässigbare Größe?

Pohrt: Stimmt nicht. Den Deutschen attestiere ich, dass ihnen inzwischen sogar die Kraft dazu fehlt, einen richtigen Hass zu entwickeln. Den sogenannten Kampf gegen den Rechtsradikalismus beschreibe ich als ein Spiel, das geltungssüchtige Politiker und geltungssüchtige Jugendliche zum beiderseitigen Vergnügen miteinander spielen.

»Ächtung von Antisemitismus und Rassismus« kann kein Minimalprogramm der Linken sein, wenn man unter Minimalprogramm das Existenzminimum versteht. Existenzminimum der Linken muss der Kampf gegen Ausbeutung und Armut sein. Andernfalls müsste das Kapital nur auf Antisemitismus und Rassismus verzichten, und schon hätte die Linke ihre Existenzberechtigung verloren. So führt sie sich übrigens derzeit auf.

Zur EU-Studie: Ich finde es drollig, wie ausgerechnet jene Linken, die früher nicht müde geworden sind, die bürgerliche Sozialwissenschaft als allerletzten Käse darzustellen, sich nunmehr mit kindlicher Gläubigkeit auf deren Untersuchungsergebnisse stürzen, wenn sie ihnen in den Kram passen, frei nach dem Motto, dass in der Not der Teufel Fliegen frisst. Hören Sie auf einen gelernten Sozialwissenschaftler mit einiger Berufserfahrung und glauben Sie keiner Untersuchung, wenn Sie die Ergebnisse nicht selbst gefälscht haben.

Und der letzte Punkt, die »100 Mordopfer der Nazis seit dem Mauerfall«: Erinnert mich an die 150 Opfer der kommunistischen Gewaltherrschaft vor dem Mauerfall, aber an der Mauer. Oder an die 900 Israelis, die Opfer von palästinensischen Anschlägen geworden sind. Oder an die 2000 Palästinenser, die bei Auseinandersetzungen mit israelischen Sicherheitskräften getötet worden sind. Was soll das politische Herumwedeln mit den Ergebnissen der Leichenzählerei bewirken? Ich halte dies morbide Ranking und Rating für sinnlos, weil es vornehmlich Abstumpfung bewirkt. Und wenn Sie jeden Halunken einen Nazi nennen, hat das die gleiche Wirkung.

F: Am Kampf gegen den Nazimob haben Sie sich Anfang der 90er Jahre publizistisch mit Verve beteiligt. Das sehen Sie wohl nicht als Fehler, sagen aber, wenn ich Sie richtig verstanden habe: The times they are a changing. Finden Sie heute politisches Engagement für Flüchtlinge und gegen Rassismus überflüssig oder gar falsch? Was ist die Alternative? Zurück zum Klassenkampf? Oder ab und zu mal ein Bier trinken mit den Nazikids und denen beibringen, dass nicht Jude oder Moslem, sondern Kapital und Kanzler ihre Gegner sind?

Pohrt: Es hat kein Kampf stattgefunden, also kann ich mich auch nicht an einem solchen beteiligt haben. Und meine späte Erkenntnis ist, daß der von mir so gescholtene Nazimob eigentlich keiner war, sondern etwas anderes. Merke: Alles, was Nazi ist, ist mies. Aber nicht alles, was mies ist, ist Nazi.

Überhaupt sollte man sich das Denken in Schablonen etwas abgewöhnen. Nur deshalb, weil einer Flüchtling ist, muss ich ihn noch lange nicht ins Herz schließen. Flüchtlinge waren auch die Nazis, die nach dem Sieg der Alliierten nach Argentinien geflohen sind. Flüchtlinge waren auch die Hutu-Milizen, als sie auf der Flucht vor den Rächern des von ihnen begangenen Massenmordes an den Tutsi gewesen sind.

Zur letzten Frage, der alten »Was tun?« Es wundert mich, daß Sie als Alternative zur Parole »Für Flüchtlinge, gegen Rassismus« nur Klassenkampf und Kumpelbier sehen.

Findet in diesem Land keine Verarmung und Verelendung statt? Sind davon nicht Millionen betroffen? Haben nicht Hunderttausende dagegen demonstriert, aufgerufen dazu von Organisationen, deren oberstes Ziel es stets war und ist, jeden entschlossenen Protest im Keim zu ersticken? Kein Betätigungsfeld für tatendurstige Linke?

# Berufsperspektiven:

## »Kein richtiges Leben im falschen«

Die Glücklicheren unter denen, die einst Schule und Hochschule radikal infrage stellten, die in aktiven Streiks die Abschaffung des Dozenten proklamierten und die Selbstorganisation des Studiums praktizierten, und die anhand der Thesen von *Il Manifesto* die Überflüssigkeit des Volksschullehrers diskutierten – sie sind nun selbst Lehrer an Schulen oder Hochschulen geworden.

Diejenigen also, die einst die Zumutung empört zurückgewiesen hätten, durch ihre Arbeit in den Institutionen dieser Gesellschaft zur Funktionsfähigkeit des schlechten Ganzen beizutragen, und dies um den Preis, im Trott des bürgerlichen Berufsalltags selbst zur Schießbudenfigur mit schütterem Haar, verbitterter Seele, eisernem Pflichtgefühl und schlaffen Gliedern zu werden – sie alle sind entweder verbeamtet oder aber verelendet, dequalifiziert, kaputt, inhaftiert oder tot.

Den Davongekommenen, die teils auch die Revolution nicht ohne die Rückversicherung eines ordnungsgemäßen Studiums betrieben, teils rechtzeitig ihre akademische Resozialisierung einleiteten, meist aber einfach Glück hatten – ihnen erging es nicht anders als allen in dieser Gesellschaft, die sich überhaupt noch dazu aufraffen, etwas Substanzielles zu wollen: sie endeten als gescheiterte Existenzen. Daraus ist ihnen kein Vorwurf zu machen, wohl aber daraus, daß sie das unglückliche Bewußtsein davon verdrängen.

Trifft man heute Kollegen, die man noch als Genossen kannte, so wird man unverzüglich nach dem Beruf gefragt – wohl dem, der dann auch einen solchen präsentieren kann. Erklärt man dann wahrheitsgemäß, daß man leider auch einen solchen ergreifen mußte, da man von revolutionärer Theorie und Praxis allein leider nicht leben kann und man im Sozialisationssektor immer noch leichter und besser verdient als in der Fabrik, welche aus Gründen der eigenen Qualifikation die einzige Alternative wäre – so wird man als Zyniker verfemt und mit bohrenden Fragen überschüttet. Bleibt man standhaft und betont, daß man den Job als kleineres Übel betrachtet, in welches man möglichst wenig Zeit und schon gar nicht seine sämtlichen politischen Ambitionen stecken will, so erntet man Entrüstung. Dann wird man gefragt, was man eigentlich in der restlichen Zeit tue. Hat man keine sozialen Umtriebe nachzuweisen und läßt auch die Fummelei an Büchern und eigenen Papieren, das qualvoll schleppende Gestakse, bis man mal einen halbwegs vernünftigen Satz zu Papier bringt, nicht als wissenschaftliches Großforschungsprojekt mit vornehmsten politischen Zwecken firmieren, sondern gibt freimütig zu, daß man in der freien Zeit eigentlich auch nichts Gescheites tut und bereits von den widerlichen Alltagspflichten wie Einkaufen, Bürokratie etc. reichlich zermürbt ist – dann greift Empörung um sich. Seit die Linken berufstätig sind, haben sie auch das Ethos rastloser Geschäftigkeit wiederentdeckt, und indem sie ihre politische Moral, der alle besseren Kanäle verschlossen sind, komplett in ihren Berufsalltag einbringen, werden sie am Ende die einzigen sein, die den Betrieb so maroder Institutionen wie Schule, Universität und Sozialfürsorge aufrechterhalten.

Auffällig ist ein eiserner Vorhang aus Optimismus, der wie eine Festung verteidigt wird und jede Verständigung unmöglich macht. Ohne es recht zu merken, haben die berufstätigen Linken von den Institutionen, die sie zu unterminieren glauben, deren eigentümliches Verhältnis zum Rest der Welt übernommen. Was in dieser nicht in Ordnung ist, reduziert sich dabei aufs Funktionelle. Die Mißratenheit der Welt taucht nur noch in der Form auf, wie die Institutionen sie definieren: als Objekt der Macher und Organisatoren. In diesem Verhältnis zu den Unterprivilegierten, namentlich aber auch in diesem Verhältnis zu sich selbst, sind sämtliche alltäglichen Erfahrungen abgeblockt, an deren Radikalität sich die Revolution als lebendige Notwendigkeit erweisen würde: Grauen, Ekel, Entsetzen. Die Unfähigkeit, in sich selbst das trostlose Schicksal einer gescheiterten Existenz zu erkennen, entspricht der Fähigkeit, den Umstand, daß man ein paar armen Teufeln zu Almosen nach dem Bundessozialhilfegesetz verholfen hat, mit sichtlicher Befriedigung als Erfolgserlebnis zu verbuchen. Die Verhärtung gegen sich selbst korrespondiert dem sozialfürsorgerischen Verhältnis zu den anderen Menschen. Dessen Eiseskälte ist die Voraussetzung dafür, den Deformierten auch noch freundlich auf die Schulter zu klopfen. Als Objekte brauchen sie nicht ernst genommen zu werden. Ekel und Grauen, die das Wesen ihres wie des eigenen Daseins treffen würden, kann man sich daher sparen. Als Sterilität der eigenen Erfahrung haben auch die Linken den manipulativen Blick der Institutionen übernommen. Ihre voraussetzungslose Menschenfreundlichkeit verdankt sich dabei in Wahrheit weniger der politischen Überzeugung, als daß sie ein Erfordernis des Berufslebens ist: Als Lehrer ist man gezwungen, mit den Schülern auszukommen, und sei es durch Anbiedern.

Freilich hat der Vorhalt, den Berufstätigen auf seine gestiegene Verantwortung aufmerksam zu machen, ein wahres Moment, von welchem die Verkehrtheit des Ganzen erstaunliche Energie bezieht. Unbestreitbar bedeutet Berufstätigkeit eine Zäsur, die dem sehr gebrochenen, aber vorhandenen Glück der Leichtlebigkeit von Studenten, Hippies, Gammlern, Trampern und Gelegenheitsarbeitern ein bitteres Ende bereitet. Deren Glück verdankte sich wesentlich der Exterritorialität ihrer Existenz, insofern diese aus dem integralen Zusammenhang von objektiver Schuld, Pflicht, Nichtigkeit und Monotonie herausfiel, den das Berufsleben bildet. Als Gammler kann man den lieben Gott auch mal einen guten Mann sein lassen und ist gleichwohl nicht zwangsläufig sofort ein objektiver Bückling mit allen subjektiven Konsequenzen. In seiner unmittelbaren Existenz – so wie er dahinlebt, faulenzt, sich langweilt, keinen Finger krumm macht – ist bereits der Widerstand gegen den Zwangszusammenhang und die Emanzipation von ihm vorhanden, ohne welche man heute keine glückliche Sekunde mehr erlebt. Im Beruf hingegen, zumal als Beamter im Sozialisationssektor, schaffen schon die vielfältigen Bestechungsgelder (über das Gehalt hinaus, welches allein schon durch seine grundlose Höhe in Relation zur eigenen Leistung die Form von Schmiergeld annimmt, mit dessen Zahlung der Geber anrüchige Erwartungen verbindet, gibt es verbilligte Wohnungen, Weihnachtsgeld und endlos viele Beihilfen) die Verpflichtung zu aktiver Untreue, will man sich moralisch behaupten.

Richtig zu leben wird also schwerer. In der Arbeit selbst ist man mit Macht ausstaffiert, die Spontaneität verantwortungslos macht und damit tendenziell liquidiert. Als Lehrer oder Dozent muß man sich die Genugtuung verkneifen, einem blöden Esel auch mal nach Herzenslust die Meinung zu sagen. Man riskiert sonst dessen Depression oder das eigene Disziplinarverfahren. Als Angestelltem des Staates stehen einem dessen Machtmittel zur Seite: Hausrecht, und dahinter immer irgendwo Polizei, Bundesgrenzschutz etc. Auf sie zu verzichten ist dem subjektiven Belieben des Einzelnen, eigentlich seiner Gutmütigkeit anheimgegeben. So bleibt auch der Verzicht auf Herrschaft, der freundliche antiautoritäre Ton im Umgang mit Schülern und Studenten stets gönnerhaft: Unmittelbare Solidarität zwischen Mächtigeren und Ohnmächtigeren kann es beim besten subjektiven Willen nicht geben. Solange hinter jedem Lehrer in letzter Instanz die Bundeswehr steht, bleibt seine Solidarität mit den Schülern Programm. Als Veranstaltung des Staates setzt jedes Seminar den politischen Ambitionen des dort Dozierenden Grenzen, auf die sich kein politischer Anspruch festnageln lassen darf, wenn er einer bleiben will. Im Seminar kann man freundlich zu den Studenten sein, richtige und radikale Dinge sagen, unermüdlich die falschen Vorstellungen aufnehmen, aufdröseln, zurechtrücken – und dies ist schon schwer genug. Richtige Theorie kommt immer mit dem Radikalen-Erlaß in Konflikt, und man muß ständig auf der Hut sein, daß dieser nicht unbemerkt das gesellschaftstheoretische Interesse von den wichtigen Gegenständen weg und hinein ins uferlose seichte Meer der soziologischen Literatur lenkt, zu welchem Ablenkungsmanöver die Konkurrenz mit den Kollegen das Ihre beiträgt. Fürs Aufdröseln und Zurechtrücken der falschen Vorstellungen ist dann die Unbefangenheit gegen den Radikalen-Erlaß noch längst keine hinreichende Bedingung: So komplett falsch, wie die Vorstellungen heute sind – und keineswegs nur bei den Studenten, sondern auch in sämtlichen gedruckten Niederschlägen der Disziplin, die sie lernen sollen, und schließlich auch bei einem selbst überall dort, wo man nicht gerade ausgiebig und scharf nachgedacht hat –, erforderte diese Arbeit einen der ausgestorbenen Geistesriesen, die souverän über eine enzyklopädische Kenntnis ihrer Disziplin verfügten. So ist man stets in Gefahr, seine ganze Kraft in einen blöden Beruf zu stecken und vor lauter wissenschaftlicher Betriebsamkeit das Denken zu vergessen. Aus der Aporie, daß man eigentlich über die ganze Tradition des Wissens verfügen müßte, sich dieses aber als Produkt des die Menschen verdummenden Spätkapitalismus, welches man selber ist, nur um den Preis des Verzichts aufs Denken, also gar nicht aneignen kann, weil allein sein Volumen in grotesker Relation zum dem schwachen Ich gerade noch Kommensurablen steht – aus dieser Aporie gibt es kein Entkommen. Jedenfalls muß man der Gefahr begegnen, sich unter Konkurrenz- und anderen Nöten vom aufgehäuften Wissen überwältigen zu lassen und dadurch zu verdummen. Dies nämlich ist der Punkt, an dem sich individualgeschichtlich die Dialektik der Aufklärung reproduziert: Nachdem das Denken, naturwüchsig weitertreibend, sein Subjekt verzehrt hat, welches einst der Logik, wo sie gegen den Menschen war, Einhalt gebieten konnte, wird es selbst so unmenschlich wie dumm.

So müßte also der Appell ans Verantwortungsbewußtsein des Berufstätigen, statt diesen zu intensivstem Engagement in seinem Beruf zu animieren, welches sich ohnehin kaum vermeiden läßt, mit weit mehr Berechtigung von ihm verlangen, daß er nicht mehr Zeit und Kraft in seine Berufstätigkeit investiert, als sich angesichts von deren borniertem Charakter politisch überhaupt verantworten läßt. Wie freundlich nämlich der Ton und wie richtig und radikal die Theorie auch sein mögen, stets bleibt im Seminar die Praxis von Seiten des Dozenten zwangsläufig tabu, und zwar nicht nur aus beamtenrechtlichen Gründen – schon die offene Aufforderung, gemeinsam an einer militanten Demonstration teilzunehmen, würde die Entlassung zwangsläufig nach sich ziehen –, sondern auch aus strukturellen Gründen. Schon den Seminarbetrieb kann der Dozent nicht wirklich verändern, weil eine verordnete, nicht von den Betroffenen erkämpfte Veränderung (in welchem Kampf diese ihr Selbstbewußtsein, und das wäre die reale Veränderung, gewinnen würden) keine ist – die sozialistische Revolution wird nicht von aufgeklärten objektiven Unterdrückern gemacht, die jene den Untergebenen befehlen. Die den Untergebenen großmütig, jovial, gönnerhaft gewährte Macht ist für diese keine wirkliche, sondern wirklich ist für sie nur solche Macht, die sie sich selbst genommen haben und auch verteidigen können. Schließlich wäre auch der linke, gutwillige Dozent bei einer wirklichen Veränderung deren objektives Opfer, wie sehr er sie subjektiv vielleicht auch begrüßen mag: zumindest würden sein Gehalt auf das Durchschnittseinkommen reduziert und alberne Privilegien wie separates Büro etc. gestrichen. So ist der Dozent auch weitgehend machtlos gegen die Apathie der Studenten, die gerade im Seminarbetrieb ihren objektiven Ursprung hat, weil dieser allein den Dozenten berechtigt, sich als Subjekt zu behaupten: Mag er auch leeres Stroh dreschen, seine Worte zählen. Daraus entwickeln sich Motive genug, auch mal einen vernünftigen Satz zu formulieren. Die Aufmerksamkeit, die ihm aus anderen als theoretischen Gründen gezollt wird, ist das Medium, in dem sich auch theoretisch ganz gut arbeiten läßt: Wem Gott ein Amt gibt, dem gibt er auch Verstand (heute auch nicht mehr). Wie wenig ein Dozent vom Seminar auch profitieren mag, in Relation zu den Studenten ist er immer noch sein erster Nutznießer. Wirklich verändern kann nur, wer als einer der Betroffenen allein und gemeinsam mit anderen den Seminarbetrieb, also auch seinen leiblichen Repräsentanten, den Dozenten, angreift. Das aber kann der Dozent nicht selber tun. Desgleichen verliert seine Aufforderung zu revolutionären Taten ihren revolutionären Gehalt. Als angeordnete, nicht im Widerstand zu jeglichem Anordnenden entwickelte, ist sie auch schon integriert. Diese Gefahr besteht gerade auch fürs Lehren revolutionärer Theorie. Insofern diese als Veranstaltung des Staates figuriert, werden ihr auch schon die Fangzähne gezogen. Vernünftige Theorie mitteilen zu müssen einerseits, andererseits diese durch den akademischen Rahmen der Mitteilung zu integrieren und den Widerstand damit theorie- und sprachlos zu machen, den Revolutionären ihre Theorie zu stehlen – dies ist die Aporie eines jeden, der als Angestellter des Staates so tun muß, als träfe er im Seminar nur um der Sache selbst willen mit anderen Menschen zusammen (wie in einer politischen Gruppe, die sich aber aus freien Stücken versammelt hat), um die richtige Vorstellung von der Gesellschaft und deren Veränderung zu diskutieren.

Weil die berufstätigen Linken diese Schwierigkeiten nicht sehen, an denen die Realisierung ihres politischen Anspruchs im Berufsalltag scheitern muß, was auch eine verdächtig bequeme Lösung wäre: Wäre die Revolution so einfach, daß man für sie auch noch besoldet und mit akademischen Ehren versehen wird, dann wäre die Gesellschaft gar nicht so schlecht und die Revolution eigentlich überflüssig – opfern sie sich, wie alle Angestellten, im Beruf auf und verzichten auf mit diesem nicht vereinbare politische Aktionen. Wenn sie dabei griesgrämig und verbittert werden, müssen sie sich nicht wundern, existiert doch das Glück gerade für sie, die keine Gammler mehr sind, nur noch in der befreienden Tat. Weil sie resigniert haben, predigen sie Optimismus: preisen die große Zahl linker Lehrer und Dozenten, die schon im Vergleich zu 1965 riesig ist und stets noch anschwillt, erwarten von diesen Wunderdinge und übersehen dabei, daß der Widerstand der Schüler und Studenten gegen sämtliche Lehrer und Dozenten, an welchem die Protestbewegung ihr Leben hatte, zusammengebrochen ist.

1975

# Ein Stadtteil mit Vergangenheit

## Die Thermometersiedlung

Mit Sicherheit ist die Thermometersiedlung im äußersten Süden West-Berlins eines nicht: der Ort, wo ein Sonntagsmaler seine Staffelei aufbauen würde, oder wo der Amateurfotograf spontan seine Kamera zückt. Umso tiefer empfunden dürfte dafür die Genugtuung sein, welche den Kulturkritiker beim Anblick der abweisenden Fassaden und der verödeten Spielplätze überkommt, sieht er sich hier doch in seinem Urteil über den inhumanen Charakter der modernen Zweckbauten- und Wohnwabenarchitektur wieder einmal auf das Schönste bestätigt. Und in der Tat werden die wallartig aufgetürmten Gebäude sehenswert erst in der Dämmerung, wenn sich das schmutziggraue Eternit-Einerlei in eine imposante Geometrie aus schwarzen Konturen und hell erleuchteten Fensterflächen verwandelt.

Als Postkartenmotiv war die Thermometersiedlung freilich auch nicht gedacht, als 1965 mit ihrem Bau begonnen wurde. Vielmehr sollten praktische, komfortable und trotzdem erschwingliche Neubauwohnungen geschaffen werden für Mieter, die der damals schon einsetzenden Debatte über die »Unwirtlichkeit unserer Städte« etwas verständnislos gegenüberstanden. Denn in der fußkalten Hinterhofwohnung mit Ofenheizung, Blick auf die Brandmauer, Klo eine halbe Treppe tiefer, verstand man unter städtischer Unwirtlichkeit weniger den Mangel an urbanem Erlebnisraum und befriedigender Ästhetik, sondern dort sah man die Probleme wesentlich konkreter. Oft wird bei der Klage über die Seelenlosigkeit moderner Wohnviertel, über ihre Sterilität und Reizlosigkeit vergessen, daß diese Wohnviertel einst große Attraktivität für keineswegs hoffnungslos Verblendete besaßen. Dort zog es vielmehr Leute hin, die in ihrer alten Mietskaserne, wo die Vergangenheit viel zu gegenwärtig ist, als daß einer ihr nachtrauern könnte, von der Neubauwohnung mit sonnigem Balkon, hellen Räumen, großen Fenstern, Gastherme, Zentralheizung, Rasen vor der Tür und Auslauf für die Kinder träumten.

Selbst den Bewohnern solcher Siedlungen merkt man freilich heute kaum noch die Leidenschaft an, mit welcher der Papierkrieg um den Berechtigungsschein für die ersehnte Komfortbehausung einmal ausgefochten wurde. Nur manchmal erinnert sich einer an die Kniffe und Tricks, ans Zittern und Bangen, das mit dem Antichambrieren und Guten-Eindruck-Machen verbunden gewesen war, und schließlich an den Überschwang, wenn die Wohnung allmählich bezugsfertig wurde und Pläne für die Aufteilung und Einrichtung der Zimmer geschmiedet werden konnten.

Auch viele Mieter der Thermometersiedlung wissen noch von der Zeit zu erzählen, als das bevorzugte Sonntagsausflugsziel der Familie nicht etwa der Grunewald war, sondern ein eher garstiges Gelände, wo aber die künftige Wohnung schon im Rohbau bewundert werden konnte. Wer damals freudig in eine noch unfertige Siedlung zog, ohne über Schmutz und Lärm zu klagen, besaß in der Regel einen Wohnberechtigungsschein mit Dringlichkeitsstufe eins. Bevorzugt erhielten ihn junge bedürftige Familien mit kleinen Kindern, die unter beengenden, schlechten und gesundheitsgefährdenden Bedingungen hatten wohnen müssen. Noch gut erinnert sich eine Mieterin in der Fahrenheitstraße an die Zeit, als man im Haus mehr als 30 Kinder zählte, die aber angeblich viel wohlerzogener als die Kleinen von heute waren und im Unterschied zu den heutigen Kleinen überhaupt nicht störten. Leise wird freilich eingeräumt, auch das Verhältnis der Mieter zu Kindern hätte sich geändert, seit die eigenen erwachsen sind.

Die hohe Konzentration von jungen Familien mit kleinen Kindern vor 17, 18 oder 19 Jahren in einem abgegrenzten und nicht zu erweiternden Wohngebiet ist einer der Gründe dafür, warum sich die Siedlung inzwischen so stark verändert hat. Denn während normale Stadtteile im Prinzip über lange Zeit ihre Balance zwischen den verschiedenen Altersgruppen halten können im Einklang mit dem natürlichen Verlauf der Dinge, und während diese Balance sich bei kleinteiligen Neubesiedelungen einpendeln kann, wenn die erste nachwachsende Generation sich in dazugebauten Häusern am selben Ort niederläßt, sind in der Thermometersiedlung nicht nur einzelne Menschen, sondern ist gleichsam die ganze Siedlung gealtert. Die Erstbezieher wohnen in der Regel immer noch dort, nur sind mittlerweile die Kinder erwachsen geworden, sie haben, von wenigen Ausnahmen abgesehen, nicht nur die Wohnung der Eltern, sondern auch Haus und Siedlung verlassen. Wo einst die Reize wie Beschwernisse des Lebens darin bestanden, daß viele Personen sich im Alltag aneinander rieben, da teilt sich ein Ehepaar mittleren Alters und mit konsolidiertem Einkommen nun allein die acht, zwölf oder sechzehn Wände.

Die Ansammlung von Personen, die eigentlich schon erreicht haben, was für sie im Bereich des Möglichen stand, die hohe Konzentration von Leuten also, die keinen sonderlichen Ehrgeiz und keine großen Zukunftsperspektiven mehr besitzen und deren Hauptinteresse es vielmehr ist, sich den Alltag so gemütlich und ungestört wie möglich einzurichten, mag einer der Gründe dafür sein, warum man in der Thermometersiedlung durchweg gern, aber ohne große Begeisterung, oder weniger gern, aber ohne tiefe Verzweiflung wohnt: Unsere hypothetische Frage, ob man, wenn man eine geeignete Wohnung fände, umziehen würde, wurde fast durchgängig mit der Auskunft beantwortet, das müsse man sich überlegen.

Der schleichende Attraktivitätsverlust der Siedlung in den letzten Jahren hat viele Gründe, sie liegen nicht nur in den baulichen Gegebenheiten des Gebiets selbst, auch die Bewohner und nicht zuletzt die öffentliche Meinung haben sich geändert.

Bei Leuten im fortgeschrittenen Alter kommt noch hinzu, daß man in dieser Lebensphase anfängt, die Vergangenheit etwas zu vergolden. Auch wachsen mit dem Wohlstand, der sich im Laufe der Jahre mit der Berufserfahrung und der wieder mitverdienenden Frau bei nicht wenigen gemehrt hat, die Ansprüche. Da ist es schlecht, wenn die Siedlung nicht mithalten kann, während es in den Wohnungen immer edler und gepflegter wird.

Bei den jungen Mietern hingegen, die mit besonderer Dringlichkeit endlich eine Wohnung bekommen, setzt nicht selten bald die große Ernüchterung ein. Ganz allgemein überschätzen Menschen auch gern den Wert von Dingen, die sie nicht besitzen: Wer im feuchten Souterrain oder im Übergangslager wohnt, verspricht sich von der schönen modernen Wohnung das Paradies auf Erden. Der Euphorie werden dann Enttäuschung gleichen Umfangs folgen, weil sich das Paradies auf Erden durch einen Umzug selten herstellen läßt, wo das Leiden unter schlechten Wohnverhältnissen als dominierender Faktor das Lebensgefühl beherrscht, wird man von der neuen

Wohnung die Lösung aller Probleme erwarten. Oft aber tritt das Gegenteil ein, denn mit jedem erfüllten Wunsch ist man auch um eine Illusion ärmer, um die Illusion, daß die Erfüllung gerade dieses Wunsches umfassendes Glück verheißen würde. Und ändert sich nach dem Umzug das Lebensgefühl nicht, weil die Probleme mit Familie und Beruf immer noch die alten sind, ist die Versuchung groß, auch den neuen und auswegloseren Kummer nach bewährtem Rezept auf Nachteile der neuen Wohnung zurückzuführen.

Aber die Neubaugebiete der 60er Jahre haben auch Konkurrenz bekommen, während man früher, zumindest als sozialwohnungsberechtigter Mieter wenig Alternativen hatte. Zu nostalgischen Gefühlen gab es damals noch wenig Anlaß: Zwar hatte das verlassene oder vergleichend betrachtete Innenstadtviertel sicher damals schon viele gemütliche Ecken, es war aber zum Wohnen, insbesondere für Familien mit Kindern, wenig einladend.

Erst der moderne Komfort oder die Distanz zu den Lebensformen in alten Stadtvierteln hat uns in die Lage versetzt, ihre reizvollen Seiten zu genießen. Es trat dabei ein Effekt ein, den man als Nostalgie bezeichnet: Unzufrieden mit einer Gegenwart, über deren Nachteile man täglich stolpert, begann man wehmütig den besseren Seiten der Vergangenheit nachzutrauern. Vor die Wahl gestellt, wollte man aber noch lange Zeit vernünftigerweise nicht die sterile, aber zentralbeheizte Neubauwohnung gegen das lebendigere, aber laute und dunkle Altstadtdomizil eintauschen und viel weniger noch gegen ein Quartier in der alten Mietskaserne, die sich vom Neubau nicht durch geringere Einförmigkeit, sondern nur durch geringeren Komfort unterscheidet.

Heute aber sind sowohl in den verkehrsberuhigten und neu geordneten Altstadtgebieten mit den modernisierten

Altbauwohnungen und den eingefügten Neubauten als auch in den Neubausiedlungen der 80er Jahre attraktive Alternativen entstanden. Allerdings sind z.B. die spektakulären IBA-Wohnungen* oder die Neubauten benachbart am Woltmannweg auch nicht ohne weiteres für Leute aus der Thermometersiedlung verfügbar. Der Vergleich liegt aber nahe und wird auch sehr wohl gezogen, und da passiert es leicht, daß sich Bewohner aus der Thermometersiedlung wie die armen Verwandten fühlen.

Die Zufriedenheit der Mieter mit ihren Wohnungen bildet sich eben nicht nur im direkten Kontakt zwischen Mieter und Wohnung, sondern sie ist auch abhängig von den allgemeinen Trends, einerseits zurück zur Natur, zurück zur guten alten Zeit, andererseits immer schicker und nobler zur Darstellung eines Lebensgefühls und Lebensstandards, welche in der Regel mit den tatsächlichen Lebensverhältnissen nicht übereinstimmen. Und wenngleich es nicht leicht ist, aus solchen Überlegungen praktische Handlungsanweisungen abzuleiten, so haben sie doch den praktischen Sinn, durch Relativierung momentan empfundener Mängel und Leitbilder vor blindem Eifer und Tatendrang zu schützen, vor unnützer Bau- und Veränderungswut, welche die Verhältnisse nicht wesentlich verbessert, sondern vielleicht eher wieder neue Nachteile schafft.

Darüber hinaus aber lebt in der modischen, fast obligatorisch gewordenen Aversion gegen Neubauviertel vom

* Nach der Kahlschlagsanierung im Berlin der siebziger Jahre und aufgrund der Proteste der Hausbesetzerbewegung Anfang der achtziger Jahre kam es mit der Internationalen Bauausstellung zu einer Umkehr in der Stadtplanung, d.h. man legte mehr Gewicht auf eine Erneuerung der Altbaubestände und auf das Einfügen von Neubauten in den Bestand. Siehe auch: https://de.wikipedia.org/wiki/Internationale_Bauaustellung_1987 (A.d.H.)

Typ Thermometersiedlung – ein Mensch von Geschmack, Bildung und Niveau hat heute gleichsam die heilige Pflicht, sie entsetzlich zu finden – eine Haltung fort, die als Mischung aus Großstadtfeindschaft und Agrarromantik beschrieben wurde, und die sich neuerdings paradoxerweise gern als Plädoyer für Urbanität maskiert. Denn in der Romantisierung der alten Stadtviertel, liebevoll »Kiez« genannt, und in der Glorifizierung des Gewachsenen und Gewordenen, dominiert die Tendenz, die Großstadt stillschweigend an Maßstäben zu messen, die früher einmal für das Dorf gegolten hatten, für eine Siedlungsform ohne Umbrüche und Dynamik. Im Dorf, nicht in der Großstadt existierten stabile, um nicht zu sagen: starre Strukturen. Hier setzte der gesellige Verkehr zwischen Menschen voraus, daß möglichst schon deren Großeltern sich beim Vornamen kannten. Hier war ein neu Hinzugezogener möglicherweise auch nach 20 Jahren noch ein Fremder, weil er auf ein geschlossenes, in sich kastenartig gegliedertes System traf, welches gegen jede Auflösung hartnäckig verteidigt wurde.

Im Unterschied zur geschlossenen Lebensform, die von jedem Neuankömmling zumindest verlangt, daß er sich ihren Initiationsriten und Verhaltensvorschriften unterwirft, damit er vielleicht und nach langer Zeit aufgenommen werde, war aber die Großstadt schon immer ein Zuzugsgebiet, ein Schmelztiegel: Der typische Berliner wurde anderswo geboren, nicht nur im letzten Jahrhundert, dem Jahrhundert riesiger Zuwanderung aus Pommern und Polen, sondern auch heute noch. Und den Reiz großstädtischer Verkehrsformen macht es gerade aus, daß man hier gelernt hat, als Nachbarn, Freunde und Bekannte Menschen zu akzeptieren, die man nicht von Kindesbeinen an kannte. Hier wurde erfolgreich der animalische Reflex überwunden, die nähere Umgebung als eigenes

Revier zu betrachten, welches gegen fremde Eindringlinge verteidigt werden muß.

Auch heute noch hängt die Qualität sozialer Beziehungen zwischen den Menschen nicht nur davon ab, daß solche Beziehungen sich in einem identischen und stationären Personenkreis über die Jahre hinweg entwickeln und festigen konnten. Dabei muß noch hinzugefügt werden, daß sich über die Jahre hinweg keineswegs nur die Freundschaften, sondern auch die Feindschaften zu intensivieren pflegen. Allgemein ist bekannt, daß etwa im Urlaub, wo man sich auf neutralem Gebiet befindet und deshalb der Revierverteidigungsreflex stark gemildert ist und offene Verhaltensformen gelten, trotz hoher Fluktuation sehr schnell Bekanntschaften und Freundschaften von bisweilen langer Dauer entstehen – im Ausland. wohlgemerkt, wo der Ausländeranteil jedenfalls höher ist als in jenen deutschen Ballungsräumen, wo angeblich die gute Nachbarschaft unter dem Dazwischentreten von Ausländern leidet. Kein Witz ist die Geschichte von den zwei Familien, die lange Zeit ohne Notiz voneinander zu nehmen im gleichen Mietshaus wohnten, und die sich nun regelmäßig besuchen, seit sie einander zufällig auf Mallorca begegnet sind.

Die Thermometersiedlung selber ist eigentlich der beste Beweis dafür, daß soziale Beziehungen nicht nur von der Dauer des Zusammenlebens abhängen, sondern auch von den Umständen, unter denen es geschieht. Denn viele Erstbezieher sprechen davon, daß die Kontakte zu den Nachbarn früher, in den Anfängen, viel besser waren – zu einer Zeit also, als eine bunt zusammengewürfelte Bewohnerschaft sich noch im Anfangsstadium der Beschnupperungsphase befand. Und gerade heute, wo der überwiegende Teil der Bewohner sich seit 17 Jahren kennt, werden die sozialen Beziehungen teilweise als problematisch empfunden, mit Verweis auf Neuhinzugezogene zwar, die aber so wenige sind, daß sie von einem intakten Sozialgefüge bequem ignoriert werden könnten. Die Klage über Neuhinzugezogene hat auch den Entlastungseffekt, den manchmal frostigen Kontakt von Altmietern untereinander auf Fremde zu projizieren. Exemplarisch dafür ist vielleicht die Auskunft einer sehr alten Dame, die sich über zu viele Ausländer beschwerte. Konkretisieren ließen sich diese Beschwerden nicht, es sei einfach »nicht mehr so gemütlich«. Die gleiche Dame gab an, weder im Haus noch in der Siedlung mit irgend jemandem mehr als ein »Guten Tag« zu wechseln.

Im Laufe der Untersuchung hat sich uns daher manchmal der Eindruck aufgedrängt, daß es paradoxerweise, auch die Erstbezieher, die unproblematischen Stammmieter, die Langzeitbewohner sind, die der Herausbildung eines ausgeglichenen Altersgefüges und einer offenen und freundlichen Kommunikationsstruktur im Wege stehen. Denn unbezweifelbar ist die Stabilität der Erstmieter der Grund dafür, daß sich die Bevölkerungsstruktur unaufhaltsam ändert: Aus jungen Ehepaaren mit vielen Kindern werden alte, manchmal auch einsame Leute, die mit der Zeit auch den Kontakt zueinander verlieren. Und kontaktarm, wie sie untereinander sind, begegnen sie auch Neuankömmlingen mit Reserviertheit. Es hat sich in der Siedlung mit der Zeit auch eine Art von unausgesprochenem Korpsgeist vieler Erstbezieher herausgebildet. Möglicherweise ist diese Abgrenzung auch ein Grund für den Vandalismus, den viele Mieter beklagen. Leicht wird die Siedlung von neu Hinzuziehenden mit den Erstmietern identifiziert, und wenn ihnen von diesen Ablehnung entgegenschlägt, wird dies auch mal durch Sachbeschädigung an Treppenhäusern und Fahrstühlen vergolten. Uns wurde von einem 70-jährigen Mann berichtet, der vom Balkon Wasser auf Jugendliche kippte, weil er sich in seiner Ruhe gestört fühlte, und es gehört wenig Phantasie dazu, sich in die Gedankenwelt Halbwüchsiger hineinzuversetzen, die auf Rache sinnen und zu dem Schluß kommen, daß ein defekter Fahrstuhl in diesem Fall genau die richtige Strafe ist.

Es ist also zu beobachten, daß auch die Thermometersiedlung im guten wie im schlechten Sinne schon ein »Kiez« geworden ist: Man fühlt sich hier zu Hause und die heimisch Gewordenen verteidigen seine Stabilität, von jungen Leuten wurde die Vokabel auch explizit ausgesprochen, z.B. wenn sie klagten, daß sie so wenig Chancen haben, hier wieder eine Wohnung zu bekommen. weil Fremde aufgrund ihres Wohnungsberechtigungsscheines mit Dringlichkeit vorgezogen würden.

Sicher hat der Niedergang der alten »Kieze« daran gelegen, daß der Zeitgeist gegen sie war und sie keine ausreichende Veränderungsdynamik hatten, um sich an die sich wandelnden Ansprüche dynamischer Altbewohner und neue Anliegen junger Hinzuziehender kontinuierlich anzupassen. [...]

1988

# Der Wille zum Flop

## Diskussion mit Henryk M. Broder*

*Broder:* Ich habe kein Statement vorbereitet, weil ich naiverweise annahm, das würde spontaneistisch zugehen ohne größere Vorbereitungen. Aber ich will mich zuerst für die Einladung bedanken. Ich habe mich lange und vergeblich darum bemüht, zu einer der offiziellen Feiern zum 3. Oktober eingeladen zu werden. Es hat nie geklappt. Und ausgerechnet in dem Jahr, da es in Berlin keine offizielle Feier gibt, darf ich auf einer alternativen Feier sprechen. Das ist doch auch was.

Ich stimme mit fast allem, was Wolfgang Pohrt gesagt hat, überein, außer mit dem meisten. Er ist ein wunderbarer Analytiker und ein sehr genauer Beobachter der Zustände. Aber diese hemdsärmelige, willkürliche Verknüpfung von allem mit allem geht mir dann doch ein bisschen zu weit. Natürlich hängt alles mit allem zusammen. Und wenn Sie einen Stein in einer Reihe von Dominosteinen umstoßen, fällt alles zusammen. Aber vielleicht kann man doch nicht alles miteinander vermengen.

Ich will kurz auf etwas eingehen, was Wolfgang schon zu Recht ausgeführt hat. Ich kann als Veteran mit den

* Eine Diskussion, die am 30. September 2003 im Berliner Tempodrom im Anschluss an den von Wolfgang Pohrt in diesem Band dokumentierten Vortrag »Zoff im Altersheim« stattfand. Die Transkription wurde bearbeitet und um einige Passagen gekürzt. (A.d.H.)

Parolen, die diese netten jungen Leute, die diese Veranstaltung heute Abend hier organisiert haben, wenig anfangen. Schauen Sie, »Deutschland verraten«, im Prinzip eine gute Idee, nicht wahr? Dagegen wäre wenig einzuwenden. Wolfgang hat es schon gesagt, an wen nur? Das erinnert mich an einen Witz von diesem alten jüdischen Paar. Die sitzen beide auf einer Bank, haben seit fünfzig Jahren ein Verhältnis miteinander. Und da sagt die Frau zum Mann: »Moishe, es wird Zeit, dass wir heiraten.« Und daraufhin sagt Moishe: »Gute Idee, aber wer will uns nehmen?« Und so ähnlich ist es, nicht wahr, Wolfgang, mit dem Deutschland verraten. Wer will uns nehmen? Außerdem, Deutschland ist längst verraten. Es ist längst passiert. Kapitalismus abschaffen? Längst passiert. Es sind DDR-Verhältnisse, die hier inzwischen herrschen. Also, Deutschland ist verraten, der Kapitalismus ist abgeschafft. Was bleibt übrig? Deutschland abwickeln, das besorgt doch schon die SPD. Was wollen Sie denn noch alles machen? Also, die Parolen hauen nicht hin. Ich finde sie ganz witzig und ganz niedlich, aber es geht nicht. Krieg den deutschen Zuständen? Da sage ich, einverstanden. Aber definiere mir erst mal einer, was deutsche Zustände sind. Wissen Sie, ich sehe in dieser Parole »Krieg den deutschen Zuständen« eine Art negativen Patriotismus. Also man möchte sich mit dem Ding schon auseinandersetzen, aber in einer Art, die unverdächtig ist. Nämlich ungefähr so, wie sich die katholische Kirche mit der Pornografie beschäftigt. Nämlich in der Form der Abwehr, in der Form der Ablehnung. Man kann aber auf diese Weise dem Gegenstand seines Interesses sehr nahekommen.

Und ich habe mich damals über die Wiedervereinigung gefreut, obwohl Wiedervereinigung nicht das richtige Wort ist, weil ja nichts wiedervereinigt wurde. Also ich habe mich schlicht gefreut, dass die DDR dahingeschieden ist, wenn Sie so wollen. Ich hatte mit diesem System eine persönliche Rechnung offen. Ich fand das gut und richtig und angenehm, und ich finde es immer noch gut, dass es ein mieses System weniger gibt.

Ich bin gerade mit dem Auto von Hamburg gekommen. Und nach dreizehn Jahren freue ich mich immer noch: Ich kann die Strecke durchfahren und keiner nötigt mich, das linke Ohr freizulegen, obwohl ich es inzwischen frei trage. Also, wer heute immer noch meint, er müsste der DDR nachtrauern oder die Wiedervereinigung verkehrt finden, stellt sich nicht nur einfach gegen die Geschichte, die passiert ist. Er hat nicht alle Tassen im Schrank. So wie Günter Grass, der sich damals nach dem Fall der Mauer furchtbar aufgeregt hat und die DDR erhalten wissen wollte als eine Art Strafe Gottes. Plötzlich wurde Günter Grass fromm. Das war dann die Strafe Gottes, eine Strafe für Auschwitz und eine Strafe wegen Auschwitz. Das fand ich nicht nur idiotisch, es war auch blasphemisch. Ich finde, meine Mutter war nicht deswegen im Lager, damit Herr Grass sie jetzt einsetzen kann für seine Ressentiments und seine Vorstellungen von historischer Gerechtigkeit.

Ich erzähle Ihnen jetzt etwas, weil ich ja schon älter bin als der Durchschnitt des Publikums hier, ich erzähle Ihnen ganz ohne Bosheit Sachen, die Sie nicht wissen können, weil es nicht Ihre Lebenserfahrung ist. Was mich immer wieder überrascht, ist die deutsche Unschuld. Die deutsche Unschuld, die sich jedes Mal aufs Neue und auf eine seltsame Weise artikuliert. Pohrt hat das oft und wunderbar beschrieben. Und es gibt einen Satz von ihm, den ich immer wieder mit Vergnügen klaue. Pohrt hat einmal gesagt, sinngemäß, ein Leichenberg im Rücken legitimiert die Deutschen, Bewährungshelfer gegenüber ihren Opfern zu spielen. Im ersten Golfkrieg gab es kluge junge Deutsche, die offene Briefe an ihre israelischen Freunde schrieben und ihnen sagten, wie sie sich zu verhalten hätten. Also die Israelis saßen da mit Gasmasken irgendwo und warteten auf die nächste, mit deutscher Hilfe hergestellte Scud-Rakete und konnten in israelischen Zeitungen offene Briefe besorgter junger Deutscher lesen. Also Deutsche spielen in der Tat wahnsinnig gerne Bewährungshelfer. Und sie spielen sie nicht *trotz* der deutschen Geschichte, sondern *wegen* der deutschen Geschichte. Sie spielen globale Ratgeber. Das ist nichts Neues, das ist etwas, das ich für die deutsche Krankheit halte, diese Art von deutscher Unschuld. Und ich stimme mit Wolfgang vollkommen überein, man kann nicht von Pogromen reden. Das ist Alarmismus, das ist Katastrophismus, das ist wirklich der deutsche Hang zur ultimativen Übertreibung, das ist alles Unsinn. Aber es gibt diese Art von deutscher Unschuld, die mich immer wieder erschüttert. In den siebziger Jahren gab es einen Mann, der hieß Peter R. Hofstätter. Daran können sich nur Gruftis wie Wolfgang und ich erinnern. Hofstätter war Psychologe, ein ziemlich bekannter Mann. Und der machte damals Aufsehen mit einer These,* mit der man heute

* Peter R. Hofstätter war zur NS-Zeit im Reichskriegsministerium tätig und vertrat die nationalsozialistische Rassenlehre. Dennoch wurde er u.a. 1959 auf den Lehrstuhl für Psychologie der Universität in Hamburg berufen. Der Artikel, auf den sich Broder bezieht, erschien bereits 1963 in der *Zeit* und hieß »Bewältigte Vergangenheit«. Dem Wikipedia-Eintrag über Hofstätter zufolge, hat Hofstätter die These geäußert: »Die Ausrottung der Juden war im juristischen Sinne kein Mord. Hitler und der nationalsozialistische Staat hatten den Juden quasi den Krieg erklärt, und so entsprach es allein dem, diesen Feind auszurotten. Die Tötungen wurden ausgeführt von Soldaten in Uniformen einer Nation, die sich im Kriegszustand befand.« (A.d.H.)

kein Aufsehen mehr erregen würde. Er behauptete damals, die Juden im Zweiten Weltkrieg seien Kombattanten gewesen, also quasi Mitkämpfer. Ihre Unterbringung in Lagern sei zu Recht erfolgt, weil sie eben Kombattanten waren. Und sie waren deswegen Kombattanten, weil Chaim Weizmann in den dreißiger Jahren, Präsident der Jewish Agency, in einer Rede in der Tat gesagt hat, wenn es zu Krieg kommt, werde die Judenheit an der Seite von England stehen. Das, sagte Hofstätter, sei die Kriegserklärung des Weltjudentums an das Deutsche Reich gewesen. Und deswegen war es richtig, die Juden in Konzentrationslagern unterzubringen und sie als Kombattanten zu behandeln. Hofstätter hat es damals mit dieser idiotischen, absurden und natürlich antisemitischen These geschafft, eine ähnliche Debatte zu entfachen wie heute die Psychos rund um Gerhard Wisnewski, Matthias Bröckers und Andreas von Bülow über den 11. September. Er hat es damals geschafft, einen Diskurs über diese Frage zu entfachen, so wie dieser Diskurs heute stattfindet.

Die zweite Geschichte, die mich persönlich sehr geprägt hat – und das war wirklich der Moment, wo ich aufwachte aus meiner persönlichen Unschuld und anfing, mich von diesem Milieu zu verabschieden –, war das Jahr 1976. Damals wurde eine Air-France-Maschine auf dem Flug von Tel Aviv nach Paris entführt. Sie ist in Entebbe gelandet und wurde dann von einem israelischen Kommando befreit. An Bord waren jüdische und israelische Passagiere. Und weil die Entführer zu blöde waren, die jüdischen Namen in ihren Pässen zu identifizieren, bekamen sie Hilfe von deutschen Mitterroristen, die auch dabei waren. 1976 war das. Das ist über 25 Jahre her, ein Vierteljahrhundert, das ist eine ganze Generation. Und als damals ein israelisches Kommando die Geiseln befreite und die Entführer liquidierte, wurden Beileidstelegramme an Idi Amin geschickt, aus der ganzen Bundesrepublik, von fast allen linken Gruppen links der SPD. In diesen Beileidstelegrammen stand drin, die linken Gruppen würden die flagrante Verletzung der Souveränität Ugandas auf das Schärfste verurteilen, weil schon damals die Souveränität eines nicht existenten afrikanischen Staates ein hohes, verteidigungswertes Gut für die westdeutsche Linke gewesen ist. Diese Form von absurder Unschuld, die hat sich bis heute erhalten. Da bin ich anderer Meinung als Wolfgang.

Es gab drei exemplarische Affären in den letzten Monaten. Das war Martin Walser, das war Karl Otto Hondrich und das war Jürgen Möllemann. Und alle drei Affären hatten denselben Charakter, dieselbe Struktur. Alle waren überrascht. Ja, ist es denn Antisemitismus, was Möllemann macht? Kann das sein? Hondrich hat ein dummes, idiotisches Buch geschrieben,* wo er den Terrorismus verteidigt und sagt, es ist okay, wenn Juden in die Luft geblasen werden, wenn Juden gesprengt werden. Dieses Buch ist von dem größten Philosophen aller Zeiten, von Jürgen Habermas, empfohlen worden. Damit war es koscher. Und Habermas und Suhrkamp sagten jawohl, und schon war das Buch im Druck und wurde vertrieben.

Wissen Sie, das ist so unglaublich. In Deutschland hat man Schwierigkeiten, Antisemitismus zu erkennen, und das nach der Geschichte dieses Landes, nach dem Nationalsozialismus, nach den Nürnberger Gesetzen. Kein Volk, kein Land, kein Staatsapparat, keine Gesellschaft hat sich dermaßen intensiv mit Juden beschäftigt wie die deutsche. Und nach fünfzig Jahren dieser intensiven

* Karl Otto Hondrich »Enthüllung und Entrüstung«, Suhrkamp, Frankfurt 2002.

Schulung, dieses exzessiven Trainings, hat man hier Schwierigkeiten, Antisemitismus zu erkennen. Das ist so, als würden Texas Rangers, die ihr Leben lang Vieh züchten, sich zusammensetzen und sich fragen, ist es ein Steak oder ist es vielleicht ein Tofu-Schnitzel oder was ist es eigentlich?

Ich bin genauso wie Wolfgang inzwischen müde. Ich kann das alles nicht mehr definieren, ich will es auch nicht mehr. Und ich sage dann auch nichts mehr. Aber dieses Erstaunen ... Und dann kommt diese Unschuld wieder auf und sagt: Man wird das doch mal fragen dürfen, nicht wahr? Möllemann hat den Wahlkampf in Nordrhein-Westfalen nicht gegen den damaligen Ministerpräsidenten Wolfgang Clement geführt, er hat ihn gegen Ariel Arik Sharon geführt. Das war offenbar für die Wähler in Nordrhein-Westfalen das primäre Problem, wissen Sie? Ich bin ja in Köln groß geworden, ich war ein Rheinland-Geschädigter. Die Leute in Nordrhein-Westfalen stehen also morgens mit der Frage auf, was tun wir im Karneval?, und gehen abends mit der Frage schlafen, was wird aus Palästina? Sonst haben die Menschen im Rheinland keine anderen Sorgen. Und darauf hat Möllemann seinen Wahlkampf ausgerichtet und, lieber Wolfgang, er war damit erfolgreich. Dass er im Bund mit seinem Projekt 18 gescheitert ist, lag an etwas anderem. Aber wenn er diese antisemitische Linie ruhig und konsequent beibehalten hätte, wäre aus Möllemann noch was geworden. Da hat er sich leider nur vertan.

Zur deutschen Unschuld noch ein paar Sätze, und dann mache ich erst mal Schluss. Deutschland kämpft wirklich um seine Unschuld. Und wenn das so weitergeht, braucht es keine Pogrome und es braucht keinen Ausländerhass. Ich stimme dir da vollkommen zu. Das ist alles nicht das Problem, was jetzt passiert. Aber es findet eine langsame, ruhige, konsequente, arbeitsteilige, wie du es schon völlig zu Recht gesagt hast, Umschreibung der Geschichte statt. Ich hätte im Prinzip nichts gegen die Einrichtung eines Vertriebenen-Zentrums, egal ob in Berlin oder in Bergisch Gladbach oder Gummersbach oder wo auch immer. Dagegen spricht nichts, das ist ein Teil der Geschichte, den man dokumentieren soll. Aber so naiv und so einfach meint es Frau Erika Steinbach nicht. Es ist ein Teil des Umschreibungsprozesses, ein Teil dieses Verlangens nach Wiederherstellung der Unschuld. Also alles, was in der Türkei Gynäkologen bei Frauen leisten, die vor der Ehe leichtsinnigerweise zu weit gegangen sind, die dann die Unschuld der Frauen wieder herstellen, das machen in Deutschland Historiker. Das machen Historiker wie Ernst Nolte und das machen auch renommierte Autoren wie Jörg Friedrich, den ich sehr schätze und der mit seinem Buch »Der Brand« einen so wahnsinnigen Erfolg hatte. Der Verlag war völlig platt und überrascht, dass die in kürzester Zeit 100.000 Stück verkauft haben. Das hängt damit zusammen, dass die Deutschen im Moment alles Mögliche unternehmen, um aus der Rolle der Täter herauszukommen, sich sozusagen herauszuschälen, um die Rolle der Opfer einzunehmen.

Vor drei Tagen gab es eine wunderschöne Überschrift in der *Bild*-Zeitung, die ich jeden Tag sehr gerne lese, schon wegen der ganzen wunderbaren bunten Geschichten aus der Welt rund um Dieter Bohlen. Die drucken zurzeit das Buch von Peter Glotz vorab. Peter Glotz hat ein ganz ordentliches Buch über die Vertreibung der Deutschen aus Böhmen geschrieben. Und da war eine wunderbare Überschrift vor zwei oder drei Tagen in der *Bild*-Zeitung: »Deutsche im Konzentrationslager«. Wissen Sie, das geht nicht. Deutsche gehören nicht ins Konzentrationslager, nicht wahr? Also diese Überraschung der *Bild*-Zeitung, dass die Tschechen nach dem Krieg Deutsche ins Konzentrationslager gesperrt haben. Man kann Schwule und Juden und Zigeuner ins Konzentrationslager stecken, aber Deutsche im Konzentrationslager, das geht zu weit.

Im Ganzen ist es trotzdem nicht der Wille zur Macht, der das deutsche Wesen, wenn es so etwas gibt, auszeichnet. Sondern wirklich der Wille zum Flop, der Wille zum Scheitern. Es ist nicht dieses dunkle, konspirative, machtversessene Denken, das hier die Politik und die Kultur bestimmt, es ist vielmehr in der Tat die absolute Bereitschaft, alles, was es nur gibt, was es nur geben kann, in den Sand zu setzen. Wolfgang hat das schon erwähnt. Meine Lieblingsgeschichte, die man eigentlich nicht mehr erzählen kann, ist das Dosenpfand. Ich habe vorhin vorgeschlagen, und ich finde das wirklich eine Idee, die wir gemeinsam angehen sollten: Man sollte die deutsche Fahne neu entwerfen. Anstatt dieses Raubvogels, der da im Bundestag hockt, sollte man eine zerknüllte Dose in die Fahne hineinsetzen, denn das ist es, was Deutschland wirklich ausmacht. Die Diskussion über das Dosenpfand, über die Mautgebühr und über die Rentenreform. Mehr passiert wirklich nicht.

Zugleich gibt es einen Kanzler, der diesen Satz sagt: »Ich bin gerne Deutscher.« Das ist eine solche Absurdität, dass man ihn schon wegen dieses Satzes abwählen müsste. Vom Kabarettisten Gerhard Polt stammt dieser Satz im Original, Polt hat gesagt: »Ich wohne gern.« Und dieser Satz ergibt einen Sinn. Aber ich bin gerne Deutscher ist vollkommen idiotisch. Hat Schröder eine Alternative? Was bleibt ihm übrig? Wird er sein Reiheneckhaus in Hannover verlassen, in ein Iglu ziehen, um ein Eskimo zu werden? Oder wird er in Campari baden, damit er ein Italiener wird? Also dieses »Ich bin gerne

Deutscher«, das ist absurd. Und das ist leider der Kanzler, der den deutschen Weg ausgerufen hat. Aber lassen Sie sich nicht täuschen. Das sind alles nur Ablenkungsmanöver, weil die deutschen Helden, mit denen wir es heute zu tun haben, und das finde ich einigermaßen tröstlich, schaffen jeden Alarmismus aus dem Weg. Die deutschen Helden, das sind in der Tat Dieter Bohlen, Daniel Küblböck* und Rudi Völler. Und damit können wir beruhigt sein.

*Moderator:* Ich habe eine Frage an Sie beide. Und zwar waren Sie jetzt beide der Auffassung, dass rassistische Gewalt kaum noch eine Rolle spielt. Darüber lässt sich streiten, das können wir später auch noch tun. Mir geht es um einen anderen Punkt, nämlich dass die Pogromwelle, wie sie Anfang der Neunziger in Deutschland stattfand, abgeklungen ist. Und Sie beide hatten Anfang der Neunziger die Funktion dieser Pogromwelle als eine identitätsstiftende beschrieben. Sie, Herr Broder, haben gesagt: »Jedes Mal, wenn die Deutschen um die Herstellung ihrer eigenen Identität ringen, geraten sie außer sich. Und das führt zum Pogrom.« Bei Ihnen war das durch den Mangel einer überhaupt existierenden nationalen Identität erklärt. Die Frage ist, wenn diese Pogromwelle abgeklungen ist, was bedeutet das? Bedeutet das, dass die Identitätsstiftung abgeschlossen ist? Und wenn nicht, was ist an die Stelle getreten? Dosenpfand oder das Rentenanpassungsproblem oder die Mautgebühr? Was ist gemeinschaftsstiftend im Jahre 2003?

*Broder:* Ich weiß nicht, ob es so etwas Gemeinschaftsstiftendes gibt. Diesen einen Satz, den Sie gerade zitiert

* Daniel Küblböck ist ein inzwischen vergessener und verschwundener Sänger, der durch die Castingshow »Deutschland sucht den Superstar« bekannt wurde. (A.d.H.)

haben ... Also entweder ich klaue bei Pohrt oder ich klaue bei Tucholsky. Und dieser Satz war bei Tucholsky geklaut. Tucholsky hat einmal völlig zu Recht gesagt: »Nie geraten die Deutschen so außer sich, wie wenn sie zu sich selbst kommen.« Und ich habe wirklich angenommen, dass mit der Wiedervereinigung ein gewisser Prozess der Selbstheilung abgeschlossen sein würde. Weil dieser in der Tat absurde Zustand einer Grenze mitten durch Deutschland kein Zustand war, den man als gesund oder bekömmlich bezeichnen konnte. Es war ja etwas Absurdes. Ich bin auch nicht mehr so sicher, dass die Pogrome eine identitätsstiftende Funktion hatten, auch wenn ich das damals geschrieben haben mag. Das kann schon sein, dass es damals für diese Menschen so war.

*Pohrt:* Also zur Frage, was ist jetzt aus diesem Versuch geworden, Identität herzustellen? Was sind die Alternativen? Ich glaube, diese Frage unterstellt, wie auch die Fragen aus der vorbereitenden Korrespondenz für das Treffen, was ist eigentlich geworden aus der Alternativbewegung, aus den Grünen, der Friedensbewegung, den Ökos, denen man nun alle schlechten Absichten unterstellt, wie ich das jedenfalls getan habe. Und ich bin nach wie vor überzeugt, das war richtig. Nun, es kann aus einer Sache ganz einfach auch nichts werden. Man kann Versuche auch einfach abbrechen. Wenn Sie eine Firma gründen, dann muss aus der Firma nichts werden. Die kann ganz einfach Pleite machen. Dieses Projekt Frieden aus den achtziger Jahren, das war am Ende ganz einfach eine Investitionsruine. Daraus ist einfach nichts geworden. Exakt so wie aus diesen kurzlebigen Versuchen nach 1989, so was wie ein neues Nationalbewusstsein aus der deutschen Einheit zu gewinnen. Diese Versuche sind gescheitert. Auch die Substanz für solche Versuche ist inzwischen in Deutschland nicht mehr vorhanden. Deshalb kann man einfach auch mal sagen, mit der Sache ist Schluss. Deutschland kann man auf eine gewisse Weise auch vergessen. Das heißt, man muss auch nicht immer die Geschichte miterinnern, weil sie keine Rolle mehr spielt. Wenn man also ins Detail gehen wollte, dann könnte man sagen, dass für den deutschen Nationalismus wie natürlich auch für den Faschismus immer dieser Begriff der Kulturnation wesentlich gewesen ist. Nun, diese Kulturnation, denken Sie an Pisa, die kann man vergessen. Und sie ist auch vergessen, die Funktionseliten heute sprechen Englisch. Eine entsprechende Ausbildung an der Universität wie früher ist heute kein Berechtigungsschein mehr für den Zugang zur entsprechenden Machtposition. Das ist alles vollkommen umgekrempelt worden. Und Henryk, ich glaube, einige Sachen, die du noch als Indikatoren für Antisemitismus nimmst, die kann man als ein Arbeitsbeschaffungsprogramm betrachten. Ich meine, du wirst ja auf gewisse Weise auch arbeitslos, wenn die letzten Antisemiten verschwinden. Und man ist ja schon über jeden froh, den es noch gibt.

Also, wenn wir uns zum Beispiel den Walser vornehmen. Warum soll man so was ernstnehmen? Für mich hätte das geheißen, ein Buch zu lesen von einem Autor, von dem ich noch nie ein Buch gelesen habe und es auch nicht lesen werde. Das heißt, wenn ich das hätte ernstnehmen wollen und mich damit hätte beschäftigen wollen, hätte ich mir dieses Buch schnappen – war ja ganz leicht, gab es ja im Internet – und es durchwühlen müssen im Hinblick auf irgendwelche anstößigen, skandalösen Stellen. Nun, ich habe in meiner frühen Jugend die Erfahrung gemacht, dass dieses Verfahren nicht empfehlenswert ist. Damals gab es diese »Blechtrommel« von Grass, und die hat Skandal gemacht. Und überall hieß es, wie gefährlich, wie schmutzig und vor allen Dingen jugendverderbend, jugendgefährdend. Ich war natürlich sofort bereit, mich gefährden und verderben zu lassen, und habe mir im nächsten Buchladen das Ding gekauft. Gab es ja als Taschenbuch, furchtbar klein gedruckt, wahnsinnig dick. Ich weiß bis heute nicht, wo die Stellen geblieben sind. Allerdings kam ich nur bis Seite 20. Das war mir einfach zu langweilig. Ich schätze, mit den Büchern von Walser ist es ebenso. Wenn es irgendetwas Antisemitisches, Nationalsozialistisches oder dergleichen gibt, nirgends ist es besser aufgehoben als in einem Buch von Walser. Da ist es so gut wie eingesargt. Muss ich das da herausbuddeln mit großer Mühe? Lassen wir es doch da einfach liegen.

*Broder:* Aus dir spricht eine gewisse Abgeklärtheit, die ich noch nicht ganz so habe. Das ist so, als würde ein Arzt die Diagnose stellen, aber dann sagen: Warum soll ich den Patienten aufregen? Ich verschweige ihm lieber, dass er ein paar Metastasen hat. Und Walser ist eine Art von Metastase, wenn du so willst, nicht? Das kannst du einfach nicht leugnen. Ich gebe dir in einem Punkt recht: Wahrscheinlich überschätzen wir solche Leute wie Walser und Möllemann. Wir überschätzen sie, weil längst andere Figuren auf der öffentlichen Bühne viel wichtiger geworden sind. Jetzt lachen Sie mich nicht aus. Ich habe den Namen vorhin erwähnt. Jemand wie Dieter Bohlen, der mit der *Bild*-Zeitung kooperiert und sämtliche privaten Sender hinter sich hat, er ist heute wichtiger als Martin Walser. Und das ist wirklich ein Zeichen von Gerechtigkeit, es gibt einen Gott. Martin Walser hat nur 100.000 von seinem Buch verkauft, Dieter Bohlen 500.000. Dieter Bohlen ist der erfolgreichste deutsche Nachkriegsschriftsteller. Von Johannes Mario Simmel und Heinz G. Konsalik einmal abgesehen, soweit ist er noch nicht. Mit einem einzigen Buch ist er der erfolgreichste deutsche

Nachkriegsschriftsteller. Also da hast du wahrscheinlich recht. Aber ich neige immer noch – ich habe mir das noch nicht abgewöhnt, im Gegensatz zu dir – zu gelegentlichen Aufregungen. Das soll ja auch gesund sein. Aber es ist ja nicht nur meine Aufregung. Walser ist ja auch Teil eines gesellschaftlichen Prozesses. Und der Name taugt was, den können wir uns wirklich merken.

Er hat ja damals in der Frankfurter Paulskirche die Rede gehalten, wo er das Recht auf Wegsehen verteidigte. Und zwar nicht sein privates Recht auf Wegsehen. Das würde ich auch verteidigen. Ich will auch keine Leichenberge mehr sehen und ich schaue mir keine Filme mehr über den Holocaust an. Aber man kann das nicht als gesellschaftlichen Zustand predigen, dass die Leute wegsehen sollen. Denn dann meint er auch das andere Wegsehen, d.h. auch das Wegsehen von aktuellen Zuständen. Und Walser bekam für diesen Stuss, für diesen reaktionären Unsinn, nicht nur Standing Ovations, das ganze Publikum stand auf, er hat die nachfolgende Zeit diesen berühmten öffentlichen Diskurs der Bundesrepublik mitbestimmt.

Er ist nicht so unbedeutend, wie du tust. Sei mir nicht böse, Wolfgang, allein die Tatsache, dass du ihn nicht liest, erledigt das Problem nicht von alleine. Das wäre natürlich wunderbar. Aber so einfach ist es nicht. Das Gleiche gilt für Möllemann. Bevor Möllemann seinen Abgang inszenierte, war er im Gespräch für einen bedeutenden Posten einer möglichen schwarz-gelben Koalition. Jetzt kannst du sagen, es ist eh völlig egal, wer regiert, weil die Spielregeln vom Kapital bestimmt und ausgeführt werden. Ganz so ist es nicht. Allein die Vorstellung, Möllemann könnte Außenminister geworden sein, also bei aller Abneigung gegenüber Joschka Fischer, das kann nicht die Alternative gewesen sein.

Du machst es mit sehr viel Witz, mit sehr viel Ironie, was ich sehr schätze. Aber du unterschätzt, glaube ich, trotzdem die Bedeutung dieser Leute. Und so ganz harmlos sind sie nicht. Sie rechtfertigen, begründen und nobilitieren das, was einfachere Gemüter sich kaum zu denken trauen. Mit Walser wird so etwas gesellschafts- und diskussionsfähig.

*Pohrt:* Ich glaube, du machst dir völlig falsche Vorstellungen über die sogenannten einfachen Gemüter. Nehmen wir einmal Leute, die einfach nicht in diesem Mediengewerbe drin sind und sich nicht professionell Gedanken machen über unsere Geschichte und über unsere Zukunft und so weiter. Für die, die Wirklichkeit wahrnehmen, da spielt so ein Walser nun wirklich überhaupt keine Rolle. Die kennen den Namen nicht einmal. Es wäre was völlig anderes, wenn es ein populärer Autor wäre. Wenn so was vorkommen würde in einer Groschenheftserie oder dergleichen, dann würde man sagen können, das hat eine Bedeutung. Wenn du sagst, Walser hat den öffentlichen Diskurs mitbestimmt, dann kann ich damit nichts anfangen.

Ich weiß nicht, was das für ein öffentlicher Diskurs hier überhaupt sein soll. Meinst du das Gequatsche in der *FAZ* oder sonstwo? Es wird ja auch immer dünner, und es wird auch weniger. Diese ganzen Kulturinstitutionen verlieren ihre Bedeutung. Du kannst auch nicht ignorieren, dass diese ganze Sphäre, die es in der Bundesrepublik mal gegeben hat, wo Schriftsteller tatsächlich politisch Einfluss genommen haben und prägend waren für die öffentliche Meinung, dass dieser Zustand absolut vorbei ist.

Bei mir war das so, ich habe Walser nicht gelesen. Ich habe nur den Schirrmacher in der *FAZ* gesehen, eine Riesenseite. Ich habe das durchgelesen, und mein erster

Gedanke war: Walser, lebt der überhaupt noch? Und dann mein zweiter: So viel Text von Schirrmacher, für so eine simple Botschaft. Wenn es ein Scheißbuch ist, dann lässt man es ganz einfach. Das muss man doch nicht so auswalzen, damit sich alle ergötzen und mit wohliger Selbstquälerei und Quälerei dieses ganze Zeug durchkauen können. Das ist doch ein sinnloser Anlass. Die wirklichen Probleme liegen doch ganz woanders.

Und wenn du auf Möllemann zu sprechen kommst, da würde mich ja mal interessieren, einfach der Neugier wegen, was in diesem schrecklichen Flugblatt gestanden hat. Also da ging es mir so wie mit diesen schmutzigen Stellen bei Grass. Es wurde immer gesagt: Ganz fürchterlich, was der Möllemann gesagt hat. Das Flugblatt war aber nirgendwo veröffentlicht. Ich habe es jedenfalls nicht gesehen, so dass mir das schon wie ein Gerücht vorkam. Was ich von Möllemann gehört habe, war nichts anderes als das, was eine Menge anderer Politiker damals auch erzählt haben. Und das ist in der Tat skandalös. Aber das ist nichts anderes als das, was in den Nachrichten des Deutschlandfunks zu hören ist.

Das wiederum ist aber nichts anderes als das, was du in Frankreich findest, auch in der Chirac-Partei, bei den Sozialisten sogar noch schlimmer. Das ist ein internationales Phänomen, diese sonderbare Sympathie, die die Palästinenser immer noch besitzen, obwohl sie sie sich längst verscherzt haben müssten. Aber wenn du das reduzierst jetzt auf dieses Gewürge und Gequäle der Deutschen mit ihrer Geschichte und ihrer Seele und so weiter, dann geht das an der Sache vorbei. Und ich finde, du verharmlost es auch, weil das nicht so bedeutend ist, was hier passiert. Du sagst immer, die wollen immer noch ihre Geschichte in Ordnung bringen und so weiter. Aber dieses Geschichtsbewusstsein, das ist weg, falls es überhaupt eine Rolle gespielt hat. Dieses Schuldbewusstsein, welches du immer unterstellst und welches nach Wiedergutwerdung und alledem verlangt, das gehört wirklich in die Generation von Grass, Walser und so weiter, teilweise auch noch in unsere RAF. Das waren wirklich unbelehrbare Patrioten, aber das ist weg. Das spielt heute keine Rolle mehr. Diese Vergangenheit, die ist ausgelöscht. Man muss sich Folgendes klarmachen: Du kannst nicht ewig Bezug nehmen auf Auschwitz, ohne dass du Gefahr läufst, dass das Ding absolut fungibel wird. Irgendwann ist es nur noch ein Gefühl wie »das war hart«, nicht? Mir ist das aufgefallen, als diese Holocaust-Serie lief. Auf dem Campingplatz kamen Jugendliche an mit dem Motorrad. Sagt der eine zum anderen: »War das ein Holocaust.« Er meinte, dass die Straße steinig war, ja? Das ist das, was heute oder was irgendwann Auschwitz dann eben nur noch bedeutet.

Und von wegen, dass man nicht vergessen darf. Warum eigentlich? Ganz perfide finde ich diese Idee, man muss das allen Kindern einbläuen, dass es das mal gegeben hat und dass man ihnen darüber erzählen muss. Ich halte das für nackten Sadismus.

Diese Einsicht ist bei mir auch nicht gleich dagewesen. Ich will kurz erzählen, wie es dazu gekommen ist. Und wenn man sich mit diesen Konzentrationslagern beschäftigt, wird man ja selber ein bisschen irre. Man sollte es nicht zu ausgiebig tun. Man verbeißt sich da in etwas rein.

Man denkt, jeder müsste sich daran erinnern, jeder müsste das wissen, und führt sich auf wie so ein 150-prozentiger Politkommissar und macht es eigentlich jedem zum Vorwurf, wenn er es nicht tut. Damals hatte ich auch diese Phase. Ich habe an Ella Lingens-Reiner geschrieben, die mit Hermann Langbein zusammen ein

Buch über Auschwitz gemacht hat.* Ich wusste, dass sie ein Manuskript hatte, das nicht veröffentlich worden ist, und ich wollte es von ihr haben. Da habe ich auch geschrieben, Auschwitz darf man nicht vergessen. Mit feinem Spott hat sie geantwortet, ihre Erinnerung daran sei inzwischen verblasst, und sie sei froh, dass sie das nicht mehr alles im Kopf habe. Dann hat sie mir genannt, wo man das Manuskript finden kann.

Also, in dieser ganzen Agitation, die Vergangenheit zu erinnern, steckt auch eine gewisse Roheit gegenüber denen, die damals tatsächlich dabei waren und die vielleicht guten Grund hatten, es nicht mehr wissen zu wollen, nicht daran erinnert zu werden, die nachher ein anderes Leben führten. Die Geschichte, die sich immer fortsetzt und deren Kontinuität man erinnern und erhalten soll, ist also durchaus nicht ohne Fragwürdigkeit.

*Moderator:* Herr Pohrt, Sie haben in Ihrer Studie »Der Weg zur inneren Einheit« 1990 der Friedensbewegung der 1980er Jahre eine doch sehr zentrale Rolle, zumindest bei der Vorbereitung dessen, was möglicherweise ein Viertes Reich sein könnte, zugesprochen. Auch wenn dieses Reich, wir haben es ja von Ihnen heute gehört, nicht eingetreten, verpufft ist. Sie haben dieser Friedensbewegung aber einmal eine zentrale Rolle zugeschrieben. Wir hatten jüngst eine mindestens ebenso gewaltige Friedensbewegung am Brandenburger Tor im Februar dieses Jahres, Jürgen Habermas, Johannes Rau, Friedrich Schorlemmer, alle vorneweg. Wie bewerten Sie das?

*Pohrt:* Meine Wahrnehmung bei den Friedensdemonstrationen während des sich ankündigenden Irak-Kriegs

* »Auschwitz. Zeugnisse und Berichte«, Köln 1979, herausgegeben von Hans Günther Adler, Hermann Langbein und Ella Lingens-Reiner. (A.d.H.)

war die, dass die Deutschen diesmal, während sie 1990 absolut führend gewesen sind, eher wenig Leute aufbrachten im Vergleich zu den Demos, die es in Madrid, in Rom und sogar in London gegeben hat. Diesmal war mein Eindruck, die Luft aus der Friedensbewegung ist im Vergleich zu dem, was sie früher auf die Beine gebracht hat, raus. Und wenn Sie sagen, es war eine Demonstration mit Habermas und ... wer war da noch alles dabei?

*Moderator:* Habermas hat sie zumindest publizistisch begleitet.

*Broder:* Habermas hat sich von Schorlemmer vertreten lassen. Das war noch schlimmer.

*Pohrt:* Na gut, also ich weiß nur, dass es eine andere Demonstration gegeben hat, die mir einigermaßen bedenklich erschien. Und zwar eine Demonstration gegen Ausländerfeindlichkeit in Berlin mit angeblich 200.000 Teilnehmern, die eine reine Regierungsveranstaltung gewesen ist. Da liefen also Minister vorneweg. Was insofern bedenklich ist, als es zeigt, wie sich diesmal für ein Ziel, das wir schätzen, die Bevölkerung doch mobilisieren lässt und an Demonstrationen teilnimmt, um dabei zu sein, wenn sie nur von einer Autorität und von den Medien richtig animiert werden. Man kann diese Sache in Berlin, die Sie erwähnen, diese Demonstration im Vorfeld des Irak-Kriegs, die kann man durchaus auch als eine Art Konformismus begreifen, nicht wahr? Ich hatte nicht den Eindruck, dass sie besonders groß gewesen ist.

*Broder:* Ich möchte gern versuchen, unsere Diskussion vielleicht in die Spur zurückzubringen, auf das Thema zurückzuführen, um das es geht. Wolfgang, dass du die Lektüre von Tageszeitungen eingestellt hast, kann nicht bedeuten, dass sich die Probleme, die wir leid sind, von alleine erledigen. Ich wäre auch froh, wenn es so wäre, aber so ist es nicht. Deswegen sage ich dir, was an Möllemann so exemplarisch und so bedenklich war, dass man sich daran erinnern sollte. Es ist völlig egal, was in dem Flyer gestanden hat. Ich habe ihn zu Hause und ich hätte ihn dir gern mitgebracht, aber vergiss es, er kommt nicht drauf an, was dringestanden hat. Entscheidend war, dass ein Politiker aus Nordrhein-Westfalen in einem Wahlkampf, der darum geht, wer in Düsseldorf die Mehrheit hat, mit dem Nahost-Konflikt argumentiert. Das war ja das Absurde. Es wäre genauso absurd gewesen, wenn er sich dafür ausgesprochen hätte, Israel soll die besetzten Gebiete definitiv annektieren. Das hätte ich für genauso idiotisch gehalten wie die Aussage, die in dem Flyer stand, dass Sharon den Weltfrieden gefährdet und Friedman ihn dabei unterstützt. Da ist also ein Kommunalpolitiker, der genau weiß, welche Ader, welchen Nerv er berühren muss, um die entsprechenden Antworten zu bekommen. Das sollte man sich überlegen. Diese Judenfixiertheit der deutschen Öffentlichkeit, die ist ganz erstaunlich.

Vor ein paar Tagen ist der nette Frankfurter Salomon Korn zum Nachfolger von Friedman gewählt worden. Das war in der Tagesschau die zweite Meldung. Die erste Meldung war irgendein größeres Unglück im Irak, irgendein Anschlag, die zweite Meldung Salomon Korn wurde zum Vertreter von Paul Spiegel gewählt. Ich meine, das kannst du jeden Tag hier verfolgen, jeden Tag beobachten. Und deswegen denke ich, dass die Aktionen dieses naiven Bündnisses vielleicht doch nicht so verkehrt sind. Ich will ja nicht zu weit gehen, auch niemandem was Böses unterstellen, aber offenbar gibt es im deutschen Bewusstsein, nicht im Unterbewusstsein, im deutschen Bewusstsein, den Eindruck, dass man einen Job nicht zu Ende gebracht hat. Was ja auch der Fall ist, wenn Sie so wollen. Diese absolute Fixiertheit darauf, was Juden tun, was Israelis tun. Ich habe neulich Andreas von Bülow erlebt, der völlig gaga, völlig durchgeknallt ist, wie er Berechnungen anstellt, wie viele Israelis am 11. September ums Leben gekommen sind. Er kommt dabei auf die Zahl von einem Israeli, woraus er den Schluss zieht, sie seien alle vorher gewarnt worden. Sie kennen wahrscheinlich die Geschichten, diese völlige Fantasterei. Mein Lieblingsbeispiel ist der Oberpsychopath Gerhard Wisnewski, der diese wunderbaren Fakes seit zehn Jahren im WDR produziert, also sozusagen mitten im Zentrum der bürgerlichen Gegenaufklärung in Köln. Unter anderem Filme darüber, dass die Mondlandung gefaked war, dass eigentlich alles gefaked war. Und wenn Sie auf Wisnewskis Website gehen, ich kann es jedem nur empfehlen, auf www.raf-phantom.de, werden Sie ganz am unteren Ende einen Artikel finden, wo Wisnewski erklärt, warum man sich an den Holocaust erinnern sollte. Und das, Wolfgang, ist wirklich der Höhepunkt der Perversion. Mit allem, was du sagst, hast du leider recht, aber es ist noch ärger. Wisnewski sagt auf seiner Website, man soll an den Holocaust erinnern, damit die Verbrechen der Juden nicht in Vergessenheit geraten. Sie haben sich nicht verhört. Er schreibt nicht »die Verbrechen *an* den Juden«, er schreibt »die Verbrechen *der* Juden«. Und er meint natürlich das, was die Israelis den Palästinensern antun. Das ist heute für Wisnewski ein Grund, an den Holocaust zu erinnern. Und das finde ich so bedenklich, diese Fixierung, diese absolute Fixierung. Das ist wie bei den Pawlow'schen Hunden, nicht wahr? Man sagt Jude, und das halbe Volk spitzt schon die Ohren und muss gleich was unternehmen. Und das unterschätzt du, Wolfgang. Das ist eine wirklich, wie ich finde, erstaunlich offene Wunde, die nicht verheilt ist. Und egal, was da unternommen wird, ob Frau Steinbach dieses Vertriebenenzentrum hier etablieren will oder ob Möllemann seine Kampagne entfacht hat oder ob Schröder sagt: »Ich bin gerne Deutscher«, es läuft auf einen Prozess der Selbstheilung hinaus, der immer angestrebt wird und der nicht abgeschlossen ist. Und dieser Prozess wird weiter stattfinden. Und je weiter er sich von seinem historischen Ursprung, dem Nationalsozialismus, entfernt, umso absurder wird er. Und das finde ich das Bedenkliche.

Dass Leute vergessen wollen, dass sie von etwas nichts mehr wissen wollen, das finde ich vollkommen in Ordnung. Ich finde wie du diese Auschwitz-Erziehung vollkommen absurd. Zehnjährige, elfjährige Kinder nach Auschwitz zu schleppen, ist idiotisch, ist, wenn Sie so wollen, verbrecherisch. Man vergiftet die Kinder und erreicht mit Sicherheit das Gegenteil. Aber alles, was übrigbleibt, deutet darauf hin, dass dieses Land mit sich selber nicht klarkommt. Und wir können uns natürlich nur fragen, was ist dann die nächste Stufe?

Ich sehe keine große Gefahr von Pogromen oder von irgendwelchen aggressiven Aktionen. Aber ich sehe so einen Prozess der Selbstzerbröselung. Ich weiß nicht, worauf es hinausläuft. Vor 13 Jahren war ich viel sicherer in meinem Urteil, als ich es heute bin. Deswegen werde ich nicht so gern daran erinnert, was ich vor 13 Jahren geschrieben habe. Aber ich würde gerne wissen, was ich heute in 13 Jahren schreiben werde. Das finde ich jetzt ich viel interessanter.

*Pohrt:* Kannst du dir nicht vorstellen, dass diese Präferenz für Themen, die mit Juden, Israel und sonst was zu tun haben, die in der Tat sehr nervig ist, dass die ...

*Broder:* ... Ich finde es auch nervig ...

*Pohrt:* ... ein Reflex ist, dass es praktisch den Charakter eines Reflexes hat wie eine eingespielte Zwangshandlung, hinter der keine großen Motive mehr stehen. Man denkt einfach, man muss das jetzt machen. Also, wenn die jüdische Gemeinde ihren Vorsitzenden wählt, dann könnte das als Übergehen dieser wichtigen Nachricht aufgefasst werden, wenn man nicht an zweiter Stelle darüber berichtet. Wobei man sich natürlich fragen kann, ob bei dem Bevölkerungsanteil in der Bundesrepublik, den die Juden haben, die Nachricht wichtiger wäre, würde hier irgendein mohammedanischer Fürst gewählt. Es kann doch aber genauso gut sein, dass das einfach ein eingespielter Reflex in diesen Medienorganisationen ist. Der Redakteur macht es immer so, er hat Angst, etwas zu verändern, weil man ihm da an den Karren fahren könnte. Es sind eingespielte Reaktionen, die aber die Bevölkerung doch eher nicht interessieren.

*Broder:* Ich weiß nicht, woher du so genau weißt, was die Bevölkerung ist und was die Bevölkerung wissen will. Ich meine, du wirst nicht mehr Zugang haben zu den einfachen Leuten als wir alle. Woher nimmst du deine Erkenntnisse? Ich glaube auch nicht, dass es Reflexe gibt, die motivlos erfolgen. Natürlich sind sie Reflexe. Es sind eingespielte Mechanismen. Es sind Sachen, die nicht weiter reflektiert werden, die man macht, weil man sie immer gemacht hat. Aber auch das hat seinen Grund, das erfolgt alles nicht grundlos.

Gabi Zimmer war neulich in Tschetschenien gewesen, aber Gabi Zimmer, die Schönheitskönigin der PDS, musste extra nach Dschenin fahren, um sich dort auf die Ruinen zu stellen und zu sagen, so einen Völkermord hätte sie noch nicht erlebt. Es gab einen richtigen Dschenin-Tourismus in diesen Tagen. Das ist doch kein Reflex, dahinter steckt doch ein Bedürfnis. Ich will nicht gemein werden, wirklich nicht, aber es steckt eine Not, ein Leiden, irgendeine Art von Sich-Quälen dahinter, mit etwas nicht fertig zu werden. Das ist doch kein Zufall, dass die nach Dschenin fährt. Es ist doch kein Zufall, dass die amerikanische Botschaft abgeschirmt werden muss, wenn Sie hier um die Ecke unter den Linden spazierengehen. Dass Sie schon in den Verdacht des Terrorismus geraten, wenn Sie sich um die Ecke der amerikanischen Botschaft draußen auf dem Bürgersteig hinsetzen. Einen Block weiter Richtung Brandenburger Tor, steht die russische Botschaft. Und vor der russischen Botschaft läuft ein schwer übergewichtiger deutscher Polizist rauf und runter, der im Falle eines Angriffs sofort plattgewalzt werden würde. Hat Russland etwa nichts auf dem Kerbholz? Hat Tschetschenien nicht stattgefunden? Hat es da nichts gegeben, was man der Regierung zum Vorwurf machen könnte? Also das sind alles keine Zufälle.

Die Frage ist nun, warum konnte der Antiamerikanismus hier so virulent werden? Warum gibt es praktisch keinen Antisowjetismus mehr? Was ich in Ordnung finde, ich möchte ihn auch nicht erleben. Aber die interessante Frage ist, warum kommen diese Aggressionen jetzt so massiv auf? Warum konnte zur Zeit des Golfkrieges 1990-91 hier um die Ecke über der Humboldt-Universität ein Plakat hängen: Wann sind wir dran? Nicht wahr, die Bomben fallen in Bagdad, aber die Kinder von der Humboldt-Universität gierten geradezu danach, auch mal eine Bombe abzubekommen, nicht wieder benachteiligt zu werden, nicht? Und die spannen dann ein Transparent auf über dem Hauptportal der Humboldt-Universität: Wann sind wir dran? Woher kommt diese Krankheit, verstehst du? Ich finde, das muss einen Grund haben. Ich will mich darüber nicht lustig machen, weil dahinter wirklich ein schweres, tiefes Leiden, eine Störung steckt. Aber die ist da und die kannst du nicht wegreden, nur weil du keine Zeitungen mehr liest. Das ist viel zu einfach.

*Pohrt:* Du kommst mir ein bisschen so vor wie die Psychiater, deren Problem es seit langer Zeit ist, dass sie den Patienten den Ödipus-Komplex, den sie ihnen nachher therapieren wollen, erst mal mühselig einreden müssen. Diese Psychodynamik, die eine psychoanalytische Therapie voraussetzt, die bildet sich überhaupt nicht mehr aus. Das ist alles viel flacher geworden. [...] Beim Golfkrieg unterstellen wir in der Diskussion, wir beide wären der Meinung, die wir damals vertreten haben, und ich bin es zum Beispiel nicht. Ich ärgere mich heute darüber, dass ich aus Empörung über diese blöde deutsche Friedensbewegung weitgehend einer Propaganda auf den Leim gegangen bin und da nicht ein bisschen genauer hingeschaut habe. Wie war das mit der amerikanischen Politik in Kuwait und zwischen Kuwait und Irak wirklich? Wie weit hat die amerikanische Regierung Saddam Hussein überhaupt erst mal dazu animiert, das zu machen? Wie lange dauerte es, bis Amerika reagiert hat, nachdem nämlich vorher das Foreign Office durchaus grünes Licht gegeben hatte, ja? Welches waren die Absichten hinter der Annahme, der Feind wäre ein entsetzlich Schwerbewaffneter, bis er sich danach als absolut ohnmächtig herausstellt? Das war beim Irak der Fall gewesen, ein bis an die Zähne gerüstetes Regime mit den entsetzlichsten Waffen. Das war im Jugoslawien-Krieg auch so gewesen. Die jugoslawische Armee vom Ostblock hochgerüstet, stellt immer noch eine große Gefahr dar. Nicht ein einziges alliiertes Flugzeug ist abgeschossen worden. Das stimmt doch alles nicht so, wie wir das damals gesehen haben. Jedenfalls musste ich aus der Entwicklung danach diese Schlüsse ziehen, dass man sich damals teilweise mächtig geirrt hat.

*Broder:* Entschuldigung, für mich ist das völlig irrelevant, ob ein einziges alliiertes Flugzeug abgeschossen wurde oder nicht. Und ich finde es sehr bedauerlich, dass du dieses Beispiel nimmst. Du könntest ja auch die 8000 Massakrierten von Srebrenica nehmen, die es wirklich gegeben hat und die ohne ein Einschalten der westlichen Mächte massakriert werden konnten. Und wenn dich das nicht bewegt und wenn dich das heute nicht dazu bringt, von deiner damaligen albernen Position abzurücken, dann hast du nichts dazugelernt. Dann ist es keine Tugend, dass du dir jetzt Fragen stellst, wie war das mit den Amis und wie war das mit Kuwait? Die Amis haben mit den Nazis bis 1939 wunderbare Geschäfte gemacht. Wir müssen denen trotzdem dankbar sein, dass sie später interveniert haben. Das spielt doch keine Rolle. Ich wäre froh, wenn die deutsche Industrie rechtzeitig aufgehört hätte, Saddam Hussein zu unterstützen, statt ihn weiter zu beliefern. Es gibt doch keine Notwendigkeit, eine falsche Politik fortzusetzen, nur um die Kontinuität zu wahren. Oder sie fortzusetzen, um sich nicht dem Vorwurf auszusetzen, keine kontinuierliche Politik zu machen. Also da hast du dich bei der Beurteilung von historischen Vorgängen vertan und eigentlich könntest du als kluger Kopf inzwischen davon abrücken.

*Pohrt:* Ich frage mich, woher du zum Beispiel diese Sicherheit nimmst, von den 8000 Toten in Srebrenica zu sprechen.

*Broder:* Tja, woher nehme ich die Sicherheit, von sechs Millionen ermordeten Juden zu sprechen? Ich habe sie nicht gezählt, weder die einen noch die anderen.

*Moderator:* Aber weder die Toten von Srebrenica noch die Propaganda der Amerikaner im Golfkrieg sind hier heute Thema. Sondern wir wollen noch einmal auf Deutschland zurückkommen. Und da ist es ganz interessant, noch mal zu fragen, was denn nun für Herrn Pohrt die deutsche Besonderheit ausmacht? Vor 13 Jahren haben Sie geschrieben: Die Besonderheit in Deutschland sei das Verhältnis der Deutschen zum Kapitalismus. In anderen Ländern hätte man gelernt, mit dem Kapitalismus umzugehen, mit Krise umzugehen, mit Arbeitslosigkeit umzugehen und so weiter. In Deutschland hat man diese Fähigkeit nie erlernt. In Deutschland, schreiben Sie, aber nicht in anderen Ländern, wo die Not ebenso groß oder größer war, führte deshalb der Börsenkrach von 1929 zum Faschismus. Liegt die Besonderheit der Deutschen in ihrem Verhältnis zum Kapitalismus?

*Pohrt:* Sie unterstellen mit der Frage, dass eine damals getroffene Feststellung oder Analyse oder wie man das nennen mag, dass diese heute noch unverändert gilt. [...] Es gibt die Voraussetzungen, die es damals gegeben hat, nicht mehr. Es ist nicht wichtig, was sich in der deutschen Massenseele abspielt. Momentan sehe ich nicht, dass sich da was Großes abspielen würde. Diese ganze deutsche Ideologie, die hat, so sehe ich das momentan, absolut keine Kraft. Da steckt keine Dynamik drin, da ist kein Potential für wichtige Entwicklungen. Abgesehen davon, selbst wenn es diese Triebkräfte tief im Charakter gäbe, die mal den autoritären Charakter ausgemacht haben, der wiederum Autorität und Familie voraussetzte – Sie kennen das vielleicht noch –, das gibt es alles nicht mehr. Selbst wenn das vorhanden wäre, die materiellen Bedingungen fehlen, damit daraus so etwas Ähnliches wie 1933 entstehen könnte.

*Moderator:* Ich möchte noch mal auf den Antisemitismus zurückkommen. Bei Ihnen, Herr Pohrt, ist er inhaltlich relativ leer. Das ist zumindest das, was ich eben verstanden habe mit diesem Reflex. Sie, Herr Broder, schreiben 1986 über den Antisemitismus in dem Buch »Der ewige Antisemit«: Damals war der Antizionismus vor allem ein Ideologem der westdeutschen Linken und keines, die gesamte deutsche Gesellschaft übergreifendes. Das hat sich heute massiv geändert. Mich würde eine Einschätzung dazu interessieren.

*Broder:* Mir geht es hier um was anderes. Unser Konflikt reduziert sich wirklich auf die Beurteilung des Eingreifens in Jugoslawien, das ich auch nachträglich für vollkommen richtig und leider für verspätet halte, während Wolfgang das anders sieht. Ich gebe ihm in einem Punkt recht. Diese deutsche Bestie, von der wir so gerne reden, die hat keine Klauen mehr und keine Zähne. Von ihr geht keine Gefahr mehr aus, weder für den Weltfrieden noch für die innere Verfassung Deutschlands noch für die demokratische Substanz dieses Landes.

Ich weiß nicht mehr, wer diesen wunderbaren Satz gesagt hat: »Auf deutschem Boden darf nie wieder ein Joint ausgehen.« Es war entweder Habermas oder Fritz Teufel oder Rainer Langhans. Nein, es war Wolfgang Neuss, richtig. Als Philosoph in der Tat bedeutender. »Auf deutschem Boden darf nie wieder ein Joint ausgehen.« Von deutschem Boden wird kein Krieg mehr ausgehen, nicht? Deutschland wird für Luxemburg nie wieder eine Gefahr werden. Das ist jenseits aller Möglichkeiten.

Andererseits sind Verhaltensweisen, wie Sie gerade sagten, die vor zehn oder fünfzehn Jahren, als ich mich noch mit Verve darüber aufregen konnte, die damals marginal waren, heute Mainstream geworden. Sie müssen sich das Programm von Attac angucken. Attac ist ja nicht nur eine linke Splittergruppe. Attac ist wie Greenpeace früher das Lieblingskind deutscher Architekten, Zahnärzte und Homöopathen, nicht? Alle kümmern sich darum, was mit Attac und aus Attac werden soll. Das Attac-Programm ist nicht nur antikapitalistisch, es ist ziemlich offen antisemitisch. Attac ist sozusagen das personifizierte gute deutsche Gewissen. Deswegen können sie von

Spenden existieren, von Fund Raising, kriegen ihr Geld aus verschiedenen EU-Töpfen und machen antisemitische Propaganda. Also einerseits gebe ich Wolfgang vollkommen recht, ich bin selbst verunsichert. Dieses Ding funktioniert nicht mehr so. Das ist nicht der Nazi, der »Heil Hitler« und »Juda verrecke« schreiend durch die Straßen tobt. Den gibt es nicht. Der wird auch nicht wieder auferstehen. Einerseits haben wir diese feinen Leute bei Attac, die grauenhafte Geschichten anstellen, und das wirklich im Rahmen einer großen gesellschaftlichen Akzeptanz. Was daraus werden wird, weiß ich nicht. Ich glaube nur, dass es Phänomene gibt, die sich wandeln, die mit der Mode gehen. Es geht alles mit der Mode, auch die Mode geht mit der Mode, nicht? Letztes Jahr waren Schlaghosen modern, dieses Jahr werden die Hosen wieder enger werden. Das wiederholt sich alles. Und genauso ist es mit dem Antisemitismus. Er nimmt neue Formen an, aber er hat nicht ausgedient. Und in der Tat fehlt ihm die Dynamik, es fehlt ihm der Schwung, es fehlt ihm dieses völkische, verbindende Element. Und das finde ich beruhigend. Aber er ist trotzdem da. Und er ist aus den Randgebieten der Gesellschaft in die Mitte gerutscht. Das kannst du nicht leugnen, Wolfgang, das ist so.

*Pohrt:* Ja gut. Ich kenne Attac nicht. Welcher Art ist dieser Antisemitismus? Handelt es sich um eine Polemik gegen Israel, gegen Sharon, oder ist das ein konkreter Antisemitismus gegen das jüdische Wesen allgemein? Richtet sich der Antisemitismus gegen Juden in Deutschland?

*Broder:* Nein, das kannst du nicht machen, weil es das einfach nicht mehr gibt. Es gibt keine ernsthafte Debatte mehr unter Leuten, die sich damit beschäftigen, ob der Antizionismus Ersatz oder Mittel für den ordinären Antisemitismus ist. Darüber gibt es überhaupt keine Debatte mehr, nicht? Es ist der saubere Antisemitismus, der sich politisch tarnt und politisch aufhört. Aber er entspricht demselben Gefühl. Er entspricht genau demselben Ressentiment. Und ich kann nur fragen, ist das das primäre Problem von Möllemann und von Attac? Die Politik, die Sharon betreibt? Ich mache immer einen Test, wenn sich Leute über Sharon aufregen. Man muss ja heute jede Debatte in Deutschland damit beginnen, dass man sagt: Auch ich bin gegen Sharon, *aber*, nicht? Und ich bin das natürlich leid. Unter uns, weil wir hier ja unter uns sind, ich bin auch nicht von Sharon begeistert. Aber ich weigere mich, jede Diskussion mit diesem Satz anzufangen, mich erst mal davon zu distanzieren und mir damit die Erlaubnis zu erkämpfen, etwas sagen zu dürfen. Aber ich mache einen anderen Test. Ich frage Leute, die sich furchtbar über Sharon aufregen, ob sie wissen oder ob sie mir sagen können, wann sich zum letzten Mal Vertreter Israels und der palästinensischen Behörde auf vernünftige Weise unterhalten haben. Und wann es zum letzten Mal so aussah, als würde es eine vernünftige, friedliche, ordentliche Regelung des Konflikts geben. Und keiner kann es mir sagen, wissen Sie? Ich weiß nicht, ob Sie es wissen, das war Januar, Februar 2001. Das war praktisch erst vorgestern, und zwar unter Barak. Aber für viele, die heute ihren Antisemitismus, Antizionismus verkleiden, fängt die israelische Politik mit Sharon an. Sharon ist der Bösewicht, der für alles verantwortlich gemacht wird. Und dieser debile, völlig kranke und völlig meschuggene Arafat hat es geschafft, als der anständige, ordentliche Mann dazustehen, dem die Zukunft seines Volkes am Herzen liegt. Also diese Rollenverdrehung, die muss man erst mal verarbeiten. Das ist schon ein erstaunlicher Prozess, der hier stattfindet. Und das ist es, Wolfgang, was man mit dem neuen deutschen Antisemitismus, Antizionismus verknüpfen kann: die völlige Aufgabe von Gedächtnis, von Erinnerung, von Regeln. Leider bist du ein gutes Beispiel dafür, es tut mir weh, dir das zu sagen, aber auch du betreibst die Aufgabe von Wissen und Information. Die Leute wissen einfach nichts mehr. Du bist nicht der Einzige, der keine Zeitungen mehr liest.

*Pohrt:* Henryk, dein Trick ist es, dass du aus einem Phänomen, das in Wahrheit ganz anders abläuft, wieder eine deutsche Suppe kochst. Aber es ist nun mal keine. Wenn du es perfide findest, wie Sharon betrachtet wird und wie Arafat, dann stimme ich dir völlig zu. Aber dann frag dich doch mal, wie es in Belgien aussieht. In Belgien gab es einen Haftbefehl gegen Sharon. Guck dir doch die Politik insgesamt in Europa an.

*Broder:* Ich lebe ja zufällig in Berlin, nicht in Brüssel. Das macht für mich einen Unterschied aus.

*Pohrt:* Ja gut, aber du kannst doch nicht sagen: Nur weil ich in Berlin lebe und hier Luft atme, ist Luft immer Berliner Luft. Wenn du dasselbe Phänomen woanders auch hast, dann entfällt doch diese Besonderheit, dass es etwas spezifisch Deutsches wäre ...

*Broder:* Entschuldige, nur ein Satz. Ich habe nie behauptet, es sei etwas besonders Deutsches. Und ich kann dir die Motive der Belgier bei Gelegenheit auch erklären. Aber da ich hier lebe und da ich mit dieser Öffentlichkeit zu tun habe, interessiert mich diese Öffentlichkeit einfach mehr. Das belgische Problem kann ich dir erklären. Es ist mit dem deutschen sehr verwandt. Es hört auf den Namen Flämische Front.

*Pohrt:* Glaubst du, die haben alle das gleiche Problem? Ich finde das lachhaft. Glaubst du nicht, dass die Politik, die diese Nachrichtengebung beeinflusst, heute von der aktuellen Interessenlage bestimmt wird statt von irgendwelchen historischen Reminiszenzen? Die Europäer haben bessere Gründe, diese Politik zu machen, die sie machen, als diejenigen, die du nennst. Du führst das rein auf eine Sozialpsychologie zurück. Man kann genauso sagen, dass die Europäer, indem sie immer die Palästinenser favorisieren, eigentlich nichts anderes tun, als dass sie versuchen, mit den arabischen Ländern aus guten ökonomischen Gründen im Geschäft zu bleiben. Im Unterschied zu den USA, die Truppen, Geld und Waffen liefern können. Ganz Ägypten lebt von amerikanischer Unterstützung. Im Unterschied: Was die Amerikaner können, können die Europäer nicht? Also verlegen sie sich auf die Rolle des Hetzers, der moralischen Zuspruch gibt, weil er de facto nichts ausrichten kann, aber eigentlich dort auch gerne mitmischen möchte, ja? Kannst du dir nicht vorstellen, dass diese ganze Haltung zu Israel auch so eine Stellvertretergeschichte ist, in der es weniger um Israel geht als um die Rivalität zwischen Europa und den USA? Kannst du dir überhaupt nicht vorstellen, dass da manchmal ein bisschen Billard gespielt wird? Zum Beispiel auch hier, wenn rechtsradikale Jugendliche auf eine Synagoge Steine schmeißen. Da kann man doch auch zum Beispiel fragen, ist das nun wirklich noch der alte Antisemitismus oder ist das was anderes?

*Broder:* Das ist vermutlich die gleiche Synagoge. Das reicht mir dann schon, weißt du?

*Pohrt:* Es könnte doch auch so sein, dass mit dieser Aktion was ganz anderes getroffen wurde, nämlich das, was dann auch richtig getroffen wird, die Bundesrepublik, die Bundesregierung. Wenn du heute als zorniger junger Mensch eine diffuse Wut auf Regierung und Politik hast, kannst du den ganzen Apparat kaum mit weniger Aufwand auf Trab bringen, denn wenn du solche Aktionen machst, dann steht ganz Deutschland Kopf, nicht? Dann kommt der Kanzler und erzählt, alle anständigen Deutschen sollten aufstehen. Man hat also unglaublich viel erreicht. Das ist doch so ein Stellvertreterspiel, oder? Ich hau den einen, meine aber den anderen.

*Broder:* Das ist mir zu sozialpsychologisch, und vor allem viel zu platt, weißt du?

*Pohrt:* Das ist Taktik.

*Broder:* Nein, nein. Jetzt sprichst du wie ein pensionierter Oberstudienrat, der vor den Ruinen seiner pädagogischen Bemühungen steht und nach einer Erklärung dafür sucht, warum seine Schüler nicht so geworden sind, wie er sie sich vorgestellt hat. Du hast in deiner Einleitung etwas sehr Wichtiges, etwas sehr Kluges gesagt. Nämlich, dass der Erfolg der Nazis, so wie sie Europa überrollt haben innerhalb von Wochen, nur damit erklärt werden kann, dass es eine Bereitschaft gab, sich überrollen zu lassen, also eine Bereitschaft zu Kollaboration und Unterwerfung. Das halte ich für vollkommen richtig. Und es gibt einen gemeinsamen Nenner der europäischen Kultur, und der verbindet die fortschrittlichen Franzosen mit den reaktionären Polen. Es gibt Ausnahmen. Bulgarien ist wahrscheinlich eine erstaunliche Ausnahme. Aber das, was alle verbindet, ist leider der Antisemitismus. Das ist ein kleiner gemeinsamer Nenner der europäischen Kultur, auf den sich viele verständigen können. Und ich sage ja nicht, dass nur die Deutschen eine Rechnung mit den Juden offen haben. Ich weiß, das ist eine gewagte Behauptung, aber ich kann sie meistens begründen. Ich lasse sie jetzt mal so stehen.

Andere Völker haben auch eine Rechnung offen. Selbst die von mir so hochgeschätzten Holländer, weil der Prozentsatz der ermordeten Juden in Holland am höchsten gewesen ist, noch höher als in anderen europäischen Ländern, die überrollt wurden. Trotz Anne Frank und trotz des heldenhaften holländischen Widerstands war dort die Gefahr, entdeckt und deportiert zu werden, sehr groß. Bulgarien ist eine Ausnahme. Bulgarien hat seine Juden beschützt, die Dänen haben die Juden rausgepaddelt nach Norwegen und nach Schweden. Das sind Ausreißer. Es gibt natürlich keine Theorie, die in sich vollkommen geschlossen wäre. Nur Verschwörungstheorien sind in sich vollkommen geschlossen und lassen keine Abweichungen zu. Aber man kann begründen, dass die europäische Kultur weitgehend eine vom Antisemitismus geprägte Kultur ist, in der es auch Inseln des Ausnahmeverhaltens gegeben hat, Dänemark, Bulgarien und ein paar andere. Aber das ist nicht Sozialpsychologie, das ist Sozialgeschichte der Völker, die existiert. Und die kannst du nicht leugnen. Und du kannst mich nicht damit zufriedenstellen oder damit beruhigen, indem du sagst, die Belgier sind ja genauso. Belgien, wenn du so willst, gibt es gar nicht, das ist doch ein fiktiver Staat. Das ist doch eine Mischung aus Pralinenverkäufern und Kinderschändern, was anderes gibt es da doch nicht. Das ist Belgien. Ein Winzstaat so groß wie ein Parkplatz in Texas, der sich drei Regierungen leistet. Eine flämische, eine wallonische und eine Zentralregierung. Und dann gibt es eine deutsche Enklave bei Eupen Malmedy, 80.000 Menschen, und die haben auch einen Ministerpräsidenten. Das ist Belgien. Belgien ist eine öffentliche Arbeitsbeschaffungsmaßnahme für Bürokraten. Mehr ist Belgien nicht. Aber Belgien hat eine Geschichte. Belgien hat sich bereitwillig hingelegt und sich von den Deutschen überrollen lassen, zum großen Teil zumindest. Und sie kommen damit wahrscheinlich auch nicht klar. Ich muss dir doch nicht aufzählen, wie viele europäische Völker nichts getan haben, um die Juden zu retten. Es ist, wenn du so willst, das europäische Kainszeichen. Und damit haben in der Tat nicht nur die Deutschen zu kämpfen. Aber es tröstet mich nicht. Es würde mich aufregen, wenn ich in Brüssel leben würde oder in Amsterdam. Da ich seit dem Fall der Mauer zufällig in Berlin lebe, regt mich das auf, was hier passiert.

Aber ich gebe dir in einem recht, auch wenn wir uns darüber aufregen, es ist nicht alarmierend. Und deswegen finde ich diese Parolen wie »Deutschland abwickeln« vollkommen albern. Es steht keine Katastrophe bevor. Es steht nichts zu befürchten. Dieses Land hat es nicht mal geschafft, einen solchen Faschisten wie Haider zu kreieren, nicht wahr? Der in der Tat schick und klug ist und gut argumentieren kann. Das gibt es hier alles nicht. Der Schlimmste, den wir hier haben? Wer ist das eigentlich? Das ist dieser Horst Mahler, nicht wahr? Horst Mahler ist der Schlimmste, den der deutsche Neofaschismus in den neunziger Jahren produziert hat. Also, wenn das alles ist, dann muss man in der Tat nicht allzu besorgt sein.

30. September 2003

# Notizen
## 2014-2016

12. August 2014

Zentralafrika: Kapitalismus braucht Nationalstaat, nationale Bourgeoisie und Patriotismus. Das Zeitalter der kapitalistischen Nationalstaaten ist das Zeitalter der Volkskriege, beginnend mit Napoleon. Kapitalismus braucht Militär als Absatzmarkt für die Massenproduktion, z.B. 100.000 Uniformen.

Russland, China: Klar kann man sagen, dort habe sich der Kommunismus als Aufbauhelfer für den Kapitalismus bewährt. Aber das ist ein Treppenwitz der Geschichte und ein Beleg für die These: Kommunismus ist Opium fürs Volk. Wer den Schwindel glaubt, ist selber schuld, wenn er sich opfert und ihm nachher die Oligarchen das Fell über die Ohren ziehen.

Endlösungen: Mit Marx beginnt das Zeitalter der Endlösungen und der Endsiege. Mit dem Endsieg des Proletariats sind alle Probleme dieser Welt lösbar geworden. Aber was dann? Was machen die Menschen nach dem globalen Sieg über den Klassenfeind? Was machen sie im reinrassigen weltumspannenden Germanenreich, wenn der letzte Jude erschlagen wurde? Keiner weiß es. Schon die Christen wussten nicht, womit die Menschen im Himmel ihre Zeit totschlagen sollen. Aber diese Frage würde sich erst im Jenseits stellen. Mit der Säkularisierung der Erlösungshoffnung stelle sie sich schon in Diesseits. Wie alle Erlöser hatte Marx keine Antwort. Aber eine Forderung. Die Erlösung der Menschheit von Ausbeutung und Unterdrückung ist ein hohes Ziel und ein großes Versprechen. So groß, dass seiner Erfüllung Menschenleben geopfert werden dürfen. Und nun kommen Sie und sagen: Auch dann, wenn der Kommunismus sich als zweckdienliches Mittel zur Installation eines zeitgemäßen Kapitalismus entpuppt; ganz umsonst war der Kampf ja doch nicht. Wollen Sie die Toten, die in diesem Kampf gestorben sind, verschaukeln?

* * *

9. September 2014

[...] Krieg ist keine Lösung, was für ein Unsinn!!!

Eher könnte man mit Heraklit sagen, dass er der Vater aller Dinge ist. Auf jeden Fall ist er der Ursprung der demokratischen Verhältnisse in Deutschland, an denen wir uns erfreuen dürfen. Auf jeden Fall hat er für einen Teil der Insassen der Vernichtungslager die Rettung bedeutet. Nicht für alle, viele waren zu geschwächt, um Essen zu vertragen, und starben noch nach der Befreiung.

Warum ist dieses sinnfreie Dogma, dass der Krieg keine Lösung sei, trotzdem in Deutschland so weit verbreitet?

Der Trick dabei geht so: Wenn Krieg immer und grundsätzlich schlecht ist, war WK2 wie eine Prügelei zwischen dummen Jungs auf dem Schulhof. Alle Beteiligten haben sich gleichermaßen danebenbenommen. Es gibt keine Schuldigen und keine Helden. Die moralische Gleichheit zwischen den deutschen Aggressoren und den alliierten Befreiern ist hergestellt.

Kein Unterschied mehr zwischen Angriffskriegen und Verteidigungskriegen, zwischen gerechten und ungerechten Kriegen, zwischen Versklavungskriegen und Befreiungskriegen.

Man versteht diese Haltung besser, wenn man sich daran erinnert, was eine Untersuchung im Auftrag des Bundestags ergeben hat: »Etwa jeder fünfte Deutsche ist latent antisemitisch« (http://www.bundestag.de/dokumente/textarchiv/2012/37499490_kw04_antisemitismusbericht/207504). Es existiert ein starkes Bedüfnis, den Juden Missetaten anzuhängen oder nachzusagen, ich würde von einem strukturellen Antisemitismus sprechen. Darum wird wegen der 2000 Opfer des Gaza-Kriegs viel diskutiert und über die 200.000 Opfer des syrischen Bürgerkriegs wenig. Als Grund würde ich die vergebliche Suche nach Entlastung für Auschwitz vermuten. Weil die Deutschen wissen, dass sie der Abschaum gewesen sind, sollen die Juden auch so gewesen sein, dann wäre es nicht mehr so schlimm.

* * *

15. September 2014

Was ist nicht schon alles den Bach runtergegangen: das Pharaonenreich, die Athener, Sparta, die Habsburgerdynastie, das Osmanische Reich, der Ostblock, der Warschauer Pakt, die DDR, Jugoslawien usw.

Warum nicht zur Abwechslung die EU? Vielleicht sind die vielen eurokritischen Parteien in diversen Ländern sowas wie das erste Knistern im Gebälk, bevor die Hütte einstürzt. Könnte doch sein, oder?

Oder steht irgendwo in Stein gemeißelt, dass die EU unvergänglich ist? Okay, fürs Sterben ist sie noch ein bisschen jung. Aber die Zeiten sind halt schnelllebiger geworden als früher.

Das ist natürlich nur eine Möglichkeit, auf die ich persönlich keine zehn Euro setzen würde. Durchspielen kann man sie doch mal. Ich finde das interessanter, als die Parteien durchzudeklinieren, und auf den Spaßfaktor kommt es hier doch an, wir sind schließlich keine Verantwortung tragenden Politiker.

* * *

10. Oktober 2014

Nur eine Beobachtung am Rande: Wie rührig die in Deutschland lebenden Muslime während des Gaza-Kriegs gewesen sind. Sie haben Demos veranstaltet, bei denen antisemitische Parolen unangenehm aufgefallen sind, Juden, die durch die Kleidung als solche erkenntlich waren, wurden bedroht. Die Demonstranten haben ihren Hass auf Israel hinausgeschrien.

Auch sonst war die Anteilnahme der Öffentlichkeit beträchtlich. Ich höre morgens immer den Deutschlandfunk, und jeden Tag wurden in den Nachrichten die korrigierten Opferzahlen genannt. Endstand 2100. Wie viele Leichen den Weg des IS pflastern, weiß ich nicht.

Überhaupt scheinen Opferzahlen ziemlich uninteressant zu sein, falls sich keine willkommenen Täter wie Israel oder die USA identifizieren lassen.

* * *

22. Oktober 2014

Was hatten Katholizismus, Indianer und Chinesen gemeinsam? Das Foltern ihrer Feinde. Nicht um der Informationsgewinnung willen, sondern einfach nur so, weil es Spaß macht. Eine Ketzerverbrennung sonntags nach dem Kirchgang auf dem Marktplatz war Volksbelustigung.

Das liegt nicht am Katholizismus, sondern daran, dass der Mensch von Natur aus eine ziemlich bestialische Spezies ist. Deshalb haben die Menschen die Religionen doch erfunden. Sie brauchen einen Gott, der ihnen verbietet, was sie am liebsten täten: Rumhuren, Quälen, Morden, Plündern.

Im Normalfall sorgen durchweg alle Religionen dafür, dass die Menschen einander am Leben lassen. Religionen, die das nicht tun, sind mit den Menschen, die sich zu ihnen bekannt haben, ausgestorben. Aber die destruktiven Triebe können nicht einfach abgeschnitten werden, sondern nur sozialisiert. Foltern muss sein, aber nur am Sonntagnachmittag, und es muss eine sozial erwünschte Funktion erfüllen, meinetwegen die Bestrafung von Ketzern. Aber auf die Dauer genügte das den Menschen nicht, sie wollen auch mal richtig über die Stränge schlagen. Klug war es vom Katholizismus, dafür den Fasching oder Karneval einzurichten, eine Zeit, in der das eheliche Treuegebot suspendiert ist. Aber das Gebot »Du sollst nicht töten« gilt immer noch.

Um sich mal richtig von dem ganzen kirchlichen Zivilisationszirkus zu erholen, haben sich die europäischen Christen früher von Zeit zu Zeit einen Kreuzzug ins Heilige Land gegönnt. Auf diesen Kreuzzügen war alles erlaubt: Rumhuren, Quälen, Morden, Plündern.

Und jetzt ist der IS dran.

* * *

14. Novemer 2014

[...] Zum Thema Israel gehört momentan der Islamismus natürlich dazu, weil der Islamismus die vorherrschende Kraft ist, derer sich Israel erwehren muss. Den Islamismus ausgrenzen zu wollen kann nur heißen, den Israelis die Legitimation zu verweigern, welche sie durch den Islamismus bekommen haben. Über Israel sprechen, ohne über den Islamismus zu sprechen, ist ungefähr so, wie über WK2 zu sprechen, ohne über den Nationalsozialismus zu sprechen.

Gerade am Islamismus zeigt sich Israels Überlegenheit, und zwar deshalb, weil die israelische Gesellschaft mit ähnlichen Problemen konfrontiert gewesen war wie heute die islamischen Länder. Vor drei Jahren ungefähr machten jüdische Ultras von sich reden, die auf diversen Jerusalemer Buslinien die Geschlechtertrennung bei der Sitzordnung de facto durchgesetzt hatten. Das gab weltweit einen Aufschrei, aber am lautesten war er in Israel selbst.

Von diesen Verrückten, den Geistesverwandten der Islamisten, spricht heute keiner mehr. Die israelische Gesellschaft ist mit dem Problem ohne große Mühe fertig geworden, die Fundamentalisten wurden marginalisiert. Das ist der große Unterschied zu den islamischen Ländern, in denen Islamisten die Macht übernommen haben.

* * *

25. November 2014

Man muss unterscheiden zwischen der Religion und den Muslimen. Also Allah find ich eigentlich toll. Er zeigt den Moslems doch dauernd: Ich mag euch nicht. Ich finde euch zum Kotzen. Er zeigt es ihnen, indem er sie leiden lässt. Es stimmt ja, den Moslems geht's nicht gut, den meisten jedenfalls. Aber entweder die Moslems sind taub, oder sie haben sich die Ohren nicht gewaschen. Jedenfalls verstehen sie Allah nicht, sie kapieren seine Botschaft nicht. Er will den Moslems sagen: Hört auf mit den Glaubenskriegen. Hört auf mit dem ewigen Zank und Streit, ob untereinander oder mit den Nachbarn. Werdet verträglich. Kapiert es endlich, dass Schlachten heute nicht auf dem Schlachtfeld, sondern an der Werkbank entschieden werden.

Heute Morgen gab es im DLF eine Reportage aus dem Gazastreifen. Der Moderator fragte den Reporter, ob die Palästinenser dort einen großen Hass auf die Israelis empfinden. Eigentlich nicht, antwortete der Reporter, man ist vielmehr desillusioniert und resigniert, gerade auch wegen der eigenen Führung.

Das macht Hoffnung.

* * *

14. Dezember 2014

[...] Ein Moslem muss heute seinen Gott bescheißen, weil kein moderner Beruf es gestattet, mehrmals täglich seinen Gebetsteppich auszurollen, sein Abrakadabra zu murmeln und den Gebetsteppich wieder wegzupacken. Früher bei der Feldarbeit war das kein Problem, aber der Pilot einer Passagiermaschine kann sich den Hokuspokus bestimmt nicht leisten, und in den meisten Berufen kann man das heute auch nicht.

Was tun? Eben dies, den Gott mit allerlei Ausreden und Tricks bescheißen. Er habe es, als er es dem Propheten diktierte, nicht so ernst oder nicht wörtlich gemeint. Flugzeuge kannte er, obgleich allwissend, doch gar nicht, und wer weiß, was er entschieden hätte.

Die Religion ist also eine permanente Aufforderung zu Lüge und Betrug, und das schult den Verstand ungemein. Denn platterdings einfach die Wahrheit zu sagen ist intellektuell sehr viel anspruchsloser, als eine glaubwürdige, intelligente Lüge zu erfinden. Eine weitere Fähigkeit wird dabei trainiert, nämlich die, sich zu verstellen und den anderen Leuten etwas vorzuspielen. Die Muslime sind Experten in dieser Disziplin, ihr »Killing & Kissing« ist berüchtigt.

In der gleichen Disziplin haben es auf christlicher Seite aber auch die Mafiosi weit gebracht, vielleicht erinnert sich noch der eine oder andere an den Film »Der Pate«. Mit den Moslems verbindet die erzkatholischen Mafiosi eine tief empfundene Religiosität. Der Pfaffe muss ihre Geschäfte segnen, und exkommuniziert zu werden ist für einen Mafioso fast wie die Todesstrafe. Als Exkommunizierter kann er auch nicht mehr Mitglied der Mafia sein, das ist sein sozialer Tod.

Man sollte bei den Religionen also immer damit rechnen, dass man von ihnen hereingelegt wird, sie spielen nie mit offenen Karten. Auf diese Idee hat mich, unabsichtlich natürlich, Harley Quinn gebracht. Sie zeigt uns, wie trickreich die Lösung von einem Glauben funktioniert.

Hier spielt sie die Rolle eines Vorkämpfers für den Islam, aber indem sie das tut, beerdigt sie ihn zugleich. Sie beerdigt ihn, indem sie eines seiner Dogmen zum Einsturz bringt. Laut islamischer Lehre müsste ihr Auftreten, da es sich um eine Frau handelt, uneitel und bescheiden sein, es ist aber das genaue Gegenteil. So tragen die Kontroversen um den Islam zu seinem Absinken in die

Bedeutungslosigkeit bei, gerade weil er von Frauen verteidigt wird.

Ich das nicht echt tricky?

* * *

18. Dezember 2014

»Kulturzeit« auf 3sat. Eine ganze Woche lang, hieß das Generalthema »Depression«. Damit war eine Gemütslage gemeint, welche die Gesellschaften als Ganzes befallen habe. Jedenfalls wurde das behauptet und die Idee erscheint mir plausibel und interessant.

Sie liefert eine Erklärung für die Unfähigkeit, engagiert zu verurteilen. Die Realität wird wahrgenommen wie durch einen Schleier. Das gilt sogar für den IS. Keiner weiß, was man dagegen tun soll, es fehlt sogar die Kraft, sich anhaltend darüber aufzuregen. Emotional taucht man ganz schnell ab.

Wenn man ganz tief in sich hineinschaut, stößt man auf Gleichgültigkeit. Die versteckt sich hinter Betriebsamkeit und angedrehtem Engagement, das auflodert und von einer Minute auf die andere wieder zusammenbricht. Typisch für diesen Zustand ist auch, dass man keine »Guten« mehr finden und an sie glauben kann. Egal ob Russland oder die USA – sie taugen alle nichts, sagt das Gefühl. Die vielen Krisen – Ukraine, IS, Gaza, Griechenland, Frankreich, Mexiko etc. – bewirken in der Häufung ein Gefühl von Hilflosigkeit und Ausgeliefertsein. Man wird apathisch und stolpert als Depressiver wie ein Zombie durch die Welt.

Das ist natürlich noch nicht Politik, aber die Stimmungslage hat großen Einfluss auf die Politik. Wie es zu dieser Stimmungslage kommt, weiß man nicht, ich jedenfalls weiß es nicht. Die realen Bedingungen sind gar nicht so schlecht, sie waren sogar schon viel schlechter, und trotzdem waren die Leute nicht so depressiv. Es gibt anscheinend keinen rationalen Grund für die Stimmungslage, die zu einer realen Gefahr werden kann, wenn Sündenböcke gesucht und gefunden werden.

* * *

28. Dezember 2014

Die im Dunkeln sieht man nicht

Wer sind die Organisatoren hinter den Pegida-Protesten? Ins Rampenlicht tritt meist nur Initiator Lutz Bachmann – der vor den Demonstranten auch seine Flucht vor der deutschen Justiz nach Südafrika kommentiert.

Am Montagabend kommt der Mann, der »Pegida« (»Patriotische Europäer gegen die Islamisierung des Abendlandes«) initiiert hat, vor den Demonstranten noch einmal auf sein »persönliches Vorleben« zu sprechen. Ja, er sei 1998 »unüberlegt« nach Südafrika geflüchtet, sagt Bachmann, dem in Deutschland damals knapp vier Jahre Gefängnis drohten. Er habe sich jedoch in Südafrika integriert, etwas aufgebaut und selbst für seinen Unterhalt gesorgt.

http://www.faz.net/aktuell/politik/inland/demonstrationen-in-dresden-wer-sind-die-organisatoren-der-pegida-proteste-13325574.html

Wenig Beifall für »christlich-jüdische Wurzeln«

Beifall gab es auch noch, als Bachmann vor Überfremdung warnte und Bundeskanzlerin Angela Merkel zitierte, die 2010 beim Deutschlandtag der Jungen Union »Multikulti« für »absolut gescheitert« erklärt hatte. We-

niger Resonanz bei seinem Publikum erzielte er hingegen mit dem Verlesen von Horst Seehofers Sieben-Punkte-Plan, mit dem dieser ebenfalls vor vier Jahren gefordert hatte, dass Deutschland kein Zuwanderungsland und für Migranten die deutsche Leitkultur maßgebend sei. Als Bachmann, Seehofer zitierend, die deutsche Kultur als von »christlich-jüdischen Wurzeln und von Christentum, Humanismus und Aufklärung geprägt« erläuterte, versiegte der Beifall gänzlich.

http://www.faz.net/aktuell/politik/inland/pegida-in-dresden-waechst-weiter-auf-17500-menschen-13338552.html

Verurteilungen, Flucht und Ausweisung

Bachmann ist durch die Begehung zahlreicher verschiedener Straftaten mehrfach strafrechtlich in Erscheinung getreten und wurde unter anderem 1998 zu drei Jahren und acht Monaten Haft verurteilt. Kurz nach der Verurteilung entzog er sich jedoch der Justiz und flüchtete nach Südafrika, wo er zwei Jahre lang unter falschem Namen lebte, aber schließlich von der Einwanderungsbehörde identifiziert und nach Deutschland abgeschoben wurde. Nach zwei Jahren Haft in Deutschland wurde er vorzeitig auf Bewährung entlassen.

2008 wurden bei ihm 40 Gramm Kokain und ein weiteres Mal 54 Gramm gefunden. Hierfür wurde er dann zu einer weiteren Freiheitsstrafe verurteilt, welche zur Bewährung ausgesetzt wurde. Die Bewährung läuft im Februar 2015 aus.

http://de.wikipedia.org/wiki/Lutz_Bachmann

* * *

4. Januar 2015

Was passiert, wenn eine Ratte sich in ein fremdes Revier verirrt? Sie wird von anderen Ratten totgebissen.

Die Juden haben versucht, durch den Verzicht auf ein eigenes Revier diesem Mechanismus zu entkommen. Sie haben ihren Versuch zur Humanisierung der Menschheit teuer bezahlt und sich notgedrungen ein eigenes Revier erkämpft.

Der rattenhafte Totbeißreflex als Reaktion auf Fremde scheint eine dauerhaft nicht zivilisierbare Konstante der menschlichen Natur zu sein.

Das bedeutet, dass man dauerhaft dagegen ankämpfen muss. Also keine Panik, wenn der Kampf dagegen wieder einmal nötig wird.

* * *

6. Januar 2015

Es wird immer Leute geben, die sich als Modernisierungsverlierer fühlen, weil sie den Fortschritt nicht verkraften, weil sie mental hinter der Zeit herhinken. Mit denen haben wir es bei den Pegida-Anhängern zu tun.

Außerdem sind sie feige. Die Modernisierung ist ihnen verhasst, die Verwestlichung, die Amerikanisierung, alles Ausländische sowieso. Aber da trauen sie sich nicht ran. Also hetzen sie ersatzweise gegen die Schwächsten in der Gesellschaft, damals gegen die Juden, heute gegen die Muslime in der BRD.

Entsprechend chaotisch geht es in ihren Köpfen zu, gerührt UND geschüttelt. Sie wollen die DDR wiederhaben, Gott hab sie selig, aber das können sie so nicht sagen, und fordern daher einen Staat, der an der Globalisierung nicht teilgenommen hat, von amerikanischem Multikulti ganz zu schweigen.

Irre halt, aber nicht ungefährlich, wenn der Wahn die Massen ergreift. Zum Glück sieht es danach nicht aus.

* * *

7. Januar 2015

Harte Zeiten für die Moslems.

Man kann keine Islamisten fangen, ohne als Beifang jede Menge Moslems zu kriegen. Das ist nicht schön, aber es ist so.

Harte Zeiten auch für Privatsphärenschützer. Wenn die NSA eine Spur hätte, bekäme sie keine Schelte, sondern einen Orden.

* * *

9. Januar 2015

[...] Hätten die Alliierten in WK2 sich darum gesorgt, dass in einem Krieg jeder Beteiligte seine Unschuld verliert, würden heute in Europa die Nazis regieren. Ich habe manchmal den Eindruck, den Feinden Israels und Freunden der Hamas wäre das ganz lieb.

Manche bilden sich wahnsinnig viel auf vermeintlichen Tiefsinn ein, wenn sie wieder mal zur uralten Erkenntnis vorgedrungen sind, dass Kampf und Krieg große Gleichmacher sind.

Egal, ob man für Freiheit oder Unterdrückung kämpft, man will den Kampf gewinnen und unternimmt alles, was zu diesem Ziel führt. Daraus zu schließen, es machte keinen Unterschied, ob man mit der Waffe Terrorismus praktiziert oder ihn bekämpft, ist nichts anderes als die List der Feigheit.

* * *

11. Januar 2015

Die Franzosen, Regierung und Bevölkerung, sind absolut großartig. Zeigen über alle Religionen hinweg ihre Solidarität mit den Opfern und ihre Entschlossenheit, um keinen Millimeter vor den Terroristen zurückzuweichen. Vermeiden jede Hetze gegen Muslime und bringen es fertig, eine geschlossene Nation zu bilden.

Toll.

* * *

18. Januar 2015

Wegen der neuen Karikaturen in *Charlie Hebdo* haben Ausschreitungen in mehreren muslimischen Ländern stattgefunden, teilweise mit Toten. Unter diesen Ländern waren Pakistan und der afrikanische Staat Niger, also Staaten, in welchen der Mob, der sich zusammengerottet hatte, mangels Kaufkraft nie eine Ausgabe von *Charlie Hebdo* zu sehen bekommen wird.

Das ist sonderbar. Was den Muslimen ihr Prophet ist, nämlich heilig, ist den Indern die Kuh. Aber hat man jemals erlebt, dass die Inder ausländische Einrichtungen in Stücke schlagen, weil man anderswo Kühe schlachtet und mit großem Genuss ihr Fleisch verzehrt?

Sicher nicht, und ein Heiligtum getötet zu wissen ist bestimmt schlimmer als es gemalt zu wissen, d.h. eigentlich nur eine Zeichnung zu sehen, die Mohammed darstellen soll, ohne es zu können, weil kein Mensch heute weiß, wie der Typ überhaupt ausgesehen hat.

Also warum bei den Moslems dieser in jeder Hinsicht widersinnige Aufstand? Es ist die reine Herrschsucht. Exemplarisch wollen die Moslems dem Rest der Welt ihren Willen aufzwingen, die religiösen Gefühle sind vorgeschoben. Der Grund dürfte sein, dass die Moslems einen langen Abstieg seit ihrer Blütezeit hinter sich haben. Wenigstens an einer und besonders unsinnigen Stelle verlangen sie vom Rest der Welt Respekt.

Es ist wichtig, dass sie ihn nicht bekommen.

* * *

12. März 2015

Mich interessiert immer noch, woher der Riesenhass auf den Gender-Quark kommt.

Warum ist das Quark? Weil sich keine klare Trennlinie zwischen natürlich und gesellschaftlich ziehen lässt. Alles Natürliche sehen wir nur als gesellschaftlich Präformiertes, alles Gesellschaftliche hat einen natürlichen Kern.

Genderforschung ist also Hokuspokus. Aber das ist auch Konjunkturforschung. Woher also der Hass speziell auf die Genderforschung?

Es kommt wohl daher, dass speziell Männer unter einer großen Verunsicherung leiden. Der Mann weiß nicht mehr, welche gesellschaftliche Rolle er spielen muss und welcher Status ihm zukommt.

Seine gesellschaftliche Identität ist bedroht. In dieser Situation ist die Natur, der natürliche Geschlechtsunterschied, seine einzige Zuflucht in der Odyssee um die Frage »Wer bin ich?«

Ich würde die (durch Studien zu verifizierende oder falsifizierende) Hypothese wagen, dass es vor allem ältere Männer sind, welche sich über die Genderforschung empören. Und zwar deshalb, weil das Alter eine Nivellierung der Geschlechter bewirkt und somit bei der Sorge um die eigene soziale Identität das Fass zum Überlaufen bringt.

* * *

20. April 2015

»Jude, Jude, feiges Schwein, komm heraus und kämpf allein.« Dabei sei die am Donnerstag häufig gebrüllte Parole keine Volksverhetzung, sagte Polizeisprecher Stefan Redlich. Dies habe eine »vorläufige Einschätzung« durch die Staatsanwaltschaft ergeben. Im Polizeipräsidium habe man sich deshalb entschlossen, die Parole künftig über das Versammlungsrecht per Auflage zu untersagen.

Nach Angaben der Staatsanwaltschaft ist diese Parole lediglich eine Beleidigung. Bei einer Beleidigung könne die Polizei anders als bei einer Volksverhetzung nicht von sich aus einschreiten. Erst wenn sich ein Zeuge bei einer Demo beleidigt fühle und Anzeige erstatte, könnten die Personalien der Rufer aufgenommen werden, hieß es bei der Polizei. Da dies zu unsicher sei, nutzt die Polizei jetzt die Möglichkeiten des Versammlungsrechts.

Die Polizei hat am Wochenende neben der Parole »Jude, Jude, feiges Schwein« auch die Rufe »Kindermörder Israel« und »Kindermörder Netanjahu« rechtlich bei der Staatsanwaltschaft prüfen lassen. Ergebnis: Diese seien nicht einmal eine Beleidigung.

http://www.tagesspiegel.de/berlin/polizei-justiz/polizeiin-berlin-reagiert-auf-kritik-jude-jude-feiges-schwein-soll-auf-demonstrationen-verboten-werden/10229256.html

* * *

24. April 2015

Warum fällt mir zu Daths Text ein Titel von Jünger ein, den ich, wie alles von Jünger, nie gelesen habe, nämlich »Der Kampf als inneres Erlebnis«? Natürlich kann man meine Entwicklung so beschreiben, wie Dath das macht. Dath macht das sehr gut, es ist schließlich sein Job, und Dath ist in seinem Job eine Spitzenkraft.

Auch an seinem Job habe ich nichts auszusetzen. Das Feuilleton, die moderne Religion, ist wie die alte lebenswichtig, weil sie die Welt vermenschlicht und damit Parteinahmen und moralische Urteile erst möglich macht.

Das Risiko bei der alten wie der modernen Religion ist nur, dass man die Fakten vernachlässigt und unterschätzt, in diesem Fall das beinahe spurlose Verschwinden des Ostblocks. Sicher war auch das Verschwinden der Protestbewegung für mich ein herber Verlust, aber der ist doch nur ein Luxusproblemchen neben den Verlusten, welche die Menschen im Ostblock sich selbst zugefügt haben.

Dath ignoriert, dass sich die Welt als etwas anders gestrickt erwiesen hat, als wir damals glaubten. Rückblickend würde ich sagen, dass wir damals ebenso naiv wie anmaßend gewesen sind. Natürlich ist man verletzt, wenn man sich selbst für unfehlbar hielt und die Spekulationen dann alle an der Realität zerschellen. Vor Wut und Verzweiflung könnte man anfangen zu toben wie ein kleines Kind, das seinen Willen nicht kriegt.

* * *

13. Mai 2015

Seine Feinde in ihrem eigenen Blut schwimmen zu sehen, sie niederzumetzeln und ihnen die Bäuche aufzuschlitzen, das ist ein alter Menschheitstraum. Erst geköpft und dann gehangen.

* * *

24. August 2015

[...] »Wasch mir den Pelz, aber mach mich nicht nass« scheint der Wahlspruch aller zu sein. Eben noch wurde gejammert, dass hier ganze Gebiete veröden. Kein Bus fährt mehr, kein Aldi oder Lidl in der Gegend, keine Arztpraxis weit und breit. Diagnose: Bevölkerungsschwund.

Aber wenn endlich Menschen kommen, die den Bevölkerungsschwund kompensieren könnten, wird nicht etwa der Herr im Himmel gepriesen für seine Mildtätigkeit und Weitsicht, sondern das Gejammer geht schon wieder los.

Jede Chance wird als Bedrohung und Gefährdung gesehen. Vielleicht kommt das von der international sprichwörtlich gewordenen »Deutschen Angst«.

* * *

26. August 2015

Man sollte die Flüchtlingswelle als Herausforderung und Chance begreifen. Die Gelegenheit, von der Geschichte geprüft zu werden und sich bewähren zu dürfen, bekommt man nicht jeden Tag. Und man kann diese Gelegenheit auch ungenutzt verstreichen lassen. Dann ist sie vorbei, vielleicht für viele Jahre, vielleicht auch für immer.

* * *

7. September 2015

1972 gewann ihn der damalige Ministerpräsident von Rheinland-Pfalz, Helmut Kohl, als Referent für die Staatskanzlei in Mainz. Seitdem gehörte Teltschik zum engsten Beraterkreis von Kohl. 1977 wurde er Leiter des Büros des Vorsitzenden der CDU/CSU-Bundestagsfraktion und dann schließlich ab 1983 Vizekanzleramtschef. Er war maßgeblich an den deutsch-deutschen Verhandlungen der Wendezeit und der deutschen Wiedervereinigung beteiligt.

https://de.wikipedia.org/wiki/Horst_Teltschik

In einem Radiointerview hat Horst Teltschik neulich gestanden, er liebe Krisen sehr, er sei ein richtiger Krisenfan. Das darf man gerne glauben, weil die deutsche Wiedervereinigung nur die Kehrseite einer Krise des Ostblockkommunismus gewesen ist. Überhaupt gibt es ohne Krisen, welche die Menschen zum Handeln zwingen, keinen Fortschritt. Erst die Krise des alten Regimes hat die Französische Revolution hervorgebracht, deren Ideale noch heute Gültigkeit besitzen.

Bei der Französischen Revolution sollte man kurz verweilen, weil man sich normalerweise nur das Jahr 1789 mit dem Sturm auf die Bastille gemerkt hat. Das ist zwar praktisch, weil es unserem Bedürfnis nach Präzision entspricht, geht aber an der wirklichen Entwicklung weit vorbei. Die Französische Revolution war, wie alle weltgeschichtlichen Ereignisse, ein quälend langwieriger und für die Zeitgenossen unübersichtlicher Prozess voller Rückschläge, Ungewissheiten und Widersprüche, Ausgang offen. Die Klarheit der Ziele und die Eindeutigkeit der Richtung ergeben sich erst aus der Retrospektive, wenn man Prozesse, die Jahrzehnte gedauert haben, im Zeitraffer ablaufen lässt.

Zunächst brachte sie mit Napoleon 1799 einen neuen Kaiser an die Macht, nachdem Frankreich 1791 konstitutionelle Monarchie geworden war. Der König wurde 1793 hingerichtet und die 1. Republik ausgerufen. Dann putschte sich Napoleon mit einem Staatsstreich an die Macht. Auf Napoleon folgte die Restauration und 1848 die 2. Republik. Sie wurde bald abgelöst von einem Diktator, Louis Napoleon Bonaparte, der seinerseits wiederum 1871 von der 3. Republik abgelöst wurde. Heute sind wir bei Republik Nr. 5 angekommen.

Die inneren Wirren des europäischen Musterlands, der fortschrittlichsten unter den Nationen, fanden ihre Entsprechung im Verhältnis der Nationen zueinander. Napoleons Kriege sind legendär, eine Aufzählung erübrigt sich. Und dann war da noch WK1, ein Krieg, dessen Verwüstungskraft sich vorher keiner vorstellen konnte. Damit verglichen geht es bei den Moslems trotz IS immer noch sehr gesittet zu.

Die europäische Geschichte lehrt also, dass aus dem gegenwärtigen Zustand einer Nation keineswegs ihre künftige Bedeutung zu berechnen ist.

* * *

8. September 2015

Mit einem Rattenschwanz deutscher Kriegsgewinnler im Schlepptau wird aus den Flüchtlingen natürlich eine kostspielige Angelegenheit. Man sollte verzichten darauf, sie als Arbeitsbeschaffungsprogamm für arbeitslose Psychologen zu nutzen, welche die Goldgrube »Trauma« erfunden haben.

Vor 20 Jahren noch war ein Trauma zum Beispiel die Folge eines kräftigen Schlages auf den Hinterkopf. Aber dann drängten immer mehr Psychologen und Psychotherapeuten auf den Markt und nutzen das interessant klingende Wort für die Erweiterung ihrer Angebotspalette. Seither verdienen sie an allerlei Katastrophen, wo sie für Hinterbliebenenbetreuung zuständig sind.

Das Drollige ist, dass man sich eine Welt ohne »Traumatherapie« gar nicht mehr vorstellen kann, obwohl die Menschen längst ausgestorben wären, wenn sie dies Ungetüm wirklich bräuchten.

* * *

8. September 2015

[...] Die Flüchtlinge haben augenscheinlich die Situation genossen, und ich verstehe das. Sich daheim eine Situation auszumalen und sie tatsächlich zu erleben ist eben zweierlei.

Nach dem nervtötenden Hin und Her, nach dem Wechselbad der Gefühle, nach der dauernden Angst hat man jede Menge Adrenalin im Blut und kann sich nicht einfach schlafen legen. Man ist erschöpft und aufgekratzt zugleich. Außerdem braucht man die erlebte Gewissheit, dass man wirklich in Sicherheit ist.

Die applaudierenden Zuschauer haben genau das Richtige getan. Beifall beruhigt und tröstet. Die Flüchtlinge brauchten ihn so dringend wie Künstler auf großer Bühne.

* * *

13. September 2015

Als Deutscher könnte man anfangen, an die Vorsehung zu glauben, die für jedes Wehwehchen ein Pflästerchen im Koffer hat. Schwarz sah unsere Zukunft aus, rabenschwarz. Die Überalterungskrise war allenthalben spürbar, bald würde die Hälfte der Bevölkerung dement und unversorgt im Pflegeheim hocken und darauf warten, dass jemand eine warme Suppe bringt. Begründet oder nicht, das waren die Sorgen im Hinterkopf, die jeden quälten.

Aber dann ist in Syrien ein Krieg ausgebrochen, der die Menschen dort gezwungen hat, ihre Heimat zu verlassen. Für die Menschen, die sich auf den mühseligen und gefährlichen Weg zu uns machen mussten, war er ein Verhängnis, ein Fluch. Doch des einen Freud ist des anderen Leid, für uns war dieser Krieg, der die Massen nach Westeuropa trieb und viele von ihnen im Mittelmeer ertrinken ließ, die Rettung.

Wir haben nun zwei Krisen, deren eine die Lösung der anderen oder das Heilmittel gegen sie ist, nämlich eine Überalterungskrise und eine Flüchtlingskrise, deren Nutznießer wir sind, während viele Flüchtlinge sie mit dem Leben bezahlen. Gerecht ist das nicht, aber das ist nicht unsere Schuld. Uns bleibt nur die Wahl, eine einmalige unverdiente Chance zu erkennen und zu ergreifen oder so dumm zu sein, diese Chance auszuschlagen,

28. September 2015

So könnte man auch argumentieren:

Ein Flüchtling kann echt sein. Dann ist er ein verfolgter Regimegegner. Er kann aber auch unter falscher Flagge segeln. Dann ist er zum Beispiel ein Agent des Regimes mit dem Auftrag, die Flüchtlingsszene auszuspionieren und zu unterwandern. Er kann sogar beides gleichzeitig sein, wenn das Regime durch Androhung von Repressalien gegen nahe Verwandte seine Spitzeldienste erpresst hat. Vor den beiden letztgenannten Varianten muss das Asylland den echten Flüchtling schützen.

* * *

4. Oktober 2015

Meine Obdachlosen treffe ich morgens auf dem Friedhofsklo im Winter, wenn es sehr kalt ist oder in Strömen regnet. In der Regel handelt es sich um eine Person oder zwei, Obdachlose sind nicht sehr gesellig.

Das Männerklo ist ein gekachelter Raum mit Steinfußboden, zwei Kabinen und Pissoir. Der Raum wird nie abgeschlossen und ist im Winter wegen der Leitungen sehr gut geheizt. Wer dort übernachtet, würde ihn mit keinem anderen Quartier tauschen. In den offiziellen städtischen Einrichtungen gibt es zwar Platz, Betten, Decken und ein Abendessen. Rauchen und trinken darf man aber nicht, und das aber ist es, was die Obdachlosen vor dem Einschlafen dringender brauchen als ein Festessen.

Von unseren mittelständischen Ritualen, die wir für natürlich halten, sind diese Obdachlosen genauso überfordert, wie wir es wären, verschlüge es uns plötzlich unter den Hochadel, und wir müssten bei Tisch mit zehn Bediensteten zurechtkommen.

Sie haben ein anderes Leben gewählt, und noch besitzt man die Freiheit in diesem Land, es auch zu führen,

* * *

7. Oktober 2015

Politik als Interessengebiet abseits einer beruflichen Karriere wird zum Gefechtsfeld von Ein-Mann-Sekten und Spinnern. Das hat nichts mit dem NGB zu tun, sondern ist eine Folge der allgemeinen Entpolitisierung nach dem Zusammenbruch der Protestbewegung. Vor 30 Jahren war Politik sexy, und die Aufgewecktesten einer Generation haben sich für sie interessiert. Vorbei. Das Problem sind nicht die Spinner, wir gehören übrigens auch dazu. Das Problem ist, dass Spinner die Einzigen sind, die sich noch für Politik interessieren. Gefährlich wird es erst, wenn ein Spinner wie damals Hitler das Monpol für die Spinnerei bekommt. Das müssen wir verhindern.

* * *

9. Oktober 2015

Wer hat uns verraten? Sozialdemokraten!

Erinnert sich noch jemand an den alten Spruch? Er wurde früher oft skandiert auf linken Demos.

Jetzt könnte er wieder gerufen werden, weil die Sozialdemokraten Wiederholungstäter sind.

Steinmeier und Gabriel haben gerade »eine Begrenzung der Zuwanderung« gefordert mit dem bekannten Argument: »Wir können nicht dauerhaft mehr als eine Million

Flüchtlinge aufnehmen.« Wie schön. Profitieren werden davon die CSU und die AfD, weil die Leute lieber das Original wählen als die schlechte Kopie.

http://www.spiegel.de/politik/deutschland/sigmar-gabriel-und-frank-walter-steinmeier-fordern-begrenzung-der-zuwanderung-a-1057006.html

Selbstmord aus Angst vor dem Tod, dieses Spiel kann die SPD am besten.

* * *

16. November 2015

Die Anschläge in Paris

Mich erinnern sie an die Aktionen der RAF um 1977 herum. Die Verbindung nach Nahost gab es auch damals, siehe https://de.wikipedia.org/wiki/Mogadischu_%28Film%29. Der einzige Unterschied: Die Täter waren damals Deutsche, also Europäer, und sie verfolgten angeblich ein Ziel, nämlich Gefangene aus ihrer Gruppe freizupressen. Aber dies Ziel war so irrational und illusorisch, wie heute die Behauptungen lächerlich sind, man wolle den Westen erpressen und dem IS beim Siegen helfen. Die Täter waren damals, im Unterschied zu heute, vorbildlich integriert, und man kann daraus den Schluss ziehen, dass die heutigen Sozialgeschichten, also die Geschichten von den chancenlosen Jugendlichen und ihrer daraus folgenden Bereitschaft zu Radikalisierung, nur eine Rationalisierung sind, welche eigentlich unbegreifliche Aktionen für das Publikum zu begreiflichen Aktionen machen. Es geht uns um die Rettung der konventionellen Vernunft, um die Logik der Mittel und Zwecke.

Ich schätze, man wird sich damit abfinden müssen, dass es menschliche Verhaltensweisen gibt, die man nicht versteht, wie man ja aus heutiger Sicht den 30-jährigen Krieg oder die beiden Weltkriege nur als Ausgeburten des Wahns bezeichnen kann. Zum Wahn gehört auch, dass seine Existenz verleugnet wird und man, wenn man ihn mal eingesteht, immer auf andere zeigt, ihn äußerstenfalls als Kinderkrankheit einstuft, unter der man vor unendlich langer Zeit auch gelitten hat.

* * *

18. November 2015

Eigentlich ist das Spektakel um die Pariser Anschläge unbegründet. Frankreich hat den IS mit seinen Mirage angegriffen, jetzt schlägt der IS zurück. Und da er keine Mirage hat, transportiert er die Explosivstoffe mit dem Auto und versteckt sie.

Unter allen Aktionen, die vom IS bekannt geworden sind, sind die Pariser Anschläge mit Abstand die vernünftigsten, während die Verfolgung, Versklavung und Ermordung der Jesiden mit Abstand die scheußlichste und die schwachsinnigste war.

Aber die Jesiden haben keine Trauerlobby, die hat man nur im Westen

* * *

18. November 2015

Vom Nachrichtenwust der letzten Tage ist eine Meldung bei mir hängengeblieben, sie betrifft den deutschen Außenminister. Der habe versichert, dass die BRD sich NICHT an den Luftschlägen gegen den IS beteiligen werde; das könnten andere besser. Damit war Frankreich gemeint, welches nun seinen letzten und einzigen Flugzeugträger an die Front wirft.

Mit wem sprach Steinmeier, warum betonte er das Offensichtliche? Mir klang die Meldung wie eine Botschaft an den IS, ihm wollte man sagen, wir sind die Guten. Die Politik des Westens gegenüber den Djihadisten scheint keineswegs so einmütig zu sein, wie diplomatisch suggeriert wird. Bezeichnend auch, dass das Länderspiel Frankreich – England in London stattgefunden hat (anders als in Hannover), und dass es dabei zu einer großen Verbrüderung im Publikum kam.

* * *

22. November 2015

Die Anschläge in Paris dürften wohl eine Abschiedsvorstellung des IS gewesen sein. Er ist hoffnungslos in der Defensive und verhält sich deshalb wie eine Besatzungsarmee in Feindesland. Der Anschlag auf das Bataclan hat wie eine Ausgangssperre wirken sollen, keiner sollte sich mehr aus dem Haus trauen. Normalerweise ist die Ausgangssperre die Strategie der Polizei gegen die Verbrüderung der Massen mit Revolutionären, die isoliert werden sollen. Das zeigt überdeutlich, dass der IS aus Konterrevolutionären besteht, welche vor den Massen Angst haben und gar nicht auf die Idee kommen, ihre Unterstützung zu suchen. Das ganze mörderische Spektakel war vermutlich ein letzter verzweifelter Versuch des IS, die stockende Rekrutierung von neuem Personal anzukurbeln.

* * *

29. April 2016

Üble Gemeinschaftsideologie steckt hinter den Suggestivfragen, die immer die Reichen als Schuldige und als Schmarotzer darstellen wollen. Fehlt nur noch der Seitenhieb auf die Juden, dann ist der ökonomische Teil der faschistischen Ideologie komplett. Aber der fehlt ja gar nicht, in Gestalt von Zuckerberg ist er präsent, und wie das gefingert wird, ist hochinteressant. Zuckerberg wird vorgeworfen, »dass er in erster Linie mal Steuern sparen will«, als wäre dies nicht die heilige Pflicht des Geschäftsmannes, der als Kapitalist aus dem Geschäft eine Religion machen muss.

Die Perfidie dieser objektiv heuchlerischen Argumentationsstrategie besteht in der Willkür ihrer selektiven Anwendbarkeit gegen populäre Feindbilder. So wie es Zuckerberg vorgeworfen wird, verhalten sich im Kapitalismus alle Geschäftsleute, und nicht nur sie, sondern wir alle. Was uns unterscheidet, ist, dass die es schaffen und wir eben nicht.

Es gibt guten Grund, den Kapitalismus abzuschaffen. Aber es gibt keinen Grund, ihn durch faschistische Ideologie zu ersetzen.

* * *

24. Juni 2016

Das gestrige Referendum* ist für mich ein Tag großer Freude geworden. Erinnert sich noch jemand an den Kosovo-Krieg, als Jugoslawien endgültig von der EU und

* Am 23. Juni 2016 haben sich die Briten im Referendum knapp für einen Brexit entschieden. (A.d.H.)

den USA militärisch zerschlagen wurde? Meine inzwischen verstorbene Frau – sie kam aus Jugoslawien – und ich trösteten uns mit der Erwartung, dass es der EU ähnlich gehen werde. Meine Frau hat es nicht mehr erlebt, und meine Geduld wurde auf eine harte Probe gestellt, aber jetzt hat der Zerfall der EU begonnen.

* * *

16. Juni 2016

Wie blind und voreingenommen muss man sein, um nicht zu erkennen, dass die Moslems Täter *und* Opfer sind? Sind die Flüchtlinge in der BRD vor US-Kolonialtruppen geflohen oder vor dem »Islamischen Staat«?

Ist das zu kompliziert oder zu verwirrend, um es denken zu können? Muss es, um verstanden zu werden, immer schon in völkischen Kategorien vorliegen, fein säuberlich nach Volksgruppen unterschieden? So, wie im Dritten Reich aus braven Deutschen, von denen viele mit militärischen Auszeichnungen in WK1 gekämpft hatten, einen gelben Stern angeklebt bekamen, wodurch sie zu Juden, Volksfeinden wurden und damit zu Material für die größte Menschenvernichtungsaktion der Geschichte?

Aber so völkisch ist die wirkliche Geschichte nicht. Die Deutschen haben Deutsche umgebracht. Und die Moslems versuchen das bei Moslems.

* * *

5. Juli 2016

Die Briten haben eben einen Politiker gewählt und keinen Führer. Da merkte man die lange Tradition in Parlamentarismus und Demokratie. Toll, wie die führenden Brexit-Leute der Versuchung widerstehen, sich selbst als Retter des Vaterlands und als Volkshelden zu präsentieren. Im richtigen Augenblick erklären sie das Ziel als erreicht und danken ab. Wie Moses, der das gelobte Land nur sehen durfte, aber nicht betreten.

* * *

8. Juli 2016

Auf einer Kundgebung gegen die Ermordung von zwei Farbigen durch weiße Polizeibeamte sind in Dallas vier Polizisten von unbekannten Tätern erschossen worden.

Mich erinnert dieser Fall an die Anfänge der RAF, als der Mord von Kriminalobermeister Kurras am Studenten Benno Ohnesorg ungesühnt blieb. Das Versagen der Polizei führte damals zu einer Art Bandenkrieg mit der Polizei auf der einen Seite und der RAF auf der anderen, also zu einem Bandenkrieg mit vielen Toten.

Wenn die USA ihre schießwütigen Polizisten nicht unter Kontrolle bringen und die Waffengesetze ändern, steht dem Land eine ähnliche Entwicklung bevor.

* * *

16. Juli 2016

[...] Der LKW hat 84 Menschen zur Strecke gebracht. Aber allein in der Schlacht an der Somme in WK1 waren es über 300.000. Wir haben das Glück, in friedlichen Zeiten leben zu dürfen.

* * *

23. August 2016

»So wie es auch eingeschlechtliche Arten gibt, hat die Natur auch ein drittes Geschlecht vorgesehen. Sonst würde es keine Intersexuellen geben.«

Es existiert kein drittes Geschlecht. Geschlecht ist mit weiblich und männlich ein Gegensatzpaar wie warm und kalt oder wie hell und dunkel. Solche Gegensatzpaare dienen den Menschen als Orientierung im Ungefähren.

Empirisch existieren nicht mal zwei Geschlechter in Reinform, weil jeder Mensch aus dem Weiblichen und Männlichen zugeordneten Zügen gemischt ist. Es gibt den weibischen Mann, der eine männliche Frau heiraten und sich in der von der Frau ihm zugewiesenen passiven Rolle wohlfühlen wird, es gibt das Gegenteil, den betont virilen Mann, der am Ende seiner Tage das Altersmatriarchat erlebt, und es gibt jede Menge Zwischenstufen. Die Welt wäre langweilig, gäbe es diese Phänomene nicht.

Neue Geschlechter erfinden ist nicht Sexualaufklärung, sondern das Gegenteil. Eigentlich geht es um Ausgrenzung. Die »anderen« sind mir ganz fremd, sagt der Verdrängungskünstler. Sie sind anders als ich, nämlich ein anderes Geschlecht.

Dann kann er sich wieder als Mann fühlen, der mit all diesen verstörenden Sauereien nichts zu schaffen hat.

## Pressestimmen:

»Und was macht, wo die Zeiten fürs Marxpfaffentum erkennbar wieder günstig sind, der ehemalige Aktivist des Frankfurter SDS Pohrt? Er läßt 1995 bei der Edition Tiamat seine ›Theorie des Gebrauchswerts‹ von 1975 wiederveröffentlichen, die das angeblich so orakelhafte Werk Marxens im simplen Gedanken zusammenfaßt, ein Leben, in dem die Dinge nur dazu da seien, damit Profit zu machen, verwandle notwendig alles in Dreck.

Wer so einfache und klare Sachen auf so gut verständliche Weise sagt, gerät bald in Gefahr, sich und andere zu langweilen – deswegen hieb Pohrt zwischenzeitlich immer auch mal mit Gusto daneben, etwa als er Anfang der Neunziger der bösen Hoffnung Ausdruck gab, Israel möge sich, falls von Saddam angegriffen, mit Kernwaffen verteidigen. Eben hat Pohrt ein neues, wie immer anstößig deutlich argumentierendes Buch namens ›FAQ‹ veröffentlicht und betreibt, da gelernter Sozialwissenschaftler, eine nagelneue Ich-AG zur statistischen Unternehmensberatung (www.pohrt.com). Die weiteren Aussichten waren ihm schon 1990 klar: ›Mit steigender durchschnittlicher Lebenserwartung werden die Nachrufe immer vorzeitiger publiziert, und während die Welt zugrunde geht, spielen die Nobodies vornehme Gesellschaft.‹«

Dietmar Dath, *Frankfurter Allgemeine Zeitung*

»Nachdem am 3. Oktober vergangenen Jahres (2003) der Stuttgarter Publizist und Sozialwissenschaftler Wolfgang

Pohrt auf Einladung des Berliner Bündnisses gegen Antisemitismus und Antizionismus einen Vortrag über den gegenwärtigen Zustand Deutschlands gehalten hatte, war der überwiegende Teil des Publikums mächtig verschnupft. Nun, das ist nichts Neues, Pohrt hat als *Konkret*-Autor wahrscheinlich mehr Leute vor den Kopf gestoßen, als die Zeitschrift Leser hat. Neu an dieser Aufregung war, dass im Publikum überwiegend, wenn man so will, Pohrtisten saßen. Eben die guten Linken: für Amerika, gegen Deutschland; für Adorno, gegen Lenin; für Schönberg und Hip-Hop und auf jeden Fall gegen Heinz Rudolf Kunze.

Pohrts Essays, häufig für *Konkret* geschrieben und für viele Altlinke stets der beste Grund, ihr Abo zu kündigen, inspirierten in den 90er-Jahren eine nachgewachsene Linke: Er konnte denken wie Adorno und schreiben wie Christian Schultz-Gerstein, der legendäre *Spiegel*-Redakteur. Pohrt verabscheute die deutschen Zustände, so wie es die Linke seit dem jungen Marx nicht mehr erlebt hatte. An jenem 3. Oktober aber winkte er ab: Faschismus in Deutschland? Vergesst es! Deutschland greift wieder nach der Weltmacht? Lächerlich. Den wütenden Reaktionen in linken Blättchen und Internetforen merkte man vielfach die schiere Verzweiflung an. Pohrt, ein Renegat, wie konnte er nur! Wer neugierig geworden ist, kann jetzt Pohrts Vortrag samt einem längeren, die Implikationen des Vortrags ausspielenden Essay und weitere unveröffentlichte Texte nachlesen: ›FAQ‹ – Frequently Asked Questions – heißt das Buch, sein erstes seit sieben Jahren.

Die Texte sind nüchtern betrachtet Bausteine einer Theorie der kapitalistischen Dynamik. Pohrt beschreibt eine globale Wirklichkeit, in der zunehmend ein Kapitalismus ohne Kapital und eine Marktwirtschaft ohne Markt Gestalt annehmen und in der selbst die mächtigsten Staaten von einem inneren Zerfall ergriffen sind. Apokalyptisches Raunen liegt ihm fern, der Tonfall ist heiter-resignativ und seine Polemik so rein und klar, dass es Verschwendung wäre, müsste er sie auf das Niveau linker Debatten herunterbrechen.

Wer zum Kraftzentrum des Pohrt'schen Denkens vordringen will, muss auf einen fast 30 Jahre alten Text zurückgreifen: ›Die Theorie des Gebrauchswerts‹, seine Doktorarbeit und einer der scharfsinnigsten Kommentare zur Marx'schen Kritik der Politischen Ökonomie. Hier entwickelt er den Grundgedanken, dass der Kapitalismus seine eigenen Grundlagen zerstört, ohne dass die erhoffte Zusammenbruchskrise naht, aus der das Proletariat siegreich hervorgeht. Vielmehr hebt sich der Kapitalismus auf seiner eigenen Grundlage auf, wir treten in eine geschichtslose Zeit ein. Die faschistische Epoche gibt uns darauf den ersten Vorgeschmack.

Um den weiteren Verlauf des Kapitalismus zu beschreiben, reicht das klassische Besteck – Wertgesetz, Mehrwertabschöpfung, tendenzieller Fall der Profitrate etc. – nicht mehr aus. Pohrt bevorzugt stattdessen eine Soziologie der Bandenwesens, er übt sich in sozialpsychologischen Stilübungen zur Verwilderung der Selbsterhaltung. Kaum einer dürfte seine Dissertation gelesen haben, auch wenn sie seit einigen Jahren wieder greifbar ist. So kommt es, dass Pohrt als Provokationsteufel par excellence erscheint. Dabei folgt er streng den Prämissen seines an Horkheimer, Adorno, Günther Anders und Raymond Chandler geschulten Postmarxismus.

Eine dieser Prämissen lautet: Auch der Faschismus, die ultimative Barbarei, hat ein Verfallsdatum. Die faschistische Gewalt, die Neonazis und brave Bürger in den ersten Jahren nach der deutschen Einheit exerzierten, ist für ihn letztlich nur ein Übergang in eine allgemeine Phase der gesellschaftlichen Regression und der Banden- und Cliquenherrschaft. In ›FAQ‹ beschreibt er den vorläufigen Endpunkt dieses Übergangs. Die deutschen Zustände sind eher bemitleidens- als hassenswert.

Pohrt verharmlost und relativiert, werden seine linken Kritiker sagen und dafür auch einige, durchaus bizarre Stellen finden. Das Stärkste aber, was man gegen Pohrt sagen kann, ist, dass wir in seinen jüngsten Schriften weniger etwas über die Dynamik des Kapitalismus als über die seines eigenen Denkens erfahren. So lustig und erhellend die Lektüre auch ist, man wird das Gefühl nicht los, dass Pohrt vor allem sein Spiel durchziehen muss.«

Felix Klopotek, *taz* vom 21.4.2004

»Der Soziologe und Publizist Wolfgang Pohrt wusste stets zu provozieren, tat dies jedoch nicht aus bloßer Effekthascherei, sondern um sich an vorherrschenden Befindlichkeiten und Gemütslagen zu reiben. [...] Pohrts Buch ist bei aller Beiläufigkeit eine Fundgrube für unorthodoxe Ansichten und zeitgemäße Kritik. Ihm ist gerade deshalb viel Beachtung zu wünschen, weil der Autor einige durchaus schmerzempfindliche Punkte der linken Seelenverfassung berührt, die man nicht einfach übergehen sollte, wenn man Interesse an grundlegender Veränderung hat.«

*Zeitschrift Schattenblick*

»Aufschlussreich ist in dieser Hinsicht der letzte Beitrag in ›FAQ‹, ›Irgendwo im Nirgendwo‹, der sich mit Fragen der Baukunst befasst. Seit den Pyramiden werden Behausungen für Leichname gebaut, mögen diese auch physisch noch lange zu leben haben – so in etwa kann man das Argument vorsichtig zusammenfassen. Der Text zeigt einen Pohrt in Hochform, das heißt, man sollte ihn nicht unbedacht vor fremdem Publikum zitieren. Selten wurde einem der Marx'sche Gedanke, dass unterm Kapitalverhältnis das Tote über das Lebendige herrscht, so plastisch vor Augen geführt wie hier am Beispiel der Architektur. Die versteinerten Verhältnisse – das ist der alternative Wohnungsbau, der die Menschen schon zu Lebzeiten in Grabkammern verstaut. Der lebendige Leib wird der anorganischen Welt anverwandelt, wie es bei Benjamin heißt. Am Lebenden werden die Rechte der Leiche wahrgenommen. Das Zeitalter der Zombies hat begonnen.«

Christoph Hesse, *Bochumer Studierenden-Zeitung*

»Zwar mag die von Pohrt zur Erklärung angeführte vermeintliche, auf ethnische Zugehörigkeit referierende Bandenbildung im Spätkapitalismus, die auch das Gegröle deutscher Touristen auf Mallorca begründen soll, ihn vor dem Vorwurf des Rassismus verschonen. Die essenzialisierenden Zuschreibungen und Konsequenzen – ›Menschen brauchen soziale Kontrolle, und für die Ausländer in Deutschland gibt es davon derzeit zu wenig‹ – werfen die Frage auf, ob es sich hier wirklich noch um Zuspitzung oder vielmehr projektive Eigenleistung handelt. Gleichzeitig zeugen sie von der Vernunftlosigkeit dieser Provokationen, deren Effekt weniger Aufklärung als Anmaßung ist.«

Kolja Lindner, *Jungle World*

»Insofern hat Pohrt tatsächlich die Nation gekillt beziehungsweise für obsolet erklärt, und zwar mit einem Groove, der im Genre des BRD-Politessays nur ihm eigen ist. Denn Pohrt schreibt vorbildlich brillant. Er ist lustig, er ist überraschend, er ist klug. Wo andere Linke mit Sozialstatistiken, Klassikerzitaten und Talkshowaufgeschnapptheiten dahereiern, genügt ihm als krassintellektuellem Stand-up-Comedian etwas Marx, Horkheimer/Adorno und Google, um auf nachvollziehbare Art und Weise eine Psychopathologie des kapitalistischen Alltags zu entwerfen. Bezogen auf die westlichen Industriestaaten könnte man die herrschenden Verhältnisse nach Pohrt so auf den Punkt bringen: voll öde, deppert und natürlich extrem brutal.«

Christof Meueler, *junge Welt*

»Wolfgang Pohrt ist tot. Der bekannte, ehemalige Gesellschaftskritiker und Journalist Wolfgang Pohrt ist am Dienstagabend im Alter von 57 in Berlin im Veranstaltungszentrum Tempodrom an seinem eigenen Wort-Müll erstickt.«

Clemens Heni

## Register

## Publikationsnachweise

**FAQ:**

Zoff im Altersheim: Vortrag, der aus Anlass des »Tags der deutschen Einheit« und organisiert vom »Bündnis gegen Antisemitismus und Antizionismus« am 30. September 2003 im Berliner Tempodrom gehalten wurde. Bei der anschließenden Diskussion saß auch Henryk M. Broder mit auf dem Podium. Abgedruckt wurde der Vortrag auch in *Konkret* 11/03 zusammen mit einer Erwiderung von Hermann Gremliza.

FAQ: Wurde in Form eines Selbstinterviews für den gleichnamigen Essay-Band geschrieben und blieb sonst unveröffentlicht.

LustgreisInnenhaft: das in der *jungen Welt* am 17./18.5.1997 unter dem Titel »Revolution mit Romeo und Julia« veröffentlichte Interview mit Jürgen Elsässer, das in »FAQ« an dieser Stelle abgedruckt wurde, wurde anlässlich des Erscheinens von »Brothers in Crime« geführt. Das Interview wurde deshalb in Band 8.2 der Werkausgabe (»Brothers in Crime«) aufgenommen.

Hillary und Billary: *Jungle World* vom 26. Februar 1998. Die Fragen stellte Jürgen Elsässer.

Alter Petzer: *Konkret* 5/98

Staatsoberhaupt: *Konkret* 6/98

Tendenz zum Öden: *Konkret* 7/98

Flüchtlinge und Agenten: *Konkret* 8/98

Das Massengrab: *Konkret* 9/98

Keiner wird gewinnen: *Konkret* 10/98

Spaß haben und Profit machen: *Konkret* 11/98

Make Love – Not War: *Konkret* 12/98

Amok: *Konkret* 1/2000

Ananas in Kanada: unveröffentlicht

Kampfhunde und andere Bestien: Vortrag vor amerikanischen Austauschstudenten im Dezember 2000, unveröffentlicht

Irgendwo im Nirgendwo: Vortrag im Rahmen der Veranstaltungsreihe »Peripherie im Fokus« in Wien am 6. März 1999, unveröffentlicht.

**Interview & Ergänzungstexte:**

Wie wenn ein Dreijähriger beim Kochen hilft: Interview zum Erscheinen von »FAQ«, erschien in: *junge Welt* vom 30. April / 1./2. Mai 2004. Die Fragen stellte Jürgen Elsässer.

Berufsperspektiven: Dieser Text gehört eigentlich in Band 1 der »Werke«, wurde aber leider erst nach dem Erscheinen von Band 1 aufgefunden. Er erschien im *Kursbuch* 40, Juni 1975, unter dem Pseudonym Wolfgang Trakl. Zwei längere Absätze aus dem Text hat Pohrt in »Kapitalismus Forever« zitiert. Siehe WPW Bd. 10, S. 36-38

Ein Stadtteil mit Vergangenheit: Eine vermutlich vom Berliner Senat in Auftrag gegebene und vom Büro für Stadtplanung und Sozialforschung Weeber + Partner im Oktober 1988 erstellte Studie, an der Pohrt federführend beteiligt war.

Der Wille zum Flop: Transkribierte und unveröffentlichte Diskussion zwischen Henryk M. Broder und Wolfgang Pohrt im Anschluss an den Vortrag Pohrts »Zoff im Altersheim« am 30. September 2003 im Tempodrom, Berlin.

Notizen 2014-2016: Diese Notizen fanden sich im Nachlass Pohrts.